AF357647

A TERRE
ET A BORD

NOTES D'UN MARIN

(DEUXIÈME SÉRIE)

PAR

Le Contre-Amiral Th. AUBE

AVEC UNE PRÉFACE DE M. GABRIEL CHARMES

I. Italie et Levant. — II. La pénétration dans
l'Afrique centrale. — III. La guerre maritime et
les ports militaires de la France. — IV. Notes
sur le Centre-Amérique (Costa-Rica, Nicaragua
et San-Salvador. — V. Vancouver et la Colombie
anglaise. — VI. Un nouveau droit international.

PARIS

BERGER-LEVRAULT ET Cie, LIBRAIRES-ÉDITEURS

5, RUE DES BEAUX-ARTS, 5

MÊME MAISON A NANCY

1884

A TERRE ET A BORD

NANCY, IMPRIMERIE BERGER-LEVRAULT ET Cie

A TERRE

ET A BORD

NOTES D'UN MARIN

(DEUXIÈME SÉRIE)

PAR

Le Contre-Amiral Th. AUBE

AVEC UNE PRÉFACE DE M. GABRIEL CHARMES

I. Italie et Levant. — II. La pénétration dans
l'Afrique centrale. — III. La guerre maritime et
les ports militaires de la France. — IV. Notes
sur le Centre-Amérique (Costa-Rica, Nicaragua
et San-Salvador). — V. Vancouver et la Colombie
anglaise. — VI. Un nouveau droit international.

PARIS

BERGER-LEVRAULT ET Cⁱᵉ, LIBRAIRES-ÉDITEURS

5, RUE DES BEAUX-ARTS, 5

MÊME MAISON À NANCY

1884

PRÉFACE

L'ouvrage que voici est composé d'une série d'études qui ont obtenu un très vif et très légitime succès dans les revues où elles ont paru tout d'abord. Ce n'est pas à M. l'amiral Aube qu'est venue l'idée de les réunir en un volume et sous un titre commun, pour la commodité de ceux qui, les ayant lues une première fois, désireraient les relire une seconde et les consulter souvent. Il les aurait laissées dans les recueils où elles ont été publiées, si quelques amis, parmi lesquels je me fais honneur d'être, n'avaient jugé qu'il y avait utilité à les remettre sous les yeux du public. Cette publication est donc leur œuvre, et c'est à ce titre que je me permets d'en écrire la préface.

Je n'aurai pas besoin de longues explications, d'ailleurs, pour faire comprendre l'intérêt de ces remarquables études que M. l'amiral Aube intitule modestement : *Notes d'un marin*. Il y en a deux au moins dans ce livre qui ne sauraient être trop méditées, car elles sont des modèles de prévoyance politique et des avertissements patriotiques que notre pays ne peut manquer d'écouter : je veux parler de celles qui ont pour titre : *Italie et Levant* et *La Guerre maritime et les ports militaires de la France*. Elles ont produit une grande impression lorsque la *Revue des Deux-Mondes* les a publiées ; elles ont donné lieu à des commentaires et à des polémiques qui durent toujours ; l'écho en a été plus prolongé et plus profond encore au dehors qu'au dedans. C'est qu'en effet, il était impossible d'exprimer avec plus de force et plus de talent des vérités qui s'imposeront bientôt à toute l'Europe, et qui auront une influence décisive sur l'avenir commercial ainsi que sur la puissance militaire des grandes nations maritimes. M. l'amiral Aube avait devancé les faits ; mais déjà les faits commencent à lui donner raison avec une telle évidence que ses adversaires de la première heure eux-mêmes se voient forcés de reconnaître et de proclamer sa perspicacité.

Le caractère principal de M. l'amiral Aube, c'est l'union de l'esprit philosophique avec un bon sens pratique et une clairvoyance matérielle tout à fait remarquables. Nul n'est plus porté que lui vers les idées générales ; nul ne possède au plus haut degré l'amour de la synthèse, le goût de la théorie. Habitué de bonne heure à remonter aux principes des choses, à ramener les détails de ses observations aux lois supérieures qui les dominent et qui les expliquent, il recherche toujours la vérité dans les régions supérieures où elle prend une apparence de fermeté et de fixité qu'on ne saisit bien que là. On sent que les méditations des longues traversées de la jeunesse, au temps où la marine à voiles laissait à nos officiers de si précieux loisirs pour tremper leur âme dans la solitude et dans l'étude, où, durant des mois entiers, elle les obligeait à se replier sur eux-mêmes, sans que rien vînt les distraire du spectacle monotone de la terre et du ciel, ont imprimé à son intelligence cette force de concentration, cette puissance de raisonnement qui se perdent de plus en plus au milieu de l'agitation des existences contemporaines. Mais, en même temps, il a puisé à cette excellente école, d'où sont sortis tant d'hommes éminents, une vue singulièrement nette des conditions de la réalité. La lutte incessante du marin contre les éléments déchaînés de la nature, la multiplicité de ses voyages qui le met chaque jour en présence de peuples nouveaux et de contrées différentes, n'affermissent pas seulement son caractère ; elles assouplissent, elles aiguisent son intelligence, elles la rendent propre à tout comprendre et à se plier à tous les progrès, sans confondre jamais l'utopie ou le rêve avec la vérité réalisable.

On sera frappé, en lisant le livre de M. l'amiral Aube, de ce mélange de spéculation élevée et de connaissance précise du réel qui se retrouvent dans tout ce qu'il écrit. Son style même en a reçu une marque, un accent particulier. M. l'amiral Aube est un écrivain éloquent, coloré, vigoureux ; ses descriptions sont pleines d'éclat ; ses expositions brillent d'une vive clarté ; il est énergique et ardent dans la discussion. La seule critique qu'on puisse lui adresser, c'est que parfois sa phrase déborde tellement d'idées, qu'elle demande un effort d'attention pour être, je ne dirai pas comprise — elle est toujours aisément comprise, — mais saisie dans ses profondeurs et complètement fouillée ; c'est le vêtement d'une pensée si nourrie et si originale, qu'il en est presque trop tendu, et qu'on y voudrait quelques plis pour reposer les yeux.

Défaut qui n'est que l'exagération d'une qualité. On ne le sent d'ailleurs qu'à la longue, quand on relit plusieurs fois les études de M. l'amiral Aube pour se pénétrer de tout ce qu'elles contiennent de vues neuves et justes, de vues destinées à exercer une influence considérable sur la politique maritime de l'Europe.

M. l'amiral Aube est, en effet, un novateur; beaucoup de personnes le traitent même de révolutionnaire. Au lendemain des désastres de la guerre franco-allemande, il avait compris et annoncé qu'une transformation radicale était sur le point de s'accomplir dans la guerre maritime et, par suite, dans les conditions de la puissance sur mer. Mieux avisé que ceux qui ont englouti tant de millions en constructions inutiles, il conseillait de conserver et d'instruire le personnel en le faisant naviguer sur notre vieux, mais excellent matériel en bois, et d'attendre économiquement l'avenir. C'est la résolution que les Américains ont prise après la guerre de la Sécession. Elle ne les a point empêchés de faire respecter partout leur commerce et de forcer l'Angleterre à s'incliner devant leurs droits dans la question de l'*Alabama*. On a préféré chez nous sacrifier le personnel et construire de ruineux cuirassés. Conduite malheureuse dont on commence à comprendre l'imprudence ! Remontant, suivant sa coutume, aux principes mêmes de la science navale et de la politique contemporaine, M. l'amiral Aube s'était posé la question de savoir si une grande puissance maritime devait se proposer, comme autrefois, la conquête ou la conservation de l'*empire de la mer*. Qu'est-ce que l'empire de la mer à une époque où, par les progrès de la marine, le blocus des ports est devenu presque impossible, où les combats d'escadre, qui ne perdent que les cuirassés, laissent les vaisseaux de commerce exposés à toutes les entreprises de rapides croiseurs ? Une pure illusion. C'est en vain que l'Angleterre est fière de ses nombreuses escadres qui pourraient presque braver celles du reste de l'Europe réunies ; elles ne suffiraient pas, en temps de guerre, pour escorter sur toutes les routes commerciales du monde tous les vaisseaux de commerce anglais qui y circulent constamment ; elles ne suffiraient pas non plus à fermer les ports d'où pourraient sortir des croiseurs lancés à la poursuite de ces vaisseaux. Tout au plus serviraient-elles à mettre à feu et à sang les villes ennemies en les accablant sous leurs gigantesques projectiles.

Mais pour ce dernier usage, à quoi bon des cuirassés? Il ne faut plus se bercer de rêves philanthropiques et s'imaginer que la guerre maritime de l'avenir s'effectuera dans les conditions étroites du droit des gens. En réalité, la lutte entre le canon et la cuirasse, qui se termine fatalement sur mer par la défaite de la cuirasse, parce qu'il arrive un moment où, sous peine de rendre la navigation impossible, on doit renoncer à augmenter la force de résistance du cuirassé, aurait sur terre une issue bien différente. Si l'on se bornait à bombarder les forts qui entourent les ports et les villes des côtes, il est clair qu'on n'arriverait jamais à les réduire. On peut blinder presque à l'infini des ouvrages placés sur terre. L'expérience du bombardement d'Alexandrie a d'ailleurs prouvé que, sans avoir besoin de recourir au fer et à l'acier, les boulets des plus gros calibres s'enfoncent impuissants dans des fortifications en terre. Dès lors, c'est contre les villes mêmes qu'il faut agir; c'est elles qu'il faut écraser sous les bombes et brûler sous les obus. La guerre maritime de l'avenir sera sur mer une guerre de course sans merci, sur les côtes une guerre d'incendie et de pillage sans pitié. Ainsi le veut le progrès. Triste progrès, dira-t-on. Soit!

mais pourquoi fermer les yeux à l'évidence? Le droit des gens a beau protester, la nécessité, la fatalité des choses est plus forte que lui. C'est à tort d'ailleurs qu'il prétend imposer les mêmes principes à la guerre continentale et à la guerre maritime. La première a pour objet de régler un différend politique qui peut se terminer sans la ruine des particuliers; la seconde est destinée à détruire le commerce de l'adversaire; or, de quoi se compose le commerce d'un pays, sinon de la fortune des particuliers? Pour atteindre l'un, il faut frapper l'autre; et ce qui serait barbarie dans la guerre continentale devient dans la guerre maritime un acte légitime, parce qu'il est forcé.

Telles sont, résumées en quelques lignes, les idées que M. l'amiral Aube a exposées et défendues magistralement dans ses deux belles études : *Italie et Levant, La Guerre maritime et les ports de la France.* Il a fallu un rare courage pour les écrire, car elles ont ameuté et elles devaient ameuter contre lui, non seulement tous les esprits chimériques qui cherchent à établir la paix perpétuelle, mais encore les âmes un peu moins naïves qui, tout en reconnaissant que la guerre est inévitable, voudraient cependant la rendre de plus en plus inoffensive. Que le progrès

nit pour conséquence de nous ramener à la sau-
vagerie des vieux âges, c'est ce qu'il est bien dur
d'admettre. Il faut l'admettre cependant, si nous
ne voulons pas être encore une fois dupes d'une
folle générosité. « Le principe d'après lequel on
« fait la guerre actuellement », a dit M. de Goltz
dans son admirable livre *la Nation armée*, « veut
« qu'en cas de besoin toutes les idées de droit
« qui ont cours en temps de paix soient igno-
« rées. » Voilà les doctrines qu'on professe en
Allemagne, chez ce peuple de penseurs auxquels le plus ardent patriotisme donne la hardiesse de répudier les débiles et sentimentales
théories dont nous aimons à nous leurrer. L'ouvrage de M. l'amiral Aube est le pendant de celui
de M. de Goltz. Il est imprégné du même amour
intransigeant de la patrie, du même dédain des
critiques vulgaires, de la même audace dans la
proclamation de la vérité. C'est ce qui fait surtout son originalité, et c'est ce qui explique la
grande impression que les études dont il est composé ont produite au dehors. Les idées de M. l'amiral Aube ont eu à l'étranger un retentissement
énorme. « La guerre à la Aube » est une expression que l'on rencontre sans cesse dans les ouvrages des écrivains maritimes anglais et italiens.

L'étude sur l'*Italie et le Levant* est classique en Italie. Elle a décidé la création de l'arsenal de la Maddalena en Sardaigne; il n'y a pas un marin italien qui ne la sache pour ainsi dire par cœur. J'en ai compté plusieurs traductions à l'Exposition de Turin. En France aussi, elle a causé la plus vive émotion dans le monde maritime. Mais peut-être n'a-t-elle point encore assez pénétré dans le grand public. Il faut pourtant qu'il apprenne, lui aussi, par quels moyens nous pouvons conserver en Orient et sur la Méditerranée la supériorité que l'Italie rêve de nous arracher, qu'elle a le droit de rêver de nous arracher, mais que nous serions bien coupables de lui abandonner par ignorance ou par incurie.

Le livre de M. l'amiral Aube ne contient pas uniquement l'exposé de théories incontestables, mais cruelles sur la guerre maritime. On y trouve encore des études sur les progrès de la colonisation, qui ceux-là, Dieu merci! ne font que du bien à l'humanité. Rien de plus consolant en particulier, rien en même temps de plus opportun que la *Pénétration dans l'Afrique centrale, Le Sénégal et le Niger.* Beau-frère du général Faidherbe, M. l'amiral Aube a passé de longues années au Sénégal, et c'est un des hommes qui

connaissent le mieux ces contrées où nous appor-
tons la civilisation et la paix. M. l'amiral Aube
n'a pas de peine à montrer quel immense profit
commercial nous tirerons un jour de la grande
voie qui doit nous conduire les premiers, si nous
savons nous hâter, au cœur même du Soudan;
mais il ne veut pas que nous nous en servions
dans le seul dessein d'y chercher des richesses.
Nous avons, à son avis, une œuvre de charité
européenne et chrétienne à accomplir au Soudan :
nous devons y achever ce que l'apostolat des
missionnaires y a commencé ; notre devoir est
d'y éteindre l'esclavage. Et ce n'est pas là, que
les esprits pratiques se rassurent! de la cheva-
lerie pure. L'extinction de l'esclavage au Soudan
est pour nous un intérêt capital. Notre domination en Algérie ne sera affermie qu'à ce prix.
Tant que des trafiquants musulmans pourront
aller faire la chasse à l'homme au centre de
l'Afrique, puis conduire leurs caravanes sanglantes à travers le Maroc et la Tripolitaine,
nos frontières seront sans cesse menacées par leurs
intrigues ; nos missionnaires scientifiques et nos
explorateurs tomberont, comme le colonel Flatters, sous les coups de ces barbares ; des insur-
rections, provoquées par eux, se soulèveront

contre notre autorité : c'est donc sur le Niger que doit se terminer la pacification de l'Algérie. Ainsi tout se tient, tout s'enchaîne dans nos entreprises coloniales ; elles se prêtent un appui mutuel ; et lorsque nous en laissons péricliter une, toutes les autres s'en ressentent et en sont ébranlées.

Je voudrais encore parler des études de M. l'amiral Aube sur le *Centre Amérique,* sur *Vancouver et la Colombie anglaise ;* mais j'ai hâte de lui laisser la parole à lui-même, et je crains d'ailleurs d'abuser du droit que tout auteur de préface a quelque tendance à s'arroger, de se laisser entraîner en de longs développements. Je ne sais si j'ai réussi à faire comprendre aux lecteurs pourquoi nous avions jugé, mes amis et moi, que l'heure était venue de réunir les études de M. l'amiral Aube et de les présenter au public. Les sujets qu'elles traitent sont ceux qui passionnent le plus vivement à l'heure actuelle l'opinion française ; chacun sent qu'ils ont une importance capitale ; ils touchent à l'existence même, à l'avenir de notre pays. Refoulée sur le continent, où ses entreprises depuis deux siècles ont été si glorieuses et si stériles, la France s'est mise à rêver de reconstituer sa fortune coloniale, de rétablir sa

puissance sur les mers. Les circonstances sont
singulièrement favorables à la réalisation de ce
rêve. Malgré tout ce qui nous a été ravi au commencement de ce siècle et à la fin du siècle dernier, nous possédons encore dans le monde d'admirables territoires. En outre d'immenses contrées,
telles que celles du Levant, où nous n'exerçons
aucun pouvoir, sont pourtant soumises à notre
influence morale et politique. Avec un peu de
courage et de persévérance, nous pouvons reprendre, à côté de l'Angleterre, la situation que nous
avions autrefois. Mais il ne s'agit pas seulement
de conquérir des colonies, de les défricher, de
les civiliser ; il faut les défendre ; sans quoi nous
travaillerons encore une fois pour d'autres, et
nous devrons murmurer de nouveau un triste et
désespérant *Sic vos non vobis !* Or, c'est sur mer
que se défendent les colonies. De là l'urgente
nécessité de mettre notre marine en état d'accom
plir cette œuvre de vie ou de mort pour nous
Elle ne l'est point aujourd'hui, et si nous n'y prenons garde, sans parler de l'Angleterre, voilà
des rivaux, l'Allemagne et l'Italie, qui vont
nous devancer ! L'heure des résolutions éclairées
et viriles a donc sonné. Chaque minute perdue
est perdue pour la patrie. C'est pourquoi il nous

a semblé qu'on écouterait peut-être avec intérêt et certainement avec profit les conseils d'un des esprits les plus éclairés de notre temps, d'un des officiers les plus distingués de notre marine, d'un penseur original et profond, et par-dessus tout d'un véritable patriote. Tous ceux qui connaissent M. l'amiral Aube savent qu'il n'y a dans son cœur que deux passions : la vérité et la France ! Je suis certain que tous ceux qui liront son livre le sauront également.

Gabriel CHARMES.

ITALIE ET LEVANT

L'escadre d'évolutions vient d'arriver à Toulon après avoir visité tout le bassin oriental de la Méditerranée. Quelle mission avait-elle à remplir ? Comme le gros du public, nous croirions aisément qu'elle n'a fait qu'une campagne d'instruction professionnelle. A la suite de quelques-uns qui se piquent de voir plus loin que le vulgaire, nous ajouterions volontiers que, douze ans s'étant écoulés depuis nos derniers désastres, le temps est passé du recueillement absolu qu'ils nous imposaient, et que, par suite, si cette année, rompant avec des traditions récentes d'ailleurs, l'escadre a promené les couleurs de la France sur les rivages de l'Italie, de l'Archipel, de la Grèce, de l'Asie-Mineure, et enfin de la Syrie, c'est qu'en haut lieu, on a pensé avec raison que nos cuirassés de combat et les marins qui les montent sont bons à montrer à nos amis comme à nos ennemis, et que dès lors il est utile qu'amis et ennemis sachent que la France n'est plus l'agonisante de 1871 ; que, sur mer au moins, elle a encore une épée dont les coups pourraient être mortels à ceux qui s'y exposeraient de gaîté de cœur.

Ces explications, pour plausibles qu'elles soient, ne nous ont pas satisfait entièrement. Si telle était bien, en effet, la mission de l'escadre dans sa dernière campagne, et tels les résultats qu'on s'en promettait, comme cette mission a été remplie, et bien remplie, comme ces résultats ont été atteints, cette étude serait inutile ; rien ne la justifierait, ou du moins ne l'expliquerait, même à nos yeux. En rendre compte au ministre de la marine serait l'affaire du commandant en chef de l'escadre, et le marin distingué qui occupe ce poste d'honneur s'est acquitté à merveille de ce devoir, nous en sommes sûr. Mais il nous a été dit, bien avant notre départ de France, que lorsque le programme de notre future campagne, tel qu'il avait été conçu par le commandant en chef de l'escadre, et adopté par le ministre de la marine, fut soumis au conseil des ministres, le ministre des affaires étrangères fit ajouter aux parages que nous devions visiter les côtes de la Syrie, Beyrouth, Saïda, Caïpha. N'y avait-il pas là une pensée politique d'ordre supérieur inspirant ce ministre et lui

dictant, sous l'impression de l'effondrement de notre
influence en Égypte, la volonté de sauvegarder au
moins notre influence dix fois séculaire dans l'Orient?
Nous l'avons cru, et quelque humble que fût notre situation officielle, pour si peu que dussent compter nos
efforts personnels, nous nous promîmes d'aider de
toutes nos forces, — elles se résument en ces quelques
mots : l'amour de la vérité, l'amour de la France, — à
la réalisation de cette volonté patriotique. Le moment
est venu de remplir ce devoir. Difficile ou non,
qu'importe ! La vérité, tout au moins la sincérité, ne
sont jamais inutiles. Ce n'est point d'ailleurs un
journal de campagne que nous avons écrit, c'est le
résumé des impressions que nous ont jetées ces trois
mois de voyage, trop rapide, dans des pays où la
France, — la France républicaine surtout, — aurait
besoin de se montrer plus souvent, telle que l'escadre
la représente avec sa fière devise : Honneur et
Patrie.

I.

De la fin de l'année 1847 aux premiers mois de
1851, nous assistions, simple enseigne de vaisseau,
à ce drame émouvant plein de catastrophes, de
révolutions sanglantes, de tentatives héroïques avor-

tées, qui fut comme l'enfantement douloureux de l'Italie nouvelle, de l'Italie se retrouvant, après tant de siècles de divisions profondes, constituée enfin en nation, libre, indépendante, et bientôt puissante. Nous avions vingt ans, notre esprit s'ouvrait à tous les enthousiasmes de la jeunesse ; on devine pour qui étaient nos sympathies. L'affranchissement de ces généreuses cités : Palerme, Naples, Livourne, Gênes, Milan, de toutes les tyrannies qui pesaient sur elles, leur union définitive dans une fédération dont Rome serait la capitale, n'avaient pas de partisan plus convaincu que nous ; et pouvait-il en être autrement ? Que de fois n'avions-nous pas surpris au passage, échangés par des Italiens venant du haut des jetées d'Ancône, de Livourne ou de Gênes, contempler nos couleurs nationales, ces mots dans lesquels se résumaient leurs sentiments d'alors, leurs sentiments et aussi leurs espérances : *E dove andate ? — Andiamo vedere sventolare questa bandiera di libertà.* Le pavillon de la France, nos glorieuses trois couleurs, étaient bien, en effet, dans ces lointaines années, la *bandiera di libertà*, la bannière libératrice, et qui de nous ne souhaitait ardemment que cette liberté que nous croyions en ce moment notre conquête assurée, devînt le patrimoine de tous les peuples, la rédemptrice surtout de cette Italie où tant d'esprits d'élite, tant de cœurs généreux, tant d'âmes dévouées combattaient et savaient

alors mourir pour elle ? Plus de trente ans sont
passés depuis lors ; ces années nous ont jeté à tous
plus d'un douloureux enseignement , et certes,
lrosque naguère l'escadre mouillait devant Naples,
que nous n'avions pas revu depuis si longtemps, si
nous avions toujours gardé les convictions de notre
jeunesse, nous n'étions plus le jeune enthousiaste
de 1847 ; nous savions que, plus encore que nous-
même, l'Italie et les Italiens avaient changé. Cavour,
Garibaldi, Mazzini, Napoléon III, Pie IX, avaient
fait leur œuvre, et cette œuvre, nous en avions suivi
les développements avec assez d'attention pour être
convaincu que l'Italie nouvelle qui s'ouvrait à nos
études, les Italiens nouveaux avec lesquels nous
allions être en relations, différaient de tous points
de ceux que nous avions connus à l'époque dont les
vivants souvenirs hantaient en ce moment nôtre
esprit. Nous comptions néanmoins que quelque chose
aurait survécu de la sympathie d'autrefois, entre
deux peuples de commune origine, dont les destinées furent toujours solidaires et dont l'un doit son
indépendance et sa liberté autant aux victoires
qu'aux revers, autant à la sagesse qu'aux défaillances politiques de la France. C'était là une illusion
qui devait promptement se dissiper, mais elle était
trop naturelle, et d'ailleurs tant de nos compatriotes
la partagent encore, qu'il nous paraît nécessaire de
rechercher brièvement et de montrer les causes

diverses qui, depuis sa reconstitution, ont fait et
font encore de l'Italie nouvelle le plus irréconciliable et peut-être le plus dangereux des ennemis
que la France peut avoir à combattre[1].

« Française contre l'Autriche, autrichienne contre
la France », telle fut de tout temps la politique de
la maison de Savoie. C'est cette politique habile,
que des fatalités géographiques lui imposaient
d'ailleurs, qui, poursuivie avec une persévérance
que rien n'a lassée, a fait la grandeur de cette race
de diplomates et de guerriers. Chambéry, Turin,
Florence, Rome enfin après Naples, marquent les
étapes de cette marche en avant sous une pensée
constante, à la réalisation d'une espérance toujours
gardée. Les premiers pas sont difficiles : chaque
conquête exige de séculaires efforts ; puis les progrès s'accélèrent, et quand l'idée directrice s'incarne
enfin dans deux hommes faits l'un pour l'autre,
Cavour et Victor-Emmanuel, le cerveau et le bras,
l'élan devient irrésistible. Tout concourt au but,
tout, les idées les plus divergentes, les volontés
les plus opposées, les événements eux-mêmes les
plus contraires dans leurs conséquences logiques :
Cavour et Mazzini, Victor Emmanuel et Garibaldi,
Napoléon III et Pie IX ; Novare, Custozza et Lissa,

---

1. Les discours prononcés naguère à Paris, à l'anniversaire de la mort de
Garibaldi, sont un exemple entre mille des illusions qu'on se fait en
France.

comme Goïto, Gaëte et Mentana, Solférino comme Sedan. L'idée maîtresse a vaincu, son triomphe est assuré. Le descendant des ducs de Savoie, l'héritier des rois de Sardaigne, le fils du vaincu de Novare, s'installe au Quirinal à côté du pape, dépouillé de l'antique patrimoine de Saint-Pierre. L'unité de l'Italie est fondée, le rêve impossible est réalisé. C'est un fait accompli devant lequel l'Europe entière s'incline, non toutefois sans une surprise mêlée de doute, sinon de défiance sur la durée de cette nouvelle et merveilleuse création.

« Bien taillé mon fils, disait Catherine de Médicis à Charles IX ; maintenant il faut recoudre. » Pour que cette création fût durable, peut-être fallait-il, en effet, plus de sagesse, de prudence, de fermeté dans l'avenir que le passé n'avait exigé de persévérance, de volonté tenace, d'habileté diplomatique, et même de vertu guerrière. Rudes, nombreuses et de tout ordre ont été les épreuves qu'ont subies les successeurs de Cavour et de Victor-Emmanuel. Ils en ont triomphé, et si, après la prise de Gaëte, ce dernier écrivait au général Menabrea : *Grazia a lei, Italia e fatta,* son fils, le roi Humbert, pouvait l'écrire avec plus de raison encore à son habile ministre des finances, M. Magliani, le jour où, le budget équilibré, le cours forcé des billets de banque fut aboli, et les paiements en or rendus légaux. Dans ces douze années si pleines qui viennent de s'écouler, quelle a été, quelle devait être la politique des hommes d'État italiens ? Ce fut encore celle de la maison de Savoie, française contre l'Allemagne, allemande contre la France. Seulement nos malheurs mérités imposaient à ces hommes, Italiens avant tout, la seconde partie de l'antique programme : l'Italie devait être et a été allemande contre la France.

Que la reconnaissance soit une vertu qui s'impose aux hommes dans leurs relations sociales et privées, personne ne le conteste, pas même les plus fidèles disciples des Hartmann et des Schopenhauer ; qu'elle soit un lien pour les peuples, c'est ce que peuvent seuls croire quelques esprits naïvement chimériques, pour ne pas les qualifier plus sévèrement. Le *Help yourself* des Anglais devient bien vite le *Salus populi suprema lex esto*. Les hommes d'État de l'Italie nouvelle n'ont pas méconnu cette loi, et ils ont agi ainsi conformément à leur devoir supérieur. La France était pour longtemps impuissante, l'hégémonie européenne de l'Allemagne était pour longtemps assurée : c'était vers l'Allemagne que, *à priori*, à partir de Sedan ou plutôt encore de Sadowa, l'Italie devait se tourner ; c'est à elle qu'elle devait demander la consécration de son état nouveau, de son existence, et plus tard de son admission comme grande puissance dans les conseils de l'Europe, c'est-à-dire du monde entier. A cette cause, déjà décisive, de l'orientation politique du nouveau royaume, des causes secondaires joignaient leur action, — action du moment, peut être, mais dont l'ignorance ou un parti-pris coupable pouvaient seuls méconnaître la haute portée, — dont le patriotisme faisait un devoir de tenir grand compte.

De tout temps, dans la vie des peuples, mais surtout aux époques de transformations sociales, de révolutions politiques, il se forme des courants généraux d'idées qui entraînent ou emportent la masse de la nation et lui créent un idéal puissant qui en est peut-être l'âme supérieure. Les hommes d'État véritablement dignes de ce nom remontent parfois ces courants, sans en méconnaître jamais la force vivifiante ; le plus ordinairement, ils la font servir au succès de leurs propres vues, qui ne sont en définitive que la partie immédiatement réalisable de cet idéal. L'année 1870 marque pour l'Italie, et qui sait ? peut-être pour l'Europe entière, la date d'une ère nouvelle. Quel était, à cette date, le courant des idées générales pour lesquelles se passionnaient les esprits et les cœurs dans ce peuple arrivé enfin à la réalisation du plus cher de ses rêves : l'indépendance nationale, la liberté politique dans l'unité ? C'était d'abord, et surtout, le maintien de ces conquêtes si chèrement acquises ; c'étaient ensuite de vastes projets de conquêtes nouvelles à poursuivre dans l'avenir, — conquêtes mal définies dans leur

ensemble, difficiles à préciser, ou plutôt dont nul
n'aurait voulu dire le plus prochain théâtre ou fixer
les bornes, mais par cela même objet réel des ambitions les plus ardentes. Comme ces brumes légères
qui, aux heures matinales, estompent le paysage sans
le cacher, les mirages de ces idées confuses voilaient,
sans la cacher, la réalité de l'avenir. A travers ces
mirages flottants, apparaissaient rayonnantes les
grandes images de Rome, reine et maîtresse de
l'univers, de ce Capitole d'où le Sénat et le peuple
romain dictaient la loi aux nations asservies, et dont
leurs descendants venaient enfin de reprendre possession comme de leur légitime héritage. Dans ces
doubles aspirations se révélait tout entier le génie
de l'Italie nouvelle, génie à la fois pratique et
chimérique ; observateur attentif des réalités présentes et s'inclinant devant elles, amoureux et
amoureux passionné d'un passé que d'autres peuvent
croire à jamais évanoui, mais dont le culte, religieusement gardé, fut aux heures sombres la force rédemptrice de la nation et qui, par cela même, au moment
où tant de rêves se réalisaient, après avoir été si
longtemps regardés comme à jamais irréalisables,
apparaissait à ces esprits enflammés par le succès
comme le gage certain de l'avènement de leurs
nouveaux rêves ou plutôt de leurs légitimes revendications. S'associant à ce double courant d'idées
générales, les hommes d'État de l'Italie ont fait ser-

vir à l'accomplissement de la première partie de ce
programme grandiose, — le maintien des conquêtes
déjà faites, — qui était au reste celle dont justement ils se préoccupaient le plus, la force des idées
qui en sont la seconde partie, et dont l'heure n'avait
pas sonné. Là encore la situation politique de
l'Europe, celle surtout de notre pays, les ramenait
vers l'Allemagne, les rejetait loin de la France.

L'unité de l'Italie, virtuellement préparée par Ma-
genta et Solférino, n'a jamais eu cependant de plus
sérieux obstacles que la volonté de Napoléon III.
« Rome capitale ! » tel était le mot de ralliement de
tous les patriotes italiens, sans nuances de partis
politiques ; or, sans compter la pensée secrète de
constituer un royaume d'Étrurie au profit de son
cousin, le prince Napoléon, sans rappeler un mot
fameux tombé de la bouche de son ministre le plus
autorisé, et que devaient sanctionner des actes décisifs, comme par exemple l'échauffourée de Mentana, « où les chassepots firent merveille », jamais
l'empereur n'eût admis comme possible la spolia-
tion du saint-père. Le chef de la chrétienté devait
garder l'antique patrimoine de Saint-Pierre comme
garant de son indépendance, et c'était autrement
que par le *statut des garanties* qu'il comprenait le
programme du comte de Cavour : « L'Église libre
dans l'État libre. » Ressouvenir des luttes du fondateur de la dynastie impériale avec le prisonnier

de Fontainebleau, où le prêtre désarmé avait vaincu le tout-puissant empereur, et auxquelles le roman, plus que l'histoire, avait fait une légende populaire; crainte patriotique à l'idée d'une Italie une, puissance créée par nous, mais devant, à une heure donnée, se dresser contre nous, comme Proudhon le démontrait avec tant de force dans son beau livre : *Du Principe fédératif*; dernier gage à ce parti clérical-conservateur avec lequel on était loin sans doute de la confiance des premières années, mais avec lequel on redoutait justement une rupture complète; ou bien encore influence toujours puissante, sur un esprit rêveur et mystique au fond, des idées de sa première enfance, de celles de sa jeunesse; toutes ces raisons connues du public, d'autres encore dont les intéressés, et au premier rang d'entre eux les Italiens, avaient pénétré le secret, faisaient de la France impériale un obstacle invincible dressé entre Rome et les ambitions italiennes. L'empire tombé, la France vaincue, humiliée à Sedan et à Metz, l'obstacle invincible était à terre : Victor-Emmanuel entrait au Quirinal. Que pouvaient contre les faits accomplis, contre la force brutale, la force qui prime le droit, les protestations que criait au monde entier le vieillard prisonnier au Vatican ? Ces protestations étaient alors d'autant plus impuissantes que l'homme dont les prodigieuses victoires des armées allemandes avait fait le maître de l'Europe était lui-même et depuis longtemps l'adversaire le plus implacable, sinon de la papauté, du moins des idées dont Pie IX était la vivante incarnation. Arme forgée contre ces idées mêmes, le *Culturkampf* était à l'œuvre dans l'Allemagne unifiée, et l'on sait comment, dans l'empire qui se portait le successeur du Saint-Empire romain, étaient traités les évêques et les prêtres fidèles à Rome. Or, Rome était le plus grand écueil où pouvait sombrer la fortune de l'Italie; par cela seul, l'Italie ne pouvait avoir qu'une politique : une politique allemande, antifrançaise.

Cependant la France, par un merveilleux effort de sa vitalité, se relevait lentement et sûrement de ses ruines accumulées. Si, tout d'abord, se recueillant dans un repos nécessaire, elle n'aspirait pas à reprendre sa place perdue dans le monde, du moins les esprits éclairés et prévoyants devinaient, à des signes certains, que dans un prochain avenir dont l'avènement dépendait de sa sagesse seule, amis et ennemis auraient à compter avec elle. Plus d'un de ces derniers a dû, comme le chancelier de fer, trouver que l'épée du vainqueur jetée dans la balance où se pesait sa rançon avait été trop légère, et qu'à ce prix insignifiant de cinq milliards, l'Allemagne s'était montrée aussi généreuse que clémente. Pourtant, si la France marchait à son relèvement économique, matériel, d'un pas trop assuré, ses destinées politiques restaient du moins enveloppées d'ombres et d'incertitude. L'assemblée de Versailles, élue sous l'inspiration d'une pensée unique : le salut du pays, n'avait point ratifié les décrets du 4 septembre ; et nul ne pouvait dire quelle constitution politique cette assemblée souveraine lui donnerait.

M. le comte d'Arnim et M. le prince de Bismarck discutaient entre eux sur les mérites de la monarchie et de la république ; mais les hommes d'État italiens, ceux qui, à titres divers, sous l'inspiration des opinions les plus opposées, avaient préparé, avaient fondé l'unité de l'Italie, n'avaient aucun doute : tous se rangeaient à l'avis de M. de Bismarck. La France de leurs rêves, de leurs vœux devant être avant tout l'ennemie de leur adversaire le plus redoutable, la papauté, disons le mot, l'Église catholique, ils voulaient, avec le grand chancelier d'Allemagne, une France jacobine, anticléricale, fanatique, mais de ce fanatisme philosophique qui, dans son culte absolu de la liberté et de la patrie républicaine, va jusqu'à la négation de la liberté, jusqu'à la négation de l'histoire, et ne tient compte ni des croyances de millions de Français ni de ces traditions qui, avant 1789, ou mieux 1793, avaient fait une France ayant rempli cependant quelque place dans le monde ; à ces titres encore, et au lendemain de 1871, les tendances des hommes d'État italiens étaient naturellement allemandes, sinon antifrançaises. Plus tard, néanmoins, et lorsque le problème fut résolu de la constitution qui régirait la France, lorsque la république fut proclamée, s'imposant à une majorité antirépublicaine, lorsque, surtout après le 16 mai, tout espoir de restauration monarchique s'évanouit, la politique italienne en a-t-elle été modifiée ; et dans la nation elle-même, l'opinion publique, enfin rassurée, est-elle revenue à plus de justice, sinon à plus de sympathie envers la France républicaine ? Non, certes, rien n'est changé à Rome ou dans le Parlement ; plus que jamais, au contraire, la *gallophobie* est à l'ordre du jour de la presse et de ces politiciens qui, dans les grandes villes de la péninsule comme dans toutes les démocraties modernes, font seuls l'opinion publique, et, chose étrange, mais que le plus simple examen met en pleine lumière, c'est la raison des choses elle-même, qui semblait faire de l'avènement de la république en France un *desideratum* pour l'Italie, qui lui impose ces mêmes craintes et ces mêmes défiances de notre pays. Républicaine ou monarchique, la France, reprenant sa place dans le monde, apparaît, nous ne dirons pas comme une menace pour l'Italie nouvelle, mais comme un obstacle pour la réalisation de ses espérances de grandeur future.

II.

Si l'Allemagne a reconstitué sa nationalité éparse par les prodigieux succès des armées allemandes, confondues dans leur haine commune de l'ennemi héréditaire, l'unité de l'Italie est l'œuvre trop évidente, pour le patriotisme et la juste fierté des Italiens, d'une politique habile, servie par des défaites plus profitables que les plus éclatantes victoires. Mais cette heureuse fortune, heureuse et étrange à la fois, n'a point aveuglé le bon sens italien. Se connaître et se juger est, pour les peuples autant que pour les individus, le *summum* de la sagesse. L'Italie se connaît et se juge, et c'est sous l'inspiration de la clairvoyance que lui donne cette connaissance d'elle-même qu'elle cherche les moyens d'assurer le présent et de sauvegarder l'avenir. — Contre qui, et qui les menace ? — Contre la France. Écoutez là-dessus ses hommes d'État, ses penseurs, ses publicistes, et surtout ses hommes d'action, soldats et marins : tous pensent, écrivent, proclament bien haut à la tribune, dans la presse, ce que la foule ignorante sent au plus profond de sa conscience et de son cœur.

Trois ans après la conquête de Rome capitale, —
trois ans remplis par des études d'autant plus longues qu'il s'agissait de la péninsule tout entière, —
le rapporteur du comité de défense nationale posait
en ces termes, dans son rapport au Parlement
italien, le principe fondamental de la défense du
royaume :

« Comme nation, au point de vue géographique,
l'Italie a ses frontières tracées de la manière la plus
nette par les Alpes et par la mer ; mais, *au point de
vue politique,* sa frontière continentale reste cependant ouverte dans quelques parties du territoire.

« Limitrophe de la France, de la Suisse et de
l'Autriche, entourée de tous les autres côtés par la
mer, l'Italie, pour pourvoir à sa défense, doit nécessairement se baser sur le développement de ses forces
terrestres et maritimes.

« Pour peu que l'on veuille réfléchir un instant
à l'éventualité d'une attaque contre notre pays de la
part d'une puissance disposant d'une armée solide
et d'une forte marine, il sera facile de reconnaître
immédiatement à quel point notre défense serait
incomplète si l'on négligeait de donner à chacun de
ces deux éléments de nos forces le développement
qui lui est dû. Supérieurs à notre adversaire sur
mer, mais inférieurs à lui sur terre, nous ne parvien-
drions pas à éviter une invasion de notre territoire
par les frontières continentales ; réciproquement,

disposant sur terre d'une armée puissante, mais faibles au point de vue naval, nous nous trouverions dans l'impossibilité de nous garantir des attaques et des entreprises ennemies dirigées contre notre littoral si étendu, et nous serions incapables de protéger nos îles; de plus, notre armée n'aurait pas la liberté d'action nécessaire, attendu qu'elle serait menacée par terre sur les points d'appui de sa base d'opérations.

« Dans les deux hypothèses, on n'aurait pas pourvu de la meilleure manière à la défense du royaume, et le développement donné à l'un et à l'autre des deux éléments ne suffirait pas à la sécurité de l'État. »

Le problème est posé dans les conditions générales; cherchons-en les applications.

On lit dans une récente étude de la *Rivista militare*[1]:

« A la dévastation de notre littoral, à laquelle nous sommes exposés aujourd'hui, nous pouvons nous résigner. Mais à une invasion *concurrente* par terre et par mer, venant de la Corniche, ou à un fort débarquement soit en Toscane, soit sur la côte romaine, *non*, et *non*, parce que ces débarquements, comme l'ont démontré Mezzacapo et tant d'hommes éminents

---

1. *Maris imperium obtinendum*, par M. Paolo Cottrau, traduit par M. G. Noël, capitaine de frégate. (*Revue maritime*, juin 1883.)

après lui, compromettraient de la manière la plus grave l'issue de la guerre.

« *L'ennemi aura* 800,000 *hommes, soit; s'ils doivent tous passer par les trous d'aiguille des cols des Alpes*, ils n'arriveront dans la vallée du Pô ni en assez grand nombre, ni assez vite ni assez facilement pour que notre vaillante armée ne puisse leur tenir tête ; mais si la mer et les voies du littoral sont sans défense, si un convoi de 60,000 *hommes parti le soir de Toulon, de Nice ou de Villefranche* peut arriver dès l'aube, à l'improviste et sans être vu, à Vado ou sur les côtes de Toscane, et débarquer son monde en quelques heures, alors les choses changeront et, trop tard, nous nous repentirons amèrement de n'avoir point écouté les hommes prévoyants quand ils disaient : « Il faut donner par an 20 millions de plus à la marine, dût-on pour cela renoncer à deux corps d'armée. »

Que ces pressantes instances, inspirées par les prévisions du plus pur patriotisme, aient trouvé de l'écho dans le Parlement italien et au cœur même de la nation, c'est ce que met en pleine lumière le vote même de la Chambre que rappelle un écrivain anonyme de la *Revue militaire de l'étranger*, qui nous pardonnera de le citer textuellement. « On n'a point oublié le retentissement que souleva en Angleterre, quand elle parut en 1872, la *Bataille de Dorking*. Cette brochure originale, qu'on pourrait qualifier de brochure panique, eut sa première imitation en Italie. Sans y causer à beaucoup près autant d'émotion que la *Bataille de Dorking*, dont après dix ans la fiction plane encore sur l'Angleterre comme le spectre de Méduse, le *Récit d'un garde-côte* produisit cependant assez d'émoi pour que le ministre de la marine, interpellé, dût récuser à la tribune toute participation à ce cri d'alarme... Le *Récit d'un garde-côte* fut suivi de publications analogues, et il suffit de rappeler que toutes représentaient la France, la France de 1871, comme préparant ouvertement sa revanche aux dépens de l'Italie. De la presse cette fiction hardie passa bientôt dans le Parlement ; la discussion du budget de 1873 amena à la tribune des députés qui ne craignirent pas de renchérir sur les avertissements les plus pessimistes, *et l'un d'eux, sans qu'une voix s'élevât pour le contredire, alla même jusqu'à fixer* « à trois ou quatre années » *l'échéance de cette éventualité menaçante.* L'émoi fut très vif et se traduisit par un vote inattendu. Le ministre, en demandant quatre millions pour la reconstruction du matériel, avait déclaré franchement que les conditions financières ne permettaient pas d'inscrire à ce chapitre un crédit plus élevé, mais qu'il était de beaucoup inférieur à la somme nécessaire pour « le renouvellement normal de la flotte, c'est-à-dire pour la conserver dans sa force actuelle et l'empêcher de dépérir d'année en année. » Sous l'impression de discours alarmants, la Chambre ne voulut pas même attendre la discussion du projet de loi sur le plan organique de la marine dont elle était saisie depuis 1871, et elle vota, *malgré le refus du ministre de s'y associer*, un ordre du jour « l'invitant à proposer dans le budget définitif les sommes nécessaires pour satisfaire efficacement aux réparations et au renouvellement de la flotte de guerre actuelle[1]. »

Dans les circonstances et surtout les conditions financières que subissait alors l'Italie, ce vote ne pouvait être que l'expression platonique des vœux de la Chambre, en cela fidèle interprète de la nation : par cela même, il n'en est que plus significatif. N'en ressort-il pas en pleine évidence que, pour le Parlement italien, pour la nation italienne, la France était en 1873 l'ennemi dont il fallait conjurer les desseins, et que c'était contre elle que l'Italie, armée de toutes pièces, devait se dresser, d'abord pour la défense de son indépendance reconquise, puis pour la réalisation de cet avenir glorieux auquel elle se croit prédestinée et que la puissance et les ambitions de la France menaçaient seules ? Depuis cette époque déjà lointaine, l'Italie a constitué son armée et sa flotte de guerre ; se sent-elle rassurée et dans le présent et dans l'avenir ? Question délicate, mais qu'il faut cependant aborder de front, sans crainte de

---

1. *Revue militaire de l'étranger*, 3 janvier 1885. p. 82.

blesser de légitimes susceptibilités. La vérité est le premier besoin des peuples comme des hommes réellement supérieurs, c'est-à-dire sachant ce qu'ils veulent et voulant ce qu'ils veulent.

L'Italie a voulu une armée et une flotte de guerre ; elle les a voulues, elle les veut, contre la France.

Marin, nous n'avons nulle compétence à juger l'armée italienne, mais nous pouvons avoir, nous devons avoir une opinion sur la flotte italienne. Nul plus que nous n'admire les prodigieux efforts qui, sous l'ardente impulsion des amiraux qui se sont succédé au ministère de la marine, ont créé cette flotte de toutes pièces. Nous savons quelle est l'habileté des ingénieurs, la science professionnelle des officiers, la valeur des équipages. Mais, en l'état actuel des choses de la mer, et tant que des modifications profondes ne se seront pas accomplies, déplaçant la supériorité numérique des unités de combat, toutes, à peu près, de valeur égale pour l'attaque et pour la défense, si nous nous plaçons dans l'hypothèse essentiellement italienne d'une guerre entre la France et l'Italie, cette vérité que nous cherchons nous apparaît tout entière dans les pages courageuses que nous transcrivons sans commentaires. Elles sont, en effet, signées d'un des plus braves officiers de la flotte italienne, M. Bonamico.

« Renonçant à la possibilité de soustraire toutes

nos cités maritimes au bombardement par la construction de défenses maritimes, nous n'avons plus
d'autre facteur défensif que l'escadre, ou les flottilles
locales, qui devront dans ce cas affronter tactique-
ment la flotte ennemie; mais, tandis que contre l'offensive externe et contre la plus menaçante des
attaques côtières, il était possible, même dans les
conditions présentes, de lutter avec quelque espoir
de succès, *ici nous ne pouvons avoir aucune confiance*.
Il ne nous reste ainsi d'autre solution que de sacrifier les villes, ou de payer, *heureux si cela suffit*, leur
rançon, puisque *s'attaquer à la flotte ennemie, ce serait
condamner la nôtre sans autre espoir que de sauver
l'honneur des armes*. Ce sacrifice ne sauverait pas les
villes et laisserait le pays en butte à des menaces
qui, en peu de temps, consommeraient sa ruine.

« Laisser sans défense, découvertes, pour ainsi
dire abandonnées, tant de richesses et de sources de
vie, sans même tenter de les disputer à l'ennemi,
c'est un fait si nouveau dans l'histoire militaire de
toutes les nations, et si humiliant, que l'esprit se refuse à l'accepter; et il faudra une grande force de
caractère, une prudence virile, un sentiment profond de ce qu'on peut et de ce qu'on doit, pour résister à la tentation fébrile de marcher à la rencontre
de la flotte ennemie et d'engager la première et suprême bataille. Personne jusqu'ici n'a dit au pays
que nous devions sauver la flotte et sacrifier les

villes, et *pourtant il faut que le pays se persuade de cette dure nécessité et qu'il s'habitue à l'idée de savoir la flotte inactive et concentrée à la Maddalena, pendant qu'on rançonnera, bombardera, incendiera, pour ne pas dire pis, les plus florissantes cités.* Si exagérée que puisse paraître cette pensée, quelle que soit la répugnance, je dirai plus, quelle que soit l'épouvante qu'éveille cette résignation qui sera qualifiée de lâcheté, j'ai dû, après avoir longtemps lutté contre moi-même, courber la tête devant cette triste réalité. »

Et le courageux et patriotique écrivain conclut ainsi cette étude, où le talent le dispute au patriotisme :

« Les conditions présentes de la défense nationale nous condamnent à éviter à tout prix l'action tactique, à ménager la flotte, à laisser nos cités découvertes et sans défense. Mais nous, arrivés à cette désolante conclusion, nous devons, en attendant *des temps meilleurs*, nous demander quelles forces navales sont nécessaires pour empêcher le bombardement; aujourd'hui, cette question n'admet pas de solution concrète, et partant des mêmes bases, on pourrait arriver aux conclusions les plus opposées. Pour étudier un problème aussi complexe et aussi confus que celui qui se pose dans une bataille contre des forces supérieures, il faut faire provision d'enseignements historiques et se persuader que le secret de la victoire du faible contre le fort est presque tout entier dans la supériorité morale et organique du premier sur le second. En attendant que l'expérience nous fournisse la donnée tactique et technique que nous lui demandons, en attendant que *le développement de la richesse économique nous offre la possibilité de donner à la flotte l'augmentation qui la mettra en mesure de satisfaire à la défense du pays,* préparons la fonction morale et organique, car c'est d'elle plus que d'aucune autre que dépendra le succès de nos armes sur mer, si, par désespoir ou par erreur, nous sommes forcés de tenter la fortune contre un ennemi plus fort. »

Ces conseils vont plus loin que ceux à qui les adresse le vaillant officier qui a eu le rare courage de dire la vérité à son pays au moment où ses espérances patriotiques étaient les plus exaltées. La France peut en prendre la part qui lui revient; puisse-t-elle ne pas s'endormir une fois de plus dans une trompeuse sécurité et marcher, elle aussi, dans la voie droite et féconde de ces progrès constants, qui, seuls, peuvent lui garder la *supériorité incontestée, mais éphémère, si elle n'avise,* de sa flotte de guerre sur celle d'une nation qu'elle voudrait pour amie, mais qui, obéissant peut-être à de secrets instincts, semble condamnée à rejeter toutes ses avances[1]. Cette supériorité d'ailleurs est fonction

---

1. Méditer à ce sujet les conclusions de l'étude déjà citée : *Maris imperium obtinendum.*

d'autres éléments que la bravoure et la valeur professionnelle de ses marins, le nombre et la puissance de ses flottes de combat, — l'écrivain dont nous avons cité les éloquentes et courageuses paroles, en appelle au temps, au développement de la richesse économique de son pays; — le temps est galant homme, et le génie, — le génie italien surtout, est fait de patience. Qui sait, si dans quelques années, à défaut de la force qui lui manque à l'heure présente, ce génie italien, fait d'habileté diplomatique autant que de patience, n'aura pas réalisé, en partie du moins, en profitant surtout des fautes de ses adversaires, ce programme des conquêtes au dehors, pacifiques ou guerrières, que seules peut-être notre vanité nationale, notre incurable ignorance de l'étranger nous font regarder comme chimériques?

III.

Les événements accomplis depuis 1871 ont sanctionné le nouvel équilibre européen, ou mieux l'état de choses politique que les victoires des armées allemandes et la volonté de M. de Bismarck ont imposé au monde. En ce qui touche l'Italie et la France, leur force expansive a été arrêtée net vers le Nord. Comme devant ces rochers qui voient se briser à leurs pieds les flots de l'Océan, soulevés aux vents des tempêtes, devant l'impassible fermeté du chancelier de fer, l'une a dû renoncer aux rêves de l'*Irredenta* dans le Tyrol et le Triestin, l'autre à ces chères espérances qui se résument dans un seul mot : « la revanche ». — Refoulées vers le Sud, toutes deux ne peuvent avoir pour champ d'activité extérieure, en Europe du moins, que ce vaste bassin de la Méditerranée dont Rome avait fait le centre du monde antique, dont Napoléon Ier avait rêvé de faire un lac français. L'Italie se porte l'héritière de Rome. La France n'a jamais renoncé au rêve de celui qui, un moment, éleva si haut la gloire et la puissance de son nom ; elle en a au contraire poursuivi la réalisation avec une persévérance qui est l'honneur de tous les gouvernements si divers qui l'ont régie. Qui niera que cette rivalité, que la raison des choses a créée entre les deux peuples, pèse d'un grand poids sur les esprits des hommes d'État italiens ? — Leurs craintes secrètes ou avouées, leur défiance jalouse de la France, n'ont peut-être pas d'autre cause ; en tout cas, c'est la cause toujours agissante depuis la reconstitution de l'unité italienne. Le malheur est que cette rivalité s'impose fatalement.

Pour les peuples modernes, être condamné à s'agiter à l'intérieur, sans expansion au dehors, c'est être condamné à la mort lente peut-être, mais certaine. Évoquant les souvenirs du passé, et devant les sombres perspectives de l'avenir, même avant 1870, un écrivain prophétique, — *vox clamans in deserto*, — s'écriait dans un élan de patriotisme : « Puisse-t-il venir bientôt, ce jour où nos concitoyens, à l'étroit dans notre France africaine, déborderont sur le Maroc et sur la Tunisie et fonderont enfin cet empire méditerranéen qui ne sera pas seulement une satisfaction pour notre orgueil, mais qui sera certainement, dans l'état futur du monde, la dernière ressource de notre grandeur[1]. » Cet empire méditerranéen, salut de la France, c'est aussi le seul que puisse rêver dans l'avenir cette Italie, jeune, ardente, ambitieuse, hantée par les plus glorieux souvenirs : pouvait-elle y renoncer et d'avance s'avouer vaincue ? Non, certes, et elle a courageusement accepté la lutte, — une lutte, qu'elle peut, elle aussi, appeler la lutte pour l'existence, *the struggle for life*. Quelle en sera l'issue ?

Fille aînée de l'Europe, la France a un passé dont les conquêtes font sa force matérielle, dont sa gloire serait de ne pas démériter, dont sa sagesse serait de maintenir toujours vivantes les traditions séculaires. Dernière venue des nations européennes, au milieu desquelles elle n'était guère

______

1. Prévost-Paradol, *la France nouvelle*, p. 418, 6e édition, 1869.

« qu'une expression géographique », l'Italie n'a ni
passé, ni traditions ; ses richesses sont à créer ou à
faire revivre ; — son armée est à peine constituée ;
sa marine se ressent encore des tâtonnements, suites
inévitables de toute création nouvelle. La lutte
semble donc bien inégale, et si la force seule devait
en décider, la force matérielle, les aveux patriotiques que nous avons enregistrés ne laisseraient
aucun doute. Mais la France continue sur elle-
même, au profit et pour l'instruction des autres
peuples, ces expériences de haute métaphysique
politique et sociale, inaugurées en 1789 et qui,
faisant table rase du passé, bouleversant de fond en
comble et les institutions et les mœurs, permettent
toutes les suppositions, toutes les craintes, toutes les
espérances sur ses destinées futures. Ces expériences
trop prolongées, qu'exprime un seul mot, la « révolution », aboutiront-elles à une rénovation ou à une
dissolution de la patrie française ? Dieu le sait, et si
nous autres, Français, nous gardons notre foi dans
l'avenir de la France, combien de ces peuples étrangers qui nous surveillent et nous jalousent, partagent
encore cette foi ? combien, là où nous saluons une
aurore, voient seulement les lueurs du crépuscule
avant-coureur de la nuit ! Ce doute même d'ailleurs
est une faiblesse pour nous, une force contre nous
pour les peuples dont la croyance en eux-mêmes n'a
ni ces doutes, ni ces défaillances. Telle est cette

jeune nation italienne. Dans la lutte qu'elle a acceptée virilement, elle apporte sa foi ardente dans l'avenir, l'union de tous les partis dans les mêmes espérances, l'habileté et la prudente sagesse de ses hommes d'État, la force supérieure d'un gouvernement fondé sur la liberté, mais où l'autorité retrouve son action féconde exercée par le chef de cette maison qui a fait la nation elle-même et qui reste pour elle son guide dans l'avenir comme elle le fut dans le passé. L'ensemble de ces forces morales ne pèsera-t-il pas dans la lutte d'un aussi grand poids que cette force matérielle qui manque aujourd'hui à l'Italie, mais qu'elle compte bien se donner un jour ? Ses hommes d'État le croient et l'espèrent. Confiants dans l'avenir, ils en préparent les voies secrètement, — lentement, mais sûrement, — faisant servir au succès toutes les forces qui peuvent y concourir ; comptant sur eux-mêmes, et plus encore peut-être sur les fautes de leurs adversaires.

Ainsi que l'établit le rapporteur du comité de défense de 1873, si l'Italie a ses frontières géographiques tracées de la manière la plus nette par les Alpes et par la mer, au point de vue politique « sa frontière continentale reste cependant ouverte dans quelques parties du territoire ». A lire entre les lignes, on voit facilement quelles sont ces parties qui restent ouvertes (tous les manuels de géographie les indiquent d'ailleurs), et comme la volonté de

M. de Bismarck n'est une barrière aux rêves de l'*Irredenta* que du côté de Trieste et du Tyrol, la Savoie et surtout le comté de Nice, qui est la clef de la route stratégique de la Corniche et du chemin de fer de Marseille-Vintimiglia, restent ouverts aux rêves, sinon à l'action de ceux, quels qu'ils soient, qui trouvent que l'unité de l'Italie n'est pas faite et répètent avec leur grand ancêtre : *Nil actum reputans quum aliquid agendum superesset.* Signaler ces rêves ou cette action à la vigilance de nos hommes d'État, de quelques noms qu'ils s'appellent, serait faire injure à leur patriotisme ; — d'ailleurs, si ce patriotisme s'était jamais endormi, les excursions de certains touristes, qui ne sont pas des inconnus en France, doivent avoir suffi pour les tirer, et pour longtemps, de ce coupable sommeil. Mais, dans la pensée des hommes d'État italiens et même du rapporteur de 1873, est-ce seulement sur la frontière continentale que l'Italie reste ouverte à l'étranger ?

C'est, on le sait, sur mer que, de l'avis des stratégistes de la péninsule, à quelque arme qu'ils appartiennent, se décidera le sort d'une guerre entre l'Italie et la France. Trois systèmes de défense ont été étudiés à fond, nous n'exposerons ici que celui auquel les officiers de la marine italienne donnent généralement la préférence. Ce plan comprend à la fois un moyen de défense énergique et la possibilité d'un retour offensif : utiliser la position de la Sardaigne située très heureusement et très fortement à cheval entre le golfe de Gênes et le golfe du Lion, à portée de secours de Naples et de Spezzia, et établir la flotte sur un point indiqué par la nature, c'est-à-dire dans les bouches de Bonifacio, pour ainsi dire dans les eaux de l'ennemi. Une escadre qui tient les bouches de Bonifacio a un pied en Corse, et les ressources de la Sardaigne qu'elle couvre sont à sa disposition. Elle ne peut être bloquée puisqu'elle a deux issues : elle défend Spezzia, couvre Gênes, surveille ou menace Toulon et toute la Provence; elle offre, accepte ou refuse le combat quand elle veut et où elle veut, pourvu toutefois qu'elle ait du charbon pour elle, et des torpilles pour ouvrir ou fermer à son gré les passes et les canaux par où ses nombreux éclaireurs peuvent entrer et sortir, compromettant en cas de poursuite ceux de l'ennemi[1].

Ce plan de guerre offensive et défensive est celui qui a reçu l'adhésion presque unanime des officiers italiens; à ce titre, nous l'acceptons comme le meilleur de tous. Mais qui ne voit que ses mérites et son efficacité grandiraient singulièrement si la Corse, au lieu d'être terre française, était terre italienne? Avoir un pied en Corse par la Sardaigne est certainement un grand avantage; y poser les deux pieds

---

1. Perrochetti, *Géographie militaire*, et tous les manuels de géographie autorisés dans les écoles italiennes.

vaudrait infiniment mieux. Les bouches de Bonifacio ont deux issues, mais comme tous les détroits,
elles ont deux rives opposées ; l'une d'elles est italienne, c'est excellent ; que serait-ce si toutes les
deux l'étaient aussi ? Mais la Corse est française :
c'est dommage, en vérité, mais qu'y faire ?

Les enfants veulent avoir sur-le-champ ce qu'ils
désirent, et d'instinct ils tendent les deux mains
vers l'objet de leur désir, croyant que cela suffit pour
qu'on le leur donne. Les hommes faits sont moins
naïfs. Ils ont appris qu'on ne demande pas, c'est une
des règles de la politesse. Les hommes d'État, les
véritables diplomates raffinent encore sur ces règles ;
quelque vif que soit leur désir, ils le cachent sous
un voile d'indifférence absolue, et quant à parler,
ils n'oseraient : « le silence est d'or. » Pourtant
leur devoir est d'agir pour donner à leur patrie telle
province, telle ville, telle île, grande ou petite, nécessaire à sa sécurité, ou même à sa grandeur. Ils
agissent, et aucun scrupule ne les arrête. Jésuites ou
non, ils pensent avec eux que la fin justifie les
moyens. D'ailleurs, grâce à leur superbe indifférence,
pour connaître leur désir, il faut le deviner, et,
grâce au secret gardé, ils peuvent toujours répondre :
Non, à ceux qui ont deviné ce secret. C'est ainsi que
répondraient certainement les hommes d'État italiens
si on leur disait que, la Corse étant utile, sinon
nécessaire à la sécurité et même à la grandeur de

l'Italie, ils en convoitent l'annexion : ils crieraient même à la calomnie si on ajoutait qu'ils la préparent. Il n'est donc que sage de n'entretenir personne de pareilles suppositions, eux, moins que personne. Mais peut-être est-il permis de dire que les hommes d'État de la France feraient sagement d'agir comme si ces suppositions étaient fondées, non pas seulement dans le monde idéal de la logique pure, mais dans le monde réel des faits avérés, tangibles, certains.

Un de nos compatriotes qui vit en Italie, où il est né, et très au courant des choses italiennes, nous écrivait, entre autres choses, à la date du 3 juin : « Tous les journaux italiens ont reproduit une feuille de Bastia, où il est déclaré que l'avenir de la Corse est un mystère, je vous en ai déjà parlé... » Il est probable que les journaux français n'ont pas perdu leur temps, comme les journaux italiens, à reproduire l'article de la feuille de Bastia. Peut-être n'est-ce pas qu'ils se désintéressent de la question, c'est plutôt que la politique intime absorbe tout leur temps, la politique du parti qu'ils représentent. Mais du moins faut-il croire que nos ministres, qui ne font, eux, que de la politique française, savent de quelles prévenances sont l'objet, dans les universités italiennes, les étudiants que la Corse leur envoie en trop grand nombre depuis quelques années; avec quelles facilités on leur accorde les diplômes nécessaires à l'exercice de certaines professions, qui, dans leur pays, leur assurent une influence marquée sur l'esprit public. Que ces symptômes et d'autres encore de certaines tendances n'effraient point nos ministres et qu'ils comptent fermement sur l'inaltérable attachement des Corses à la patrie française, rien n'est plus juste. Mais un homme de grande expérience qui avait beaucoup vu et qui parlait rarement a dit un jour : « Tout arrive. » C'est le fond de la prévoyance humaine et le tout de l'habileté des hommes d'État : croire tout possible, être prêt à tout. — C'est parce que les ministres d'au delà des Alpes, à quelque école, à quelque parti qu'ils appartiennent, sont convaincus de cette vérité, qu'ils n'hésitent devant rien de ce qui peut assurer l'avenir de leur pays, cet avenir que nous croyons, nous, un rêve chimérique. Puisque tout arrive, en effet, pourquoi désespérer de cet événement soi-disant impossible : l'annexion de la Corse à l'Italie ? Pourquoi, à plus forte raison, désespérer de ce qui n'a jamais été déclaré impossible, la substitution dans le bassin méditerranéen, et notamment dans le Levant, de l'influence italienne à l'influence dix fois séculaire de la France ?

Qui sait d'ailleurs si déjà ils n'ont pas de trop bonnes raisons de croire et d'espérer ?

IV

Quand on quitte la Grèce, après quelque temps passé à Athènes, au Pirée, dans les îles de l'Archipel, que la guerre de l'indépendance a affranchies, l'impression qu'emporte de son rapide séjour le voyageur le moins sympathique au jeune royaume est certainement que la Grèce est en voie de « redevenir » ; que gouvernés et gouvernants préparent lentement mais sûrement cet avenir, rêve patriotique de tous les Hellènes, et que cet avenir leur appartient. Néanmoins, pour bien comprendre l'importance des progrès accomplis, pour mesurer surtout les efforts dont ces progrès sont le prix mérité, peut-être faut-il, avant que le temps ait affaibli la vivacité des impressions reçues, visiter les îles encore courbées sous la domination turque, Chio, Lesbos, Rhodes, la Crète, et mieux encore ces ports de l'Asie-Mineure et de la Syrie, qui, depuis le moyen âge, portent le nom caractéristique d'Échelles du Levant. Partout, dans ces îles, dans ces ports, on est frappé de l'abandon, de la solitude qui en font des villes mortes déjà, ou tout au moins des villes vouées à une mort certaine, comme sous les étreintes d'un fléau

implacable. Leur aspect est, à quelques différences
près, insignifiantes d'ailleurs, toujours le même, uniforme, identique dans ses traits généraux. Signe vi-
sible de la servitude politique, de l'infériorité religieuse de la population native, le pavillon rouge au
croissant étoilé flotte sur quelque bastion resté debout et dominant des remparts que le temps a éven-
trés, que l'incurie musulmane laisse s'écrouler pierre
à pierre ; des minarets à la flèche aiguë s'élèvent
vers le ciel, au-dessus des maisons jetées comme au
hasard le long du rivage et aux flancs de collines
prochaines ; leurs façades sans ouvertures, blanchies
à la chaux, rappellent ces sépulcres dont parle l'É-
vangile ; la ville elle-même avec ses longues files de
cyprès, l'arbre aimé des Turcs, ressemble souvent à
un vaste cimetière ; autour d'elle s'étendent des
plaines aux maigres cultures, où, de loin en loin,
comme pour attester la fertilité du sol, apparaissent
quelques champs de vignes, quelques bouquets de
mûriers, de figuiers et de grenadiers sauvages. Des
collines arides et dénudées relient les plaines aux
montagnes qui ferment l'horizon, semblables à d'immenses barrières de marbre et de granit. L'œil y
cherche vainement une hutte, un sentier, un signe
de l'activité, de la présence de l'homme ; bien plus,
pas un arbre ne tache de son feuillage ces roches
abruptes, pas un oiseau n'anime de son vol ces âpres
solitudes, la vie y semble impossible. Devant ces

mornes paysages, dont un soleil rayonnant, dont un ciel d'un éclat incomparable font encore ressortir la tristesse, les vers du poète reviennent incessamment à l'esprit : « Les Turcs ont passé là, tout est ruine et deuil. » Dans leur sombre réalisme, ces quelques mots résument l'histoire de ces longs siècles de dure oppression, d'aveugle fatalisme, qui ont créé ces déserts dans ces pays jadis si riches et si peuplés.

Pourtant, parmi ces cités mortes dont les noms défigurés rappellent les grands noms historiques de Césarée, de Ptolémaïs, de Sidon, de Tyr, deux villes, Smyrne et Beyrouth, apparaissent vivantes et d'une vie singulièrement énergique. Cette vie même, qui atteste la réalité de ces grandeurs évanouies et qui permet d'y croire, est un signe des temps, plus expressif, parlant plus haut encore que les ruines de leurs anciennes rivales. Ces ruines ne racontent que le passé ; cette vie puissante et toute nouvelle dit tout haut l'avenir réservé à ces provinces désolées, à leurs populations si longtemps en deuil. Comme ces saints des légendes sacrées qui, victorieux de la mort et planant un moment sur leur tombe entr'ouverte, annonçaient l'éternelle résurrection, ces deux villes, secouant le poids de leurs propres ruines, crient aux races vaincues et opprimées l'heure de leur résurrection prochaine à l'indépendance nationale et à la liberté. L'Europe et l'Asie semblent, en effet, s'y chercher pour un dernier combat, pour un

combat décisif où la victoire est écrite d'avance en
caractères qu'un simple regard permet de comprendre, que la vue traduit à l'esprit. Voyez plutôt :
nous sommes à Beyrouth ; la rade étincelle au soleil,
avec ses flots d'azur à peine ridés par la brise de
terre ou mollement soulevés par la houle du large.
A chaque instant, de grands paquebots, — cités flottantes, — la traversent pour s'y arrêter quelques
heures. Venus de tous les ports de l'Europe, dont ils
attestent la supériorité commerciale, ils passent rapides, inclinant au passage leur pavillon national
devant les escadres de guerre, vivante expression de
la puissance militaire de l'Occident. Sphinx mystérieux, cachant le secret de l'avenir sous leurs murailles d'acier, prêts au premier ordre à le révéler
par la bouche de leurs canons monstrueux, les lourds
cuirassés de France et d'Angleterre semblent dormir à l'ancre ; auprès d'eux glissent silencieusement
les humbles caïques turques, dont les formes, dont
la voilure rappellent les galères phéniciennes. Le
temps a passé sur elles sans les changer ; est-ce un
symbole de l'impuissance, de l'insouciance, de l'esprit de routine des maîtres du pays ? Peut-être. En
tout cas, elles les crient moins haut que les navires
de combat empruntés à l'Europe, dont ils ne savent
ni entretenir ni utiliser la formidable puissance,
arme inutile laissée à leurs propres mains et qui ne
vaut quelque chose que par les marins empruntés,

eux aussi, à l'Europe. Mais le rivage, mais la ville nouvelle, mais la ville ancienne des musulmans ont aussi leur langage ; écoutons-les.

Sur les falaises taillées à pic, çà et là, dentelées de criques à peine accessibles aux légers canots du pays, se dressaient naguère de puissants bastions, des remparts crénelés, enserrant la ville d'une ceinture menaçante. Ces bastions s'écroulent sous les plis du drapeau turc qui les couvre encore de son ombre, ces remparts sont déjà écroulés, et partout, à leur place, l'activité des marchands européens élève des magasins, des comptoirs, des théâtres. De leurs dômes massifs, de leurs minarets élancés, les mosquées, où se hâtent encore les croyants, dominaient naguère les maisons basses et pressées des quartiers populeux et leur imprimaient ce cachet essentiel des villes orientales, dont la vie même est leur foi religieuse. Dômes, minarets disparaissent peu à peu derrière les hautes maisons européennes en construction ; bientôt on les cherchera du regard sans les trouver. Autour de ces mosquées s'étendent encore, dans un inextricable dédale, ces bazars, centres actifs autrefois de l'activité de toutes ces races qui peuplent la ville sans s'y confondre ; dans leurs échoppes sordides s'étalaient les créations étranges et souvent merveilleuses de l'industrie et du luxe de l'Orient : la Perse y envoyait ses tapis, Brousse ses soies aux broderies de fées, Damas ses armes étincelantes, le

Liban ses plateaux et ses vases ciselés; ces bazars sont vides et presque déserts. Paris et Londres les emplissent seuls de leurs produits vulgaires et à bon marché. Montons plus haut : les villas des riches marchands européens, avec leurs jardins ombreux, leurs terrasses pleines de fleurs, se groupent autour du consulat de leur nation, dont l'enceinte, asile inviolable, est signalée au loin par le drapeau national de la puissance européenne dont il défend plus que les droits, les privilèges. Plus haut encore, les églises de toutes les communions chrétiennes, les clochers de leurs chapelles, les arceaux de leurs monastères et de leurs couvents proclament la liberté religieuse, conquise peut-être par cette charité plus qu'humaine qui a créé ces hospices, ces ouvroirs, ces orphelinats, annexes obligées de ces couvents et de ces monastères. Plus haut, plus haut encore, dominant la ville, la rade, la plaine, le pays tout entier, l'école catholique de Notre-Dame-de-Génézareth, le collège catholique des jésuites, profilent dans l'azur du ciel les lignes nettes et tranchées de leurs grandes façades, des deux ailes en retour et du clocher massif qui les complètent. Constructions récentes, sans prétentions architecturales, imposantes seulement par leur masse et l'étendue des terrains qu'elles occupent, on les sent faites pour résister aux assauts du temps, pour défier les tempêtes plus redoutables des passions humaines, pour durer, en un mot;

pensées et espérances profondes qui valent que ceux-là s'y associent, libres penseurs ou croyants convaincus, qui ne veulent pas désespérer de nos sociétés troublées. Pour ceux d'entre eux, en effet, qui ont visité l'église et les cellules des pères, les salles d'étude, les cabinets de physique et de chimie, les laboratoires, — que leur envierait plus d'une de nos Facultés de France, — où se pressent plus de cinq cents élèves de toutes nationalités, ce collège, dont le patriotisme français autant que l'Église catholique peut revendiquer la création, ne symbolisent-ils pas les deux plus grandes forces de ce monde : la religion et la science pure ; la religion dans son expression supérieure, le catholicisme tel que l'ont fait dans une lente élaboration de dix-neuf siècles les plus grands génies de l'humanité ; la science pure, telle que l'ont faite les conquêtes de l'esprit moderne, enseignée par des hommes à la foi ardente qui l'acceptent sans restriction ni crainte, parce qu'ils voient en elle une des faces de cette vérité absolue qu'ils croient posséder tout entière et qui, par suite, ne peut être que la servante, l'auxiliaire de leur foi elle-même[1] ?

Tels sont les signes qu'en face de Beyrouth ou de

---

1. A ce collège vient d'être annexée une Faculté de médecine dont les diplômes équivalent *officiellement* à ceux délivrés par les Facultés de France. Son imprimerie, admirablement outillée, est sans rivale pour l'impression des caractères arabes. La Bible sortie de ses presses est un chef-d'œuvre qu'envie l'Imprimerie nationale.

Smyrne, les choses visibles présentent à l'esprit, et que l'esprit ne peut interpréter que comme le dernier acte de la lutte ininterrompue depuis mille ans de l'Asie musulmane contre l'Europe chrétienne. Le dernier mot de cette lutte, ce sera encore celui de l'empereur Julien, frappé à mort au milieu de son triomphe : « Galiléen, tu as vaincu ! » Mais ici la victoire du Galiléen n'est pas seulement celle de la foi chrétienne, de la civilisation européenne sur l'Islam et la barbarie asiatique ; pour nous elle est plus encore : elle est d'abord la sanction incontestable, éclatante, des traditions, des idées politiques que la France ancienne poursuivait en Orient ; puis, pour la France nouvelle, la France républicaine, qui, malgré tout et quoi qu'on dise, est solidaire de cette France d'autrefois, dont elle procède directement, peut-être est-il permis d'y voir un gage de son relèvement dans l'avenir.

Des deux thèses qui se dégagent des réflexions précédentes, la première est dès longtemps victorieusement établie. Sans insister sur les arguments historiques qui font son évidence, il convient peut-être de les résumer succinctement, tels qu'ils ont été exposés dans une étude récente de la *Fortnightly Review*[1]. Les susceptibilités jalouses qui semblent l'accompagnement obligé du patriotisme anglais,

---

1. *French Diplomacy in Syria* ; — the *Fortnightly Review*, avril 1882.

toutes les fois qu'il s'agit de l'action extérieure de la France, donnent à cette étude une autorité particulière. D'ailleurs, par une déduction logique, ne doit-on pas poser en principe que notre patriotisme peut se réjouir de tout ce qui éveille ces susceptibilités, et notre politique coloniale s'affirmer d'autant plus qu'elle provoque l'irritation de ces journaux qui, si plaisamment parfois, se constituent nos conseillers et les arbitres de la sagesse de cette politique?

Tout d'abord, l'écrivain anglais s'étonne, et non sans raison, de la persévérance de nos efforts dans le Levant et surtout en Syrie. Depuis les temps fabuleux où Charlemagne envoyait jusqu'à Bagdad une ambassade spéciale au calife Haroun-al-Raschid pour recommander à sa sollicitude paternelle les chrétiens du Liban et des saints lieux, jusqu'à nos jours, tous les gouvernements qui se sont succédé en France, n'ont jamais cessé de prétendre à une influence prépondérante sur les destinées de la Syrie. Dans des chartes solennelles dont il rappelle les dates, — saint Louis, François Ier, Henri IV, Louis XIV, et jusqu'à Louis XV, déclarent que les Maronites, les chrétiens du Liban, font partie intégrante de la nation française. « La Convention elle-même, au moment où, en France, elle envoyait nobles et prêtres à l'échafaud, ordonnait à ses agents de couvrir les nobles et les prêtres de la nation maronite de la protection dont ils avaient joui jusqu'alors, et Bona-

parte, pendant qu'il assiégeait Saint-Jean-d'Acre,
envoya son secrétaire saluer les Maronites « comme
citoyens français depuis un temps immémorial ».
Après Bonaparte, la politique française, dans ces
pays, reste invariablement la même. Les événements
qui se rapportent à cette période récente sont connus
de tous; il est inutile de les rappeler en détail. « Sous
Louis-Philippe, sous Napoléon III, cette politique,
dans ses phases diverses, n'a été que le développement logique et *consistent* (un mot anglais de haute
valeur) de celle que leurs prédécesseurs leur avaient
léguée. Son but essentiel était celui qu'ils avaient
poursuivi : donner un point d'appui inébranlable à
l'influence française en fortifiant la situation de leurs
protégés maronites et en s'efforçant de leur conquérir
la suprématie incontestée dans la montagne. » Après
les événements de 1860, ce but eût été atteint sans
l'habile intervention de l'Angleterre, alors représentée, comme naguère en Égypte, par lord Dufferin.
Mais la persévérance française ne s'est pas lassée;
plus que jamais, elle est prépondérante dans le Liban.
Encore si c'était tout; hélas ! l'écrivain anglais cons-
tate avec tristesse l'adhésion récente à notre politique des Ansariyehs et des Métualis, deux tribus de
sectes musulmanes dissidentes que les intrigues de
notre consul général ont séduites, et, comme de juste,
non seulement il se plaint de pareilles intrigues, mais
il les signale à qui de droit : *caveant consules.*

Que telle ait été depuis dix siècles la politique de notre pays, toujours active, toujours vigilante, et, par une bonne fortune trop rare dans les annales de notre diplomatie, toujours ardente à poursuivre le même but, c'est ce qui ressort de l'exposé que nous venons de faire à la suite d'un guide sûr. Ce qui importe maintenant, c'est de savoir quelle doit être cette politique dans l'avenir, et si les avantages que l'on est en droit d'attendre de ses succès sont bien ceux que nous avons dits.

Ces avantages sont de deux sortes : les uns d'ordre accidentel, contingent, les autres d'ordre général, permanent pour ainsi dire. Un exemple précisera ce que nous appelons les avantages d'ordre contingent.

« Les ressources militaires et financières de la France s'étaient graduellement relevées des suites désastreuses de la guerre allemande, et avec la conscience du retour de ses forces, elle retrouvait en quelque sorte son vieil esprit d'agitation et d'agrandissement au dehors. Au congrès de Berlin, avec la pénétration et la clairvoyance qui distinguent ses combinaisons politiques, M. de Bismarck devina le réveil de cet esprit et lui prépara un champ d'activité où rien ne pouvait compromettre les relations entre les deux pays. Le chancelier allemand indiqua les rivages méridionaux de la Méditerranée comme ce champ d'activité ; ses ouvertures insidieuses furent comprises, et dès que la France fut libre à l'intérieur,

l'expédition tunisienne ne fut plus qu'une question de
temps et d'opportunité. Parmi les contingences contre
lesquelles il fallait se garder le jour où on entrerait
en action, était celle d'une active résistance de la
part du sultan, qui pouvait bien ne pas être disposé à
abandonner ses droits de souveraineté sur la régence,
par déférence aux arguments subtils du quai d'Or-
say. Cette résistance, quoique peu probable, il était
nécessaire d'être prêt à la combattre, et il semble
naturel que cette considération ait décidé le gouvernement français à donner une nouvelle attention à
la Syrie, comme moyen de contre-miner les volontés
de la Porte, au cas où elle serait tentée de recourir
à des arguments autres que des protestations diplo-
matiques. Le ministre turc qui plaidait auprès de
M. Goschen, comme circonstances atténuantes du
mauvais gouvernement turc, qu'il y avait dix-neuf
Irlandes dans l'empire ottoman, aurait pu ajouter
qu'une demi-douzaine d'entre elles peuvent se trouver
dans la Syrie seule. Outre les populations chrétiennes
de différentes sectes dont il est inutile de dire qu'aucune affection n'est possible entre elles et la Porte,
il y a trois tribus guerrières, les Druses, les Ansariyehs et les Métualis, dont la dissidence avec l'or-
thodoxie musulmane ne fait que fortifier la haine
contre la domination turque, tandis que, même parmi
les plus fervents Sunnites de Damas, la quatrième
ville sainte de l'Islam, on peut trouver les symptômes

d'un dégoût croissant pour la domination d'une race étrangère et la suprématie d'un calife étranger. Une habile manipulation de ces différents éléments de révolte donnerait à une puissance hostile les moyens d'allumer en Syrie une conflagration que toutes les ressources de l'empire ottoman ne seraient peut-être pas capables d'éteindre[1]. »

Nous avons déjà dit que Métualis et Ansariyehs ont été acquis à notre politique.

A côté des avantages d'ordre contingent dont nous venons de faire ressortir la réalité, cherchons maintenant ceux d'ordre permanent qui, dès à présent, imposent le maintien de notre influence acquise comme un patriotique devoir. Ici encore un exemple suffira.

Plus que jamais, depuis l'établissement de notre protectorat en Tunisie, la prépondérance de notre action politique et commerciale dans le bassin occidental de la Méditerranée semble assurée. De grandes fautes, l'oubli de nos intérêts les plus évidents, pourraient seuls la compromettre[2]. Dans la plupart des pays du bassin oriental de cette mer, en Grèce, en Asie-Mineure, en Syrie, notre industrie et notre commerce luttent encore sans trop d'infériorité.

---

1. *French Diplomacy in Syria.*

2. Comme, par exemple, de réaliser le rêve le plus ardent des Italiens, en acceptant la proposition formulée par un membre de la Défense nationale (15 septembre 1870) et renouvelée plus tard aux applaudissements de certains bancs de l'Assemblée nationale : Rendre la Corse à l'Italie.

En Égypte, leur déclin trop marqué a été la suite immédiate de la ruine de notre influence politique. La logique ne perd jamais ses droits; tous les éléments de la grandeur d'une nation sont solidaires.

Cette leçon cherchée comme à plaisir, pourrait-on dire, sera-t-elle perdue? N'en ressort-il pas en pleine clarté que le maintien, que le développement de notre influence, à quelque titre qu'elle ait été acquise, sont la protection assurée de nos intérêts politiques et commerciaux? Ils nous seraient donc commandés comme une mesure de défense nationale, même alors que rien dans l'avenir ne menacerait ces intérêts. Or il n'en va pas ainsi : le percement du tunnel du Saint-Gothard est un fait déjà accompli, qui constitue pour l'avenir commercial de Marseille un péril difficile à conjurer. L'achèvement des chemins de fer de l'Europe centrale va déplacer demain l'axe du transit européen, et faire du Pirée et de Volo[1] les deux plus grands ports de la Méditerranée. Tous deux se préparent à leurs destinées nouvelles, que hâteront d'autres faits économiques d'un ordre moins général, comme le percement vigoureusement mené de l'isthme de Corinthe[2]. Quel

---

1. Le port du Pirée a été creusé profondément et aussi agrandi de plus du double de son ancienne étendue. Les six grands cuirassés et les deux avisos de l'escadre ont pu y prendre place sans gêner le mouvement maritime et commercial.

2. Voir, à ce sujet, la brochure intitulée: *Notes sur le percement de l'isthme de Corinthe,* Décembre 1882. Athènes; Perris frères. Le mouvement commercial du port de Marseille avec la Grèce, la Turquie d'Europe et Smyrne,

est le sort réservé à Marseille? La ruine peut-être; en tout cas de quels rudes coups ne sont pas menacés notre commerce maritime partout en décadence, notre industrie nationale déjà si cruellement éprouvée? Aussi, sans entrer dans des considérations de politique transcendante sur le démembrement prochain de l'empire ottoman, sur les révolutions qui en seront les suites inévitables, en présence de ce double péril et nous souvenant des leçons que l'Égypte nous a données, le maintien, le développement de notre influence politique, qui restent le plus puissant, sinon le seul moyen de conjurer ces périls, s'imposent à nos hommes d'État comme le plus impérieux de leur devoir, — un devoir devant lequel doivent s'effacer ces misérables questions d'intérêt qui nous divisent et jusqu'aux exigences de cette logique absolue si chères aux meneurs de nos assemblées. Nous l'avons vu, les gouvernements si divers qui se sont succédé en France, monarchie, empire, république et jusqu'à la Convention nationale, ont tous compris ce devoir de la même manière; tous l'ont rempli sans défaillances. La France de nos jours, la France républicaine, ne peut y faillir. Il faut qu'elle maintienne partout cette politique qui

la mer Noire, est évalué à 949,954 tonnes, chiffre que le mouvement des autres ports français porte à 1 million. Le mouvement de tous les ports italiens s'élève à 1,709,278 fr. Ces chiffres donnent à réfléchir. — Voir également sur la situation commerciale la note de notre consul général. (*Moniteur officiel du commerce*, 19 juin 1889.)

fit sa force dans le passé ; qu'elle défende le légitime
et glorieux héritage que dix siècles d'efforts lui ont
légué contre tous ceux qui veulent l'en dépouiller à
leur profit.

V.

A croire ce qui se dit, ce qui s'écrit, à en juger
même par certains faits récents que l'Europe, in-
souciante ou complice, a consacrés, — nous voulons
parler de l'occupation de Chypre par les Anglais, de
celle de l'Égypte, aussi réelle, quoique moins haute-
ment avouée, — il semble qu'au premier rang des
adversaires de nos revendications légitimes dans le
Levant, il faille placer l'Angleterre, notre constante
rivale. Sans méconnaître la portée de l'opposition
qu'elle y a faite déjà, de celle plus vive qu'elle nous
ferait à l'heure voulue, nous croyons que l'on s'exa-
gère beaucoup la puissance actuelle de l'Angleterre,
qu'on s'incline trop facilement devant sa volonté
hautaine, parce qu'on ne se rend pas un compte
exact de la disproportion qui existe aujourd'hui entre
ses prétentions et la force réelle dont elle dispose
pour les appuyer. Jamais comparaison ne fut plus
vraie que celle du « colosse aux pieds d'argile »,

appliquée à cet immense empire sur lequel, plus encore que sur celui de Charles-Quint, le soleil ne se couche jamais. Vingt croiseurs à vitesse supérieure, jetés sur les routes commerciales du monde et commandés par des marins résolus à une guerre sans merci, — la véritable guerre, — suffiraient pourtant à le frapper au cœur. Le monopole commercial, qui est la vie même de l'Angleterre, serait anéanti en quelques mois; pas une de ces colonies puissantes, pour qui elle n'a jamais fait une guerre coloniale, ne l'aiderait d'un homme ou d'une guinée dans une guerre purement anglaise, où leurs intérêts matériels, si distincts des siens, seraient eux-mêmes en péril. Le Dominion du Canada comme les libres États de l'Australie, l'Afrique australe comme la Nouvelle-Zélande, proclameraient bien vite leur séparation et leur autonomie nationale. Ses hommes d'État le savent, ses marins le savent mieux encore. Les uns ont plus d'une fois, depuis le congrès de Genève, courbé la superbe hautaine de leur pays devant le souvenir des exploits des corsaires confédérés et les perspectives nouvelles que leurs courses victorieuses ont ouvertes sur les conditions et les résultats des futures guerres maritimes. La question de l'*Alabama*, dont le nom seul résume la ruine du commerce des États du Nord, rival justement redouté alors du commerce anglais, a été résolue, non par la justice, — quand l'Angleterre s'est-elle souciée de la justice? — mais par la crainte salutaire qu'elle commence à ressentir devant les transformations incessantes des marines militaires, devant les conditions nouvelles des guerres maritimes où, de jour en jour, le facteur essentiel, non de la victoire en bataille rangée, mais du succès final de la lutte, s'affirme dans la vitesse, — l'ubiquité qu'elle assure, — plus encore que dans la puissance des canons, l'épaisseur des cuirasses. Ses marins le savent, et, sans se lasser, ils répètent le cri d'alarme : *Our great peril if war overtakes us in the present state of our navy*[1]. Ce cri d'alarme, l'Angleterre l'a entendu, et elle en comprend les sombres menaces. Qu'importe? elle peut doubler le nombre de ses cuirassés de combat, celui de ses croiseurs à grande vitesse, elle sait qu'ils seront impuissants, quand même, à sauver sa marine de commerce, — et la guerre ne la surprendra pas. — Elle reculera devant la guerre toutes les fois que cette marine sera l'enjeu à risquer sur le tapis sanglant des batailles. Aussi, comme toutes les nations maritimes d'ailleurs, comme la Russie naguère, achetant à l'étranger sa flotte « de croiseurs nationaux », comme les États-Unis de l'Amérique du Nord, qui n'ont pas même un cuirassé à mettre en ligne, la France peut parler haut à l'an-

---

1. C'est le titre d'une nouvelle et récente brochure du vice-amiral William Symonds.

cienne reine des océans toutes les fois qu'elle par-
lera au nom de la justice et du droit. Malgré Gibral-
tar et Malte, malgré Chypre et l'Égypte, ce n'est pas
l'Angleterre qu'elle trouverait en travers de sa route
aux heures des revendications légitimes, et si elle
ne peut, pas plus qu'elle ne le pouvait en 1870,
compter sur sa bienveillance ou même sur la communauté d'intérêts, ce n'est pas elle dont, aujour-
d'hui, en l'état présent des choses de la mer, elle doit
redouter l'hostilité plus ou moins active. D'ailleurs
cette influence toute pacifique que la France doit et
veut maintenir dans le Levant, et surtout en Syrie,
n'est pas une œuvre que la force des armes ait
créée, que la force des armes puisse détruire.
Faite de glorieux souvenirs, de traditions fidèlement gardées, elle repose sur la force bien supérieure d'une idée, — et quelle idée? — L'idée religieuse, l'idée chrétienne, l'idée catholique. Contre
elle l'Angleterre protestante ne peut rien; — le péril
est ailleurs pour la France. — Ici encore, et comme
nous le disions au début de cette étude, l'Italie, avec
ses souvenirs de grandeur passée, ses rêves de grandeur future, de *primato* méditerranéen, est fatalement le plus irréconciliable et peut-être le plus redoutable des adversaires que nous pouvons avoir un
jour à combattre.

L'histoire du passé enseigne l'avenir. Voici une
page d'histoire récente : « Par tous les côtés à la fois,

l'influence française en Orient était alors exposée aux machinations et aux entreprises hostiles des gouvernements européens... Le gouvernement italien ne perdit pas un instant, après nos défaites sur le Rhin, pour démasquer ses ambitions de ce côté et tenter de se substituer à nous dans tous les pays du Levant. Il alla jusqu'à essayer, dans ce but, *de se mettre en relations avec la propagande romaine et lui fit les promesses les plus séduisantes pour l'amener à comprendre que l'Italie devait recueillir l'héritage de la France vaincue, pour la protection des intérêts latins en Orient.* Ces démarches faites au lendemain de l'entrée des Italiens à Rome n'aboutirent pas[1]. » Faites aujourd'hui que treize ans écoulés ont consacré Rome capitale de l'Italie, ces démarches auraient-elles quelques chances d'aboutir ? Ce n'est pas à nous à répondre à cette question. Néanmoins, si, comme l'affirme la *Gazette de Francfort,* « on a le sentiment en France que le chancelier est en train de faire la paix avec le Vatican, et qu'il n'est pas impossible que l'influence de la papauté sur la politique allemande devienne un facteur avec lequel devra compter un homme d'État perspicace, attendu qu'il ne serait pas avantageux pour la France d'avoir pour ennemi le pape ami et allié de l'Allemagne », — peut-être devrait-on parmi nous comprendre qu'il

---

1. *Diplomatie du gouvernement de la Défense nationale,* Valfrey, II, 145.

serait tout aussi peu avantageux, pour notre pays,
d'avoir pour ennemi le pape ami et allié de l'Italie.
Moins que personne nous avons autorité pour juger
la politique intérieure de notre pays, mais il nous est
permis de penser que le fanatisme antireligieux est
aussi odieux que le fanatisme religieux, qu'au point
de vue philosophique ils se valent, et que tous deux
sont la négation de la dignité de l'esprit humain et
de la liberté, et enfin qu'au point de vue pratique
de notre action extérieure, il a exercé dans le passé
une influence déplorable, tout au moins dans les
pays de l'Orient. Autant que ce que nous avons pu
voir de nos yeux, l'histoire même nous a confirmé
dans cette opinion.

Un de nos historiens modernes, dont nul ne met
en suspicion l'impartialité, a écrit la page suivante :
« Les victoires prodigieuses de Bonaparte, son gouvernement juste, éclairé, sévère, excitaient l'admi-
ration et le respect des habitants ; mais il y avait un
obstacle insurmontable à leur soumission, la religion.
En Égypte, comme dans tous les pays où les républi-
cains avaient porté le drapeau tricolore, l'athéisme
des vainqueurs excitait la répugnance et l'inimitié
des vaincus, et lorsqu'un manifeste de la Porte ex-
cita les habitants à la guerre « contre les impies
qui regardent le Coran, la Bible et l'Évangile comme
des fables », une insurrection terrible éclata au
Caire, qui ne fut apaisée qu'après une bataille

acharnée[1]. » Sans nul doute on peut répondre que, sauf le fanatisme religieux des Orientaux, qui reste le même, à tous égards, les choses ont bien changé depuis 1798. Il ne n'agit plus pour nous de les soumettre à notre domination et de conquérir l'Orient; nos prétentions sont plus sages et plus modestes, elles se bornent au maintien de l'influence politique que nous avons conquise dans ces pays et qui seule peut assurer la protection, disons mieux, conjurer la ruine de notre commerce et de notre industrie. Mais serait-ce se montrer trop sévère de dire que, pour le triomphe de ces prétentions si modérées, et pour nous garder les sympathies des Orientaux, nous ne pouvons compter aujourd'hui sur le double prestige des victoires de nos généraux et du génie de nos hommes d'État?

Certainement aucun manifeste de la Porte n'est à craindre, dénonçant notre athéisme et nous vouant à la haine des croyants, Fellahs et Arabes de l'Égypte, Ansariyehs et Métualis du Liban, Sunnites de Damas; mais si le système de lutte religieuse, de *Culturkampf* où nous sommes entrés juste au moment où M. de Bismarck semble ne plus répugner à aller à Canossa, s'accentuait encore, si, ce qui n'est pas impossible aujourd'hui, ce que les Italiens regardent comme assuré demain, la France avait pour ennemi

---

1. Théophile Lavallée, *Histoire des Français*, t. IV, p. 295.

le pape, ami et allié de l'Italie ; à défaut de ce manifeste, les mille voix de la presse européenne diraient aux chrétiens comme aux musulmans d'Égypte, de Syrie, de l'Asie-Mineure, que la France est toujours la nation athée où le Coran, la Bible et l'Évangile sont tournés en ridicule, où la religion, toute religion, est persécutée, et qui sait si ce n'en serait pas fait de notre influence dans ces pays ? qui sait si ce n'est pas vers l'Autriche catholique, vers l'Italie catholique, amie et alliée du chef de la chrétienté, que se tourneraient ces populations chrétiennes de l'Orient, dévouées à la France parce qu'elles voient toujours en elle, — même dans la France républicaine de nos jours, — cette fille aînée de l'Église, cette France catholique que dix siècles leur ont appris à admirer et à aimer ? Leur foi en elle a résisté à toutes les éclipses de notre gloire et de notre grandeur, résisterait-elle à cette suprême épreuve[1] ?

---

1. Les vers suivants, improvisés pour ainsi dire à l'occasion de la visite imprévue de l'amiral commandant l'escadre à Smyrne, nous paraissent résumer d'une façon touchante ces sentiments envers la France ; peut-être trouvent-ils ici une place naturelle ; l'humilité des pieuses filles de Sion nous pardonnera de leur donner la publicité de ce livre. N'est-ce pas montrer que leur cœur bat plus ardent que jamais pour cette patrie dont elles se sont volontairement exilées ?

> Nos jours coulent heureux à l'ombre de la France,
> Qui jeta sur nos bords ses fleurs et ses lauriers ;
> Et souvent les échos qui bercent notre enfance
> Saluent avec transport ses marins, ses guerriers.
>
> Répands donc tes bienfaits, ô belle protectrice !
> Fais sur les océans flotter ton pavillon ;
> Offre de tes revers le fécond sacrifice,
> Qui ne saurait ternir la gloire de ton nom.

Cela vaut que nos gouvernants y réfléchissent. Puissent-ils comprendre ces signes des temps, dont s'effraient avec tant de raisons ceux qui, voyageant loin de France, voient son isolement au milieu de toutes les nations qui la jalousent et attendent leur heure en s'y préparant!

Dans une étude que les lecteurs de la *Revue des Deux-Mondes* n'ont pas oubliée et dont la méditation s'impose à tous ceux que préoccupe l'avenir de notre pays, un écrivain autorisé exposait naguère les difficultés que des intérêts complexes opposent au maintien nécessaire de notre politique traditionnelle dans le Levant, de cette politique qu'il résume en deux mots : le protectorat catholique [1]; il a fait plus : avec une sûreté de vue qui n'a d'égale que l'indépendance philosophique de sa pensée, il a indiqué les mesures qui peuvent résoudre ces difficultés en conciliant, sans les sacrifier les uns aux autres, ces intérêts en apparence antagonistes. Cette étude a été notre guide le plus sûr pendant notre rapide excursion dans le Levant; partout nous avons constaté l'impression

> Les siècles ont redit sur la terre et sur l'onde
> Ce nom que porte haut ton antique pavois.
> Ton beau sceptre longtemps a primé sur le monde,
> Mais tes bienfaits encor surpassent tes exploits.
>
> La tempête peut bien balloter ton navire,
> Les fils des vieux Gaulois connaissent le danger.
> France! espère toujours, force le monde à dire :
> Dieu l'a faite immortelle, il sait la protéger.

1. Voyez dans la *Revue des Deux-Mondes* du 15 septembre 1882, *la République et les intérêts français en Orient*, par M. Gabriel Charmes.

profonde que tous, amis et ennemis en ont ressentie : espérance et consolation pour les uns, — dépit mal déguisé pour les autres. Dès lors, et pour conclure les longues considérations où nous sommes entré nous-même, il nous sera permis d'exprimer un vœu en harmonie d'ailleurs avec les sentiments qui nous les ont dictées : celui de voir tous ceux qui, à un titre quelconque, pèsent sur les destinées de notre patrie, unir leurs efforts pour réaliser les mesures que cette étude magistrale signale à leur patriotisme.

LA PÉNÉTRATION

DANS

L'AFRIQUE CENTRALE

PREMIÈRE PARTIE

LE SÉNÉGAL ET LE NIGER

On a dit qu'il n'y avait pas, en France du moins, de question sociale; mais, de quelque nom qu'on l'appelle, il y a une question qui s'impose à toutes les sociétés modernes, celle du travail : question sombre et douloureuse dont, à juste titre, se préoccupent, non seulement les hommes d'État, mais tous ceux pour qui les grandes idées de patriotisme, de charité, de solidarité ne sont pas de vaines paroles, ou encore de simples instruments de popularité malsaine. Les faits parlent d'ailleurs, et avec quelle éloquence! Qui ne comprend le sens de ces grèves, de ces interruptions violentes et soudaines du travail, de ce travail qui seul pourtant assure le pain de chaque jour des travailleurs et de leurs familles? La question s'impose et, depuis bien des années, penseurs, philosophes, économistes cherchent en vain la solution. Tous peut-être désespèrent de la trouver. D'où vient cette impuissance? Ne serait-ce pas que dans notre pays les données du problème ont été mal posées, en termes faisant une trop large place au côté métaphysique de toute question de ce genre, à l'absolu, en un mot, si bien que le rêve, l'utopie, se substituant à la raison pratique, ont obscurci encore les obscurités, agrandi encore les difficultés déjà si grandes de la solution véritable.

Reprenons les données du problème :

Le travail est un capital, celui de l'ouvrier. Tout homme l'apporte en naissant, comme sa part d'un commun héritage. Le capital est du travail accumulé. Travail et capital sont donc identiques, ont du moins une commune origine. Sont-ils donc antagoniques? Les forces qu'ils renferment sont-elles opposées? Les intérêts qu'ils représentent sont-ils distincts? Cette communauté d'origine atteste le contraire. Ces intérêts sont solidaires. Ces forces sont convergentes; elles tendent vers un même but : le progrès; l'ouvrier vit de son capital : le travail. Qui lui en assure, qui peut seul lui en assurer l'emploi? Le *capital,* sans lequel nulle *industrie* n'est possible, mais possible à la condition que les produits de l'industrie trouvent sur les marchés du monde entier des prix rémunérateurs. Tant qu'il en est ainsi, travail et capital se développent dans la situation normale que leur assigne leur commune origine; ils sont solidaires, en accord, en harmonie. Mais par la force des choses, par cette loi aujourd'hui incontestée, qui est celle de la marche en avant de l'humanité, *the struggle for life,* le combat pour l'existence, aussi bien entre les individus qu'entre les peuples et les races, ces marchés du monde sont rapidement encombrés. L'offre devient supérieure à la demande. Alors tout s'arrête, ou du moins tout languit. Travail et capital, de solidaires qu'ils étaient, deviennent antagonistes, et la question du travail, sous les excitations de la misère et de la faim, sous les inspirations de l'ignorance et de l'utopie, se transforme en question sociale, dont la solution ne semble possible que par l'avènement de la justice absolue, dans nos sociétés vouées, hélas! au contingent et au relatif. C'est essentiellement la solution française.

Tout autre est la solution qu'ont cherchée, qu'ont trouvée d'autres nations plus heureuses et à l'esprit plus pratique. Cette solution n'a rien de l'absolu, elle n'est que relative, mais elle suffit aux nécessités de l'heure présente, et grâce à elle, ces nations portent jusqu'au bout, sans fléchir, le poids de la journée. Les marchés ouverts à l'activité humaine, à son industrie, sont encombrés, et la production s'arrête fatalement, et la misère apparaît plus sombre et plus menaçante. Eh bien, il faut créer et inventer de nouveaux marchés, et la production reprendra, et les menaces de la misère seront conjurées. C'est ce que fait l'Angleterre, c'est ce que sont les États-Unis d'Amérique. Et quels sont ces nouveaux marchés? Ce sont ces colonies dont l'Angleterre couvre le monde en le transformant; ce sont ces *territoires* bientôt appelés au rang d'États souverains, dont chaque année la grande République américaine entreprend la conquête pacifique sur les vastes solitudes du *Far-west*. Grâce à ces colonies, — hier, c'étaient les Fidji et la Côte-d'Or, aujourd'hui, c'est Bornéo, — la question du travail n'est pas devenue, ne deviendra pas de longtemps en Angleterre, une question sociale. Grâce à ces conquêtes incessantes de la civilisation sur la barbarie, la question du travail n'a été posée aux États-Unis que comme une rivalité, une hostilité de races; de la race blanche contre les races jaunes et noires; des prolétaires anglais, irlandais, germains, contre les coolies chinois, bons tout au plus aux rudes labeurs des mines de la Californie et des montagnes Rocheuses; contre les anciens esclaves du Sud et leurs descendants, toujours voués au travail servile de la terre, sur les vastes domaines des planteurs de la Louisiane et de la Caroline [1].

Cette solution anglo-américaine du problème ne peut-elle pas être adoptée, tentée, appliquée en

___

1. « Quant à la question sociale elle est à peine née. Sans doute, il y a dans certains endroits beaucoup de misère..... Mais tant que la main-d'œuvre sera plus difficile à se procurer que la besogne, et tant que les cultivateurs seront plus rares que les terres, c'est-à-dire pendant des années,

France? Non, répondent ceux, et ils sont la majorité même parmi nous, qui nient la force expansive et colonisatrice de notre race. Et sur quoi fondent-ils cette opinion? Sur les faits présents ; sur l'histoire, c'est-à-dire les enseignements du passé : l'histoire, ils la connaissent mal ou l'interprètent mal ; les faits présents, ils les ignorent ou en méconnaissent la portée.

Nous avons perdu l'Inde, le Canada, Saint-Domingue, la perle des Antilles, Madagascar, Maurice, la perle de l'océan Indien, que sais-je encore? Voilà l'histoire : elle nous condamne à jamais. Mais l'histoire ne se recommence pas, et qu'a de commun la France de nos jours avec la France, ou plutôt le gouvernement de Louis XV, avec l'autocratie impériale de Napoléon, avec les utopies généreuses ou sanglantes d'une Assemblée fanatique de l'absolu, acclamant en son nom cette éclatante sottise : « Périssent les colonies plutôt qu'un principe! » Le passé est mort et bien mort. Les problèmes qui s'agitent parmi nous n'ont rien à voir, malgré quelques sectaires idolâtres de ce passé, avec les lâches défaillances du sultan du Parc-aux Cerfs, les glorieuses hécatombes de l'épopée impériale, les sublimes folies de nos grandes Assemblées révolutionnaires. La

peut-être des siècles encore, je ne crois pas, malgré les prédictions pessimistes, qu'il y ait des périls bien sérieux à prévoir de ce côté. » — *À travers les États-Unis*, par M. Othenin d'Haussonville.

France d'aujourd'hui les a jugées, et elle se juge elle-même, et elle s'est donné un autre idéal. Cet idéal, c'est l'avènement de la justice, de la liberté, c'est-à-dire le développement progressif de ses forces réelles dans l'ordre par le travail. Et c'est parce qu'à cet idéal, que de dures épreuves lui ont imposé d'ailleurs, répondent seules les conquêtes pacifiques, qui, dans l'ordre par le travail, font l'incomparable grandeur de l'Angleterre et des États-Unis, qu'il est permis de croire que l'heure est venue pour nous d'imiter l'exemple que ces deux puissantes nations donnent au monde, de les suivre et peut-être même de les dépasser dans la voie où elles nous distancent de si loin aujourd'hui.

N'est-ce pas là un rêve, et un rêve à jamais irréalisable ? A supposer que la force d'expansion de notre race ne soit pas épuisée, sur quel théâtre s'exercera-t-elle ? Nous parlons de luttes pacifiques, de conquêtes de la civilisation sur la barbarie, ou mieux encore, et sans nous élever si haut, de marchés inexploités à ouvrir à notre travail national, à notre industrie nationale. Où sont ces marchés, et s'ils existent, à quelles conditions singulières, par quel concours de circonstances ignorées pouvons-nous espérer y devancer nos rivaux, et nous en assurer le monopole ?

Les faits, ces faits dont nous disions naguère que l'immense majorité du pays les ignore ou en mécon-

naît la portée, répondent à ces questions, attestent
que ces rêves peuvent être demain une réalité. Dans
ce vieux continent, où les nations européennes se
sentent à l'étroit chez elles, il est encore au cœur de
l'Asie, au centre de l'Afrique toujours mystérieuse,
d'immenses régions dans lesquelles, malgré de longs
et persévérants efforts, ni la civilisation, ni l'industrie de l'Europe n'ont pu pénétrer. Mais ces efforts
n'ont pas été stériles. Aujourd'hui, les barrières qui
en défendaient les approches sont à moitié renver-
sées, les routes qui y conduisent ont été reconnues,
les étapes de la marche en avant sont indiquées. Le
Song-Koy, le fleuve Rouge du Tonkin, conduit aux
régions à peine explorées du Yunnan et de l'Asie
centrale; le Sénégal et le Niger conduisent aux
régions à peine explorées du Soudan et de l'Afrique centrale. Ce sont deux marchés nouveaux de
plus de 80,000,000 d'âmes. Eh bien, sur les rives de ces chemins qui marchent, le sang, cette se-
mence féconde de toutes les idées à qui l'avenir
appartient, a coulé à flot; il en a consacré la prise
de possession au nom de la France, pour laquelle
les Francis Garnier au Tonkin[1], les Descemet, les
Pol et tant d'autres de leurs compagnons au Sénégal, ont versé ce sang précieux. L'œuvre à laquelle
ils se sont dévoués s'achèvera. Il y a plus : si au Ton-

---

1. Les Henri Rivière et tant d'autres tombés glorieusement depuis
que ces pages ont été écrites.

kin nous n'en sommes encore, il le semble du moins,
qu'à la période de préparation et d'étude, au Sénégal, dans l'Afrique centrale, l'action est engagée;
le recul n'est plus possible, et d'ailleurs les progrès
accomplis sont tels, que jusqu'à date fixe on peut
dire le jour où les couleurs de la France se déploie-
ront sur les rives du Niger, où nos canonnières les
feront flotter sur les eaux du grand fleuve des noirs,
au milieu de cet immense marché jusqu'à ce jour
fermé à l'Europe et qu'exploitaient seules les caravanes du désert. N'est-ce pas là une solution pratique de la question du travail, telle que l'ont résolue
l'Angleterre et les États-Unis d'Amérique? et à ce
titre ne s'impose-t-elle pas à notre patrie?

Mais l'homme ne vit pas que de pain. Une nation
comme la France, sous peine d'abdiquer un passé
glorieux et de mentir à de glorieuses destinées, doit
avoir d'autres préoccupations que celle de ses intérêts matériels; aussi, de quelque importance que
soit le but que nous venons d'assigner à la conquête
pacifique des marchés de l'Afrique centrale, il en est
d'autres d'un ordre tout différent, qui doivent tenter
nos légitimes fiertés, nous dicter des ambitions d'autant plus justes que nos désastres mérités ont singulièrement amoindri notre action politique dans le
monde. Sans renier ce passé glorieux, sans mentir à
ces destinées, la France n'a pas à provoquer de sanglantes, et qui sait? de stériles revendications. Elle

doit croire que le droit prime la force et conformer sa conduite à cette croyance. Mais, pour ne mentir ni à son passé, ni à ses destinées, si elle n'est plus la fille aînée de l'Église, ne doit-elle pas rester la fille aînée de la civilisation moderne, c'est-à-dire l'apôtre le plus actif du droit, principe même de cette civilisation? Ce droit, elle l'a proclamé la première, à une heure décisive de son histoire. Certes, elle resterait fidèle à la mission qu'elle se donnait alors en poursuivant cette conquête pacifique des immenses régions de l'Afrique centrale, encore livrée à la barbarie et à l'esclavage, la plus hideuse négation du droit pur et de la justice absolue.

II.

Le mouvement d'expansion maritime des nations occidentales de l'Europe qui caractérise la fin du XVe siècle et le XVIe siècle tout entier, cet élan irrésistible qui les pousse à la découverte et à la conquête de pays lointains, constituent peut-être le plus grand fait des temps modernes. Deux peuples se montrent en tête de ce mouvement. L'Espagne l'inaugure par les voyages de Christophe Colomb et les merveilleuses conquêtes des Cortez, des Pizarre et des Almagro; le Portugal le poursuit en Afrique avec une énergie et une persévérance que rien ne lasse. Du cap Bojador au cap des Tempêtes, du cap des Tempêtes, bientôt devenu le cap de Bonne-Espérance, ses hardis marins jalonnent par une longue série de stations, qui portent encore leurs noms ou rappellent la date de leur fondation, la route qui les conduira aux Indes, plus loin encore, jusqu'aux rivages du Cathay, dont Marco-Polo a révélé l'existence, jusqu'à ceux du puissant empire de Xipango, qu'évangélisera François-Xavier. Enfin, le 10 août 1519, un gentilhomme portugais, au service de l'Espagne, Magellan, part pour le premier voyage autour du monde. Il meurt assassiné à Zébu, mais cinq ans après, la dernière des caravelles de sa petite armada regagne l'Europe. Le grand problème est résolu, l'homme a pris possession de sa planète, l'expérience a consacré les prévisions du génie.

Deux idées inspirent, animent non seulement les deux peuples qui, à cette heure décisive, marchent en tête de l'Europe, mais ceux qui vont bientôt s'élancer à leur suite, et avant peu, leur arracheront les plus riches provinces de leur empire colonial. La première de ces idées, est l'idée religieuse, l'idée chrétienne; l'autre, d'un ordre inférieur, mais non moins active, non moins féconde, est la croyance universellement répandue à un *eldorado* mystérieux, caché au cœur même des terres inconnues, que le génie et l'audace conquièrent chaque jour à la vieille Europe. L'éternelle passion de l'or, symbole et gage de la richesse, s'éveille plus ardente aux récits des conquérants du Mexique et du Pérou ; de plus en plus elle inspirera leurs successeurs, et donnera à tous leurs actes un cachet marqué d'âpre ardeur, de cruauté froide et réfléchie. Christophe Colomb résume déjà en lui ces deux idées, il en est le plus illustre représentant ; mais ne les retrouve-t-on pas vivantes, et dans les moines obscurs qui étaient l'âme de toutes les expéditions de découverte, et dans ces aventuriers qui en furent les simples soldats ou, pour mieux dire, les héros le plus souvent inconnus. En fait, et surtout en ce qui regarde l'Afrique, l'essor primitif des populations chrétiennes de la péninsule ibérique vers les rives africaines, n'est que l'extension nationale des croisades européennes du moyen âge. Les vieux chrétiens, les fils des Goths poursuivent contre leurs anciens maîtres, refoulés peu à peu, rejetés enfin dans leur terre natale, cette lutte séculaire pour leur indépendance, dont la conquête se confond avec le triomphe de la croix sur le croissant. L'expédition du roi Dom Sébastien au Maroc, la bataille d'Alcazar, dans la plaine de Famista, sont les derniers épisodes de cette longue épopée. La légende qui en clôt le cycle héroïque est celle que chantent encore les pêcheurs des Algarves, et qui, mêlée aux voix plaintives de la vague sur les rochers, redit la mort mystérieuse du jeune roi, tombé au plus épais de la bataille (4 août 1578).

Bien avant cette date néfaste, et chez les deux peuples qui ont ouvert la voie à l'Europe, la force de l'idée religieuse semble amortie, sinon épuisée; mais leur activité, leur élan ne se sont point ralentis; ils se déploient, et avec quelle énergie! sur d'autres théâtres. L'Inde antique retrouvée, pour ainsi dire, par Vasco de Gama, l'Inde des Albuquerque, des Almeida, des Atayde, fait oublier l'Afrique aux Portugais, comme après le Mexique, après le Pérou, tant d'autres royaumes à conquérir en détournent les Espagnols. Le pape Alexandre VI leur avait partagé le monde à découvrir, tous deux semblent dédaigner cette vaste partie de leur héritage. Ils ne s'en souviendront, ils n'en comprendront la valeur que lorsqu'un prêtre chrétien, l'évêque de Chiapa, le protecteur des Indiens des deux Amériques, de ces races presque anéanties par la conquête, trop molles, trop faibles d'ailleurs pour les travaux des mines, pour ceux même de la terre, sous le brûlant soleil des tropiques, leur indiquera le vieux continent africain, comme un inépuisable réservoir de ce travail mortel, et, leur rappelant la malédiction dont Dieu même a frappé ses noirs habitants, les leur montrera comme prédestinés à l'esclavage et bons, tout au plus, à féconder de leurs sueurs le sol vierge pourtant des solitudes américaines, ou à lui arracher par les plus rudes labeurs les métaux précieux, enfoncés au plus profond de ses abîmes La voix du pieux évêque fut entendue des Espagnols d'abord, puis de tous les peuples maritimes de l'Europe. Portugais, Anglais, Français, Hollandais accourent avec eux sur les rivages jusqu'alors dédaignés de l'Afrique. Ils y contruisent à la hâte, à côté les uns des autres, leurs baracons, leurs factoreries, sur lesquels se déploient leurs bannières rivales. La traite, le commerce africain par excellence, est fondée pour trois siècles : la traite, c'est-à-dire la vente d'un bétail humain, la vente de millions d'êtres humains arrachés à leur terre natale, transportés au prix de quelles souffrances physiques, de quelles tortures morales, dans toutes les colonies nouvelles que l'Europe chrétienne vient de créer dans le monde entier. Sans eux, ces colonies restaient stériles; par eux, elles deviendront les foyers d'inépuisables richesses. La fin justifie les moyens, et l'histoire enregistrera ce fait monstrueux, de sociétés appuyées sur l'esclavage devenu leur institution fondamentale et se prétendant toujours chrétiennes, c'est-à-dire fondées sur la parole de celui qui a dit : Vous êtes tous frères.

Mais les idées vraies sont immortelles. Les formes qu'elles revêtent sont seules changeantes, périssables. Quand par l'une d'elles, sous les noms divers qui la voilent, s'est accompli un de ces pas en avant de l'humanité, un de ces progrès, qui ne sont en définitive qu'une détermination plus exacte de l'idéal, parfois, son éclat s'affaiblit, sa pure lumière pâlit lentement et semble enfin mourir comme un de ces astres qui, après avoir brillé un moment dans nos cieux, se perdent bientôt dans les profondeurs de l'éther. Mais pour l'idée plus encore que pour l'étoile, l'éclipse, la mort n'est qu'apparente. Bientôt, elle revivra plus jeune et plus belle, animant d'une force plus active et plus féconde, relevant par des promesses et des espérances plus assurées, les cœurs chancelants de ceux qui pleuraient sa mort. La solidarité, disons mieux, la fraternité de tous les hommes, de toutes les races humaines, est l'idée que Jésus prêchait à ses humbles disciples de la Galilée, c'est l'idée que le Christ léguait au monde du haut du Golgotha. Le monde l'a reçue pour ne plus la perdre jamais. Elle est vraie; elle est immortelle; aussi, quand, reniant l'Évangile, toutes les nations chrétiennes, acceptant de nouveau les hontes et les crimes de l'esclavage, reculaient vers la barbarie antique dont l'Évangile les avait affranchies, toujours vivante, l'idée immortelle revêtit une forme nouvelle, prit un nouveau nom, et, sous cette forme, sous ce nom nouveaux, poursuivant son œuvre de salut et de rédemption, elle s'affirma une fois encore par des conquêtes, moins brillantes en apparence du moins, mais plus solides, et en vérité plus glorieuses que toutes celles qui avaient rempli les deux derniers siècles. « L'antique et monstrueux édifice de l'esclavage, debout, inébranlable sur la poussière des âges

qui l'avaient élevé, insultait encore après dix-huit
cents ans à la croix du haut de laquelle le Rédempteur
expirant a légué aux hommes la doctrine de la fraternité universelle, lorsque, à la fin du siècle dernier, la
philosophie, venant cette fois en aide aux plus pures
traditions évangéliques, s'éleva, à son tour, contre la
traite des esclaves et anathématisa de sa voix puissante ce commerce infâme, qui tout ensemble dé-
grade l'homme noir et déshonore l'homme blanc.

« Cette voix, qui alors remuait le monde, éveilla
bientôt de nouveaux échos [1]. »

Ce mouvement philosophique du XVIIIe siècle,
continuation du mouvement religieux trop longtemps interrompu, se traduit en action dès l'année
1779. Deux Danois, le docteur Isert et le colonel
Roer, jettent les premiers, en Afrique, les bases
d'un établissement agricole, destiné à instruire les
nègres dans la culture de leur fertile territoire et à
leur apprendre à venger leurs outrages en élevant
sur la terre de la servitude un asile pour la liberté.
Mais, pour atteindre le but que ces généreux esprits s'étaient proposé, pour prendre corps à corps,
et renverser l'odieuse institution que, depuis tant
d'années, tant d'intérêts couvraient de leur protection, peut-être fallait-il à ceux qui se vouaient
à cette rude tâche, d'autres auxiliaires, d'autres

---

1. Ferdinand de Lanoye, *le Niger*.

forces, d'autres armes, que ceux qu'ils pouvaient trouver dans un des plus petits royaumes de l'Europe, n'ayant pour domaine maritime et colonial que quelques factoreries sur la côte d'Afrique et les plus petites des Antilles, dans les Indes occidentales. Heureusement, cette voix qui parlait si haut à l'Europe chrétienne, comme à l'Europe éprise de philosophie, retentit surtout au plus profond de cette grande nation anglaise, déjà la plus puissante des nations maritimes. Elle prit en main cette cause sainte, et dès lors le succès en fut possible. En 1785, Wilberforce fonde « l'association pour l'abolition de la traite des noirs », association anglaise mais dont se proclamèrent et se proclament membres de droit tous les cœurs généreux, tous les esprits élevés dont le monde peut s'enorgueillir. Un siècle s'est écoulé depuis la fondation de cette société puissante ; son action se poursuit aussi ardente qu'aux premiers jours. On sait les noms de ceux qu'elle a poussés au bon combat, et quelles conquêtes ils ont accomplies. Ces conquêtes à jamais assurées se résument en quelques mots : Dans tout le monde *chrétien*, l'esclavage est aboli ; la traite ne souille plus le pavillon d'aucune nation chrétienne. C'est beaucoup ! oui, sans doute, et pourtant peut-être n'est-ce rien, tant il reste encore à faire. Jamais, en effet, le mot de César ne fut plus vrai qu'ici : *Nihil actum reputans, si quid agendum superesset.*

Prenez, en effet, une mappemonde et cherchez la place qu'y tient ce qu'on peut appeler encore du nom de chrétienté; cherchez surtout celle qu'à la fin de notre XIXe siècle elle occupe sur une carte d'Afrique. Même en regardant comme chrétiennes les possessions anglaises du Cap et nos départements français de l'Algérie, dans l'immense continent, la barbarie africaine reste inviolée. Les anciens établissements où florissait jadis la traite des esclaves sont aujourd'hui, il est vrai, des centres d'activité pacifique et de commerce légitime; mais qu'ils s'appellent du nom de colonies, comme le Sénégal français, la Gambie et la Côte-d'Or anglaises, des provinces d'outre-mer, comme celles d'Angola, de Mozambique, de la Guinée, où flottent encore les couleurs du Portugal, tous, ils ne représentent en réalité, sous ces noms prétentieux, que des points isolés, perdus dans d'immenses espaces, au milieu de races que notre contact n'a point relevées, qu'il a peut-être poussées plus avant dans leur dégradation native, et qui toutes vivent plus ou moins ouvertement pour et par l'esclavage.

Ce sont ces races vouées à cette abjection morale qu'engendre partout l'esclavage, vouées à la misère, aux guerres sans trêve ni merci, que l'esclavage entretient, parce que sans elles ses marchés seraient vides, ce sont ces races qu'il faut affranchir pour affranchir l'Europe de la honte que l'esclavage fait peser sur elle. On le voit, l'œuvre est immense. De-

vant elle pâlissent, quelque glorieuses qu'elles soient,
les conquêtes du passé. Qu'importe? il faut que l'œuvre s'achève et elle s'achèvera. Comment et sur
quelles forces s'appuient ces certitudes? Sur les forces irrésistibles de la science moderne : savoir, c'est
pouvoir ; la science n'est pas une religion, mais elle
est la grande libératrice du monde.

III.

A l'époque où se fondait à Londres la société pour
l'abolition de la traite, que savait-on des régions de
l'intérieur de l'Afrique, marché toujours ouvert où
s'approvisionnaient les agents du hideux trafic que
l'on voulait frapper de mort? Rien. Le sphinx implacable gardait ses traits, et comme dans l'antique
légende, la mort semblait à ses ordres pour punir
les téméraires qui osaient l'interroger. De lointaines
traditions remontant jusqu'à Hérodote, qui lui-même
les avait reçues des prêtres égyptiens; des récits de
voyages consignés dans les livres d'écrivains arabes à l'imagination ardente, et qui, défigurés par
elle avaient pénétré jusque dans ceux de l'Europe savante du XVIᵉ siècle, pour être plus tard
oubliés ou dédaignés; des notions confuses emprun-
tées aux souvenirs affaiblis des esclaves eux-mêmes
sur leur terre natale, recueillis par les traitants,

souvent altérées par eux dans l'intérêt de leurs opérations commerciales, ne laissaient néanmoins aucun doute sur l'existence, au cœur même du continent inconnu, d'un fleuve immense qui arrosait toutes
les régions centrales, vaguement désignées par les
noms de Soudan, de Tackrour, de pays des noirs.
Mais ce grand fleuve, ce Niger, on ne pouvait en
préciser le cours, en dire les origines ou les embouchures. Pour les uns, c'était le Nil, le fleuve sacré
de la vieille Égypte, dont, depuis plus de 6,000 ans,
personne n'avait exploré les sources, qu'on plaçait
bien au delà de l'équateur, sur les hauts plateaux
des montagnes de la Lune, dont la chaîne de
Kong n'était que le contrefort occidental. Pour les
autres, c'était bien encore dans les montagnes de
Kong que le Niger prenait sa source, sur un des
sommets voisins de l'Océan Atlantique. Son cours
supérieur était tracé presque exactement jusqu'à
Tombouctou, le marché depuis longtemps célèbre,
où les Arabes nomades du Sahara venaient acheter
les riches produits du Soudan, et ces milliers d'esclaves qui peuplaient les palais et les rues des villes
du Maroc et de tous les États musulmans riverains
de la Méditerranée.

Mais de Tombouctou à la mer, le doute, l'incertitude, l'inconnu reprenaient leurs droits. Pourtant,
comme la côte entre le Sénégal et Sierra-Leone est
profondément dentelée par de vastes estuaires au

fond desquels se jettent de puissants cours d'eau qui semblent partir d'un point commun, on supposait que ces rivières n'étaient que les branches du delta du Niger, revenant après un long détour se perdre dans l'Océan, non loin de son point de départ. Cette singulière hypothèse, longtemps acceptée, avait fait place, vers la fin du XVIII⁰ siècle, à une opinion plus scientifique, et qui se rapprochait singulièrement de la réalité. Dès 1484, Diégo Cam avait planté le padron de Saint-Georges, cette colonne par laquelle les navigateurs portugais affirmaient leurs découvertes et prenaient possession du pays au nom de leur roi, sur un cap avancé qui porte encore ce nom et qui, à la hauteur du sixième parallèle de latitude sud, est le point extrême de la rive gauche du Congo ou Zaïre.

Depuis cette époque lointaine, ces parages étaient devenus d'actifs foyers de traite; néanmoins, le cours du Zaïre restait inexploré. La masse énorme des eaux qu'il porte à l'Océan y crée, malgré l'étendue de son embouchure, des courants d'une violence extrême, obstacle longtemps insurmontable pour la marine à voile, et que la vapeur seule a pu vaincre naguère. Ce grand fleuve n'était-il pas le Niger? Sans doute, dans cette hypothèse, on lui supposait un cours de plus de 2,000 lieues, du 10⁰ degré de latitude nord au 6⁰ degré de latitude sud. Mais cette supposition même ne s'accordait-elle pas avec toutes les informations reçues des points les plus divers de l'intérieur de l'Afrique? Où était cependant la vérité? Il était d'autant plus important de la découvrir, que les idées nouvelles, celles-là mêmes qui avaient inspiré l'association pour l'abolition de la traite, élevaient le problème scientifique à la hauteur d'un problème philosophique et religieux.

Tout s'enchaîne, en effet, dans le monde des idées. L'abolition de la traite qui déshonorait l'Europe chrétienne avait conduit en quelques années ceux qui en avaient conçu la pensée à l'idée plus haute de l'abolition de l'esclavage qui déshonorait l'humanité tout entière. Où en étaient les foyers les plus ardents? Dans ces régions inconnues que traversait le Niger. Pour agir sur elles, pour conquérir leurs populations aux lumières de l'Évangile, pour les appeler aux bienfaits de la civilisation moderne, il fallait y pénétrer et renverser enfin ces barrières vingt fois séculaires, derrière lesquelles elles défiaient et l'Évangile et la civilisation moderne. Et pour cela, quelle route plus sûre, ou du moins plus rapide que celle du grand fleuve qui leur donnait la vie, dont le génie divinisé semblait présider lui-même à leurs monstrueuses sociétés et les défendre contre les sortilèges des blancs [1]? Dès 1788, c'est-à-dire à quelques années d'intervalle, la fondation de

---

1. Voir de Lanoye, p. 415.

la « société pour l'exploration de l'intérieur de l'Afrique, et surtout l'étude des contrées que le Niger arrose de ces puissantes eaux », suivit celle de l'association pour l'abolition de la traite. Toutes deux eurent le même homme, Wilberforce, poür principal promoteur; ce nom dit tout : il précise la solidarité des deux associations et atteste qu'elles poursuivent le même but. En fait, tous les ouvriers de cette œuvre féconde sont des apôtres et des savants. Nul ne peut dire qui en eux l'emporte, du savant ou de l'apôtre. Tous ils obéissent à une foi commune, la foi en la puissance de la vérité, qui, toujours identique à elle-même sous les noms divers qu'on lui donne, embrase les cœurs et les esprits d'élite et les fait concourir au même but; écoutez l'un d'eux :

« Lorsqu'ils furent partis, je m'assis, jetant autour de moi des regards de terreur et de confusion : de quelque côté que je me tournasse, je n'apercevais que difficultés et périls. Dans un immense désert, au milieu de la saison pluvieuse, entouré de bêtes féroces et d'hommes non moins barbares, j'étais seul... et 500 milles au moins me séparaient de l'établissement le plus voisin. Toutes ces sombres perspectives se présentaient à la fois à mon imagination; je sentis, je l'avoue, mon courage défaillir; mon sort me paraissait fixé, et j'étais convaincu que je n'avais plus qu'à m'étendre par terre et à mourir. La religion vint alors à mon aide et me ranima. Je réfléchis qu'aucune prudence, aucune prévoyance humaine n'aurait pu détourner le malheur qui venait de fondre sur moi. Fils d'une contrée lointaine, errant sur une terre inconnue, j'étais sous l'œil toujours ouvert de l'Être tout-puissant qui s'est laissé appeler l'ami du pauvre et du pèlerin. Comme ces idées se succédaient en moi, je fus frappé de la beauté singulière d'une petite herbe en fleurs qui croissait à mes côtés. Il n'est si minime circonstance dont l'âme humaine ne puisse parfois tirer de la consolation. La plante entière n'était pas plus grande que le bout du doigt, et cependant, je ne pus m'empêcher d'admirer sa tige, ses racines, ses feuilles et son calice. « Comment, me dis-je à moi-même, ce Dieu qui dans ce « coin écarté du monde a planté, arrosé et fait fruc- « tifier un objet aussi chétif dans l'ordre de la créa- « tion, pourrait-il voir sans pitié la situation et les « souffrances d'un être qu'il a formé à son image ! « Je ne dois pas le penser » ; et me levant aussitôt, repoussant le désespoir et les défaillances de la fatigue et de la faim, je marchai en avant, persuadé qu'un secours n'était pas éloigné ; je ne me trompais pas.... »

Qui parle ainsi ? Mungo-Park, le premier de ces apôtres, de ces savants qui furent, qui sont encore les pionniers de la société, non plus seulement anglaise, mais véritablement catholique, pour la découverte de l'Afrique, ou plutôt pour l'abolition de l'esclavage. Mais ont-ils d'autres accents et ne parlent-ils pas comme lui, tous ceux qui l'ont suivi : Clapperton, sur la tombe de Toole, Lander sur la tombe de Clapperton, Ottfield sur la tombe de Lander, Caillé sur la natte où il gît presque mourant, et guéri, et sauvé par une pauvre négresse esclave? Tous, depuis les héros et les martyrs de la première heure, ensevelis dans leur gloire, jusqu'aux plus ignorés de ceux que leur exemple a tentés, que leur mort n'a pas effrayés, et dont le nom ne vit encore aujourd'hui que dans le cœur de ceux qui pressaient leurs mains au départ « pour ces voyages dont ils ne sont pas revenus » ; tous, jusqu'à ceux dont la France entière devrait savoir les noms, et dont le jeune chef, terrassé par la fièvre, se relevait de son lit de souffrance pour les jeter naguère, eux, une poignée d'hommes, à l'assaut de Goubanko, défendue par des milliers de guerriers fanatiques, et qui, poussant plus loin son héroïque audace, vient de les guider jusqu'à Keniéra, à dix lieues au delà du Niger, où pour la première fois flottaient les couleurs de la France, de la France libératrice, de la France se retrouvant enfin elle-même, redevenue ainsi la fille aînée de la civilisation et de la justice.

Les noms de ceux dont nous rappelons les glorieux faits d'armes disent bien haut que le but a été atteint vers lequel tendaient les efforts de la société,

« pour la découverte de l'Afrique centrale ». Certes, le pas est immense ; mais à mesure que l'horizon s'éclaire et s'agrandit, se révèlent et semblent grandir les difficultés de l'œuvre qui reste à accomplir. La science a vaincu, — il faut que ses conquêtes servent au progrès définitif de la justice ; — pour en découvrir les moyens, peut-être est-il nécessaire de résumer les conquêtes elles-mêmes de la science.

IV.

Le Soudan, le Takrour, le « pays des noirs » des Arabes, était cette région qui, limitée au Nord par le grand désert du Sahara, à l'Est par l'Égypte et l'Abyssinie, à l'Ouest par l'Atlantique, était bornée au Sud par l'équateur. Les caravanes, les missionnaires de l'Islam ne l'ont jamais dépassé dans la direction du Sud-Ouest, et semblent n'avoir point pénétré jusqu'aux provinces riveraines du bas Niger ; les explorations modernes reculèrent ces limites ; en réalité, depuis les voyages des Portugais et l'établissement de leurs comptoirs sur la côte orientale de l'Afrique, la Nigritie c'est tout le continent au Sud du Sahara et il semble permis d'affirmer que les populations autochtones appartiennent sans exception à la race noire. Quoi qu'il en soit, d'ailleurs, toutes, ainsi que nous l'avons dit, vivent pour et par l'esclavage. L'œuvre de la société libératrice s'est donc agrandie en même temps que les conquêtes de la société de découvertes. L'affranchissement de toutes les races, c'est bien celui de la population entière du continent africain. Le fleuve des noirs, ce n'est pas seulement le Niger, dont la source est au mont *Loma* et l'embouchure au fond du golfe de Benin, c'est aussi le Congo de Diégo Cam, le Zambèze de Livingstone, le Nil de la vieille Égypte, dont Baker et Gordon ont retrouvé les sources bien au delà de l'équateur, dans cette région des lacs que connaissaient les initiés de Memphis; c'est enfin chacun de ces fleuves au cours encore inexploré dont les embouchures sont seules marquées sur les cartes hydrographiques. Néanmoins, l'appellation arabe a prévalu, nous la conserverons ici. Pour nous comme pour les géographes les plus modernes, elle désigne les régions que traversent le Niger et son affluent principal, le Bénoué, et que termine à l'Est la vallée du lac de Tchad, immense réservoir qu'alimentent de véritables fleuves, comme le Charry et le Koumadouyou-ouaoubé. L'exploration de cette vaste étendue de pays, la conquête morale à l'Évangile et à la civilisation européenne des populations qui les habitent, étaient le double but des deux premières associations anglaises fondées par Wilberforce; ce double but est encore celui de presque toutes les sociétés nouvelles qui se sont fondées à leur exemple. Par la force des choses, il est devenu celui de tous les gouvernements européens qu'elles ont entraînés à leur aide, en faisant briller à leurs yeux les avantages politiques, commerciaux et économiques de ces explorations et de ces conquêtes qui, du reste, ne pourront peut-être devenir définitives que par l'action même de ces gouvernements.

Ainsi restreint aux bassins du Niger et à la vallée du lac de Tchad, le Soudan a bien pour bornes géographiques celles que nous avons tracées à grands traits; mais ce cadre embrasse une telle étendue de pays, et ces pays eux-mêmes présentent une telle variété de races, de populations; ils sont placés dans des conditions si différentes au point de vue du climat, du sol, de ses produits, qu'il convient de préciser par quelques détails essentiels les limites, de pure convention d'ailleurs, de cette immense région.

Le 3 décembre 1879, MM. Sweifel et Moustier, « profitant d'un instant de solitude, gravaient sur un bel arbre de la vallée qui avoisine le village de Fovia ces quelques mots : *C. A. V. Niger expedition. 3 décembre 1879. A. Sweifel; M. Moustier.* » Plus heureux que le major Laing en 1822, que M. W. Reade en 1869, ils avaient résolu un problème géographique des plus importants, celui des sources du Niger; la carte qui accompagne le récit de leur expédition les place par 8°33 de latitude nord et 12°45 environ de longitude occidentale, non loin du village de Nilia, au sommet du Tembi-Goundou, un des points culminants de la chaîne des monts Loma, faîte de partage des eaux de tous les fleuves qui, prenant leur source dans la chaîne alpestre du Fouta-Dialon, courent directement à la mer, comme la Gambie, la Cazamance et les autres rivières de la Guinée septentrionale, ou ne s'y jettent qu'après un cours sinueux à travers d'immenses espaces, comme le Sénégal, le Niger et leurs principaux affluents; le Fouta-Dialon est donc la limite occidentale du Soudan proprement dit [1].

Le pays des Baghyrmis, où la Bénué prend sa source et que, sous le nom de Logone, le Charry arrose dans son cours supérieur, peut, d'un autre côté, être regardé comme la limite extrême à l'Est et au Sud-Est du bassin du Tchad. Cette région « confine en effet à l'Est au haut bassin du Nil, au Sud-Est au bassin moyen du Congo [2] ». Comme elle s'étend jusqu'au 14ᵉ degré de longitude orientale, le Soudan comprendrait de l'Est à l'Ouest plus de 27° de longitude, c'est-à-dire plus de 650 lieues terrestres; c'est, à peu de chose près, le double de son étendue du Nord, au

---

1. « Une longue série d'arêtes montagueuses, depuis le Fouta-Dialon, où le Sénégal et le Niger prennent leur source, jusqu'aux volcaniques monts Camergues qui se dressent au fond de la baie Biafra, sépare la région littorale connue sous les noms de Sénégambie et de Guinée du vaste bassin inférieur du Niger. » — Commission supérieure pour l'étude du transsaharien. Rapport lu à la première sous-commission, le 18 avril 1879, par M. Victor Fournier, ingénieur en chef des ponts et chaussées.

2. Id.

Sud, si l'on prend pour limites l'embouchure du Niger par 5° de latitude nord et le point le plus élevé de son cours qui, à Bamba, non loin de Tombouctou, touche presque le 18ᵉ parallèle. La superficie totale du Soudan serait donc d'environ 200,000 lieues carrées. Comment une aussi vaste région est-elle restée si longtemps inconnue et fermée à l'Europe ?

De toutes les routes qui y pénètrent, celles qui partent du littoral de la Méditerranée s'offraient tout d'abord à l'activité des nations européennes. De tout temps Tripoli et Tunis, Alger et Oran, Tanger et Maroc, furent les marchés où les caravanes, ces flottes vivantes du désert, apportaient les riches produits du Soudan, dont les plus riches étaient encore les milliers d'esclaves, peut-être nécessaires aux sociétés musulmanes, et que leur fournissaient avec tant d'abondance « les souverains grands ou petits des régions reculées du Niger, du Congo ou d'ailleurs ». Mais la conquête arabe du nord de l'Afrique a été surtout une conquête religieuse, et si l'on se reporte à ce qu'étaient autrefois ces États barbaresques, dont les corsaires furent jusqu'en 1830 la terreur des populations chrétiennes du littoral méditerranéen, on comprend quels obstacles le fanatisme religieux, si vivant encore aujourd'hui, opposait à la curiosité inquiète des *Kaffirs*. Plus que les dangers, les souffrances, les privations du désert, la haine et la défiance du chrétien se dressaient devant eux. La mort du colonel Flatters atteste peut-être qu'elles sont aussi ardentes qu'autrefois ; néanmoins, ni le fanatisme religieux, ni les périls et les fatigues du désert n'ont arrêté les hardis pionniers, les ardents apôtres que soutenaient de leurs immenses ressources les sociétés anglaises pour l'abolition de l'esclavage. Au premier rang de ces apôtres, de ces martyrs, l'histoire a inscrit les noms de Denham et de Clapperton. Leurs successeurs et leurs émules, partis d'abord comme eux de Tripoli, puis de nos villes algériennes, plus récemment même de Tanger et de Maroc, ont montré que, même pour des Européens, pour des chrétiens, le Sahara n'est pas infranchissable ; grâce à eux, les hypothèses, les doutes d'autrefois ont fait place aux connaissances les plus précises. Le sphinx, muet depuis tant de siècles, s'est enfin avoué vaincu et il leur a révélé ses secrets. Le Bornou et les pays voisins ou tributaires de ce puissant empire, toutes les régions de la vallée du Tchad, le Baghyrmy, le Waday, l'Adamawa, ont été explorés et reconnus scientifiquement. Quittant les bords du grand lac et s'enfonçant de l'Est à l'Ouest à la recherche du Niger, Barth a traversé les empires fellans du Haoussa et de Sokoto, déjà visités par Clapperton et les frères Lander ; il a vécu de longs mois, défendu contre le fanatisme musulman par le cheik même de Tombouctou, dans la ville que Caillé n'avait traversée que sous le déguisement du pèlerin; le docteur Lentz, parti de Maroc, y a pénétré récemment et il a pu écrire ces lignes significatives : « Je n'ai pas éprouvé la moindre difficulté à Timbouktou; tout au contraire, on nous y témoigna beaucoup de respect et, le 17 juillet 1880, jour de notre départ, plusieurs milliers d'individus nous firent la conduite; le fier Fandagouman lui-même, entouré d'un cortège d'apparat, vint en personne nous faire ses adieux [1]. » Enfin de Timbouktou, le docteur Lentz a pu gagner Saint-Louis du Sénégal, comme il le voulait, « à travers la véritable Nigritie et par le pays des Bambaras ». On le voit, la conquête scientifique du Soudan est complète, et on peut dire que c'est surtout par les routes du Nord qu'elle s'est accomplie. Mais cette conquête scientifique est-elle bien celle que rêvait l'Europe, ou du moins celle qui répond entièrement aux aspirations les plus élevées de ceux qui l'ont préparée, de la plupart de ceux-là mêmes qui en furent les combattants ? Qu'était pour eux la science dans l'œuvre qu'ils poursuivaient ? Tout au plus la servante, l'auxiliaire de ces mêmes idées d'ordre moral, religieux et civilisateur qui, au XVe siècle, imprimèrent un si vigoureux élan à toutes les nations chrétiennes, qui eurent leur *revival* philosophique

---

1. Dr Lentz, *Voyage du Maroc au Sénégal (Bulletin de la Société de géographie,* 1er avril 1881).

à la fin du XVIII⁰ siècle, et qui en définitive sont celles qui les animent encore aujourd'hui. Ces idées ont peut-être pris une forme nouvelle, elles se cachent peut-être sous un nouveau nom; qu'importe? le but est toujours le même, bien supérieur aux stériles victoires de la curiosité satisfaite; c'est toujours l'émancipation des races dégradées de l'Afrique, par leur conquête morale à la civilisation, que l'Europe poursuit sans se lasser. Cette conquête, elle en voit le gage assuré dans les armes nouvelles que lui a fournies la science elle-même; et quelles armes? La vapeur et l'électricité! Est-elle possible, en s'avançant par ces mêmes routes qui ont assuré la conquête scientifique, c'est-à-dire par le Nord même du continent africain?

V.

Au cours de l'année 1875, un de nos plus savants ingénieurs, M. Duponchel, publiait sur les chemins de fer transsahariens un mémoire qui eut un grand retentissement en France. Venu à son heure, ce mémoire frappait l'esprit du ministre des travaux publics d'alors, M. de Freycinet. « Saisi par ce rapport, écrivait-il lui-même quelques jours après dans un document officiel adressé au chef de l'État, je n'ai pu rester inactif », et le 14 juillet 1879 il instituait « une commission pour l'étude des questions relatives à la mise en communication par voie ferrée de l'Algérie et du Sénégal avec l'intérieur du Soudan. »

Cette commission était, est encore composée (elle n'a pas été dissoute) de toutes les illustrations scientifiques de notre pays. Ses membres se sont mis à l'œuvre, leurs travaux portent la double marque de leur science et de leur patriotisme. L'idée directrice qui les a inspirés nous semble caractérisée dans les lignes suivantes écrites par l'un deux. « Nous avons entendu, à une des réunions du jury international des récompenses de l'Exposition universelle de 1878, un ingénieur anglais très distingué, membre du jury, dire : « Si les Anglais possédaient l'Algérie, il y a « longtemps qu'ils auraient construit un chemin de « fer partant des bords de la Méditerranée et péné- « trant au cœur de l'Afrique. »

« Nous avons été frappé d'une assertion si nette, et nous nous demandions s'il fallait ne l'envisager que comme une déclaration un peu dédaigneuse pour notre pays, ou si, au contraire, il ne convenait pas de la soumettre à un examen rigoureux.

« En fait de travaux publics, notre temps a vu de grandes choses : on a coupé l'isthme de Suez, on a construit de New-York à San-Francisco un chemin de fer de près de 6,000 kilomètres de longueur ; devant de telles œuvres, un chemin de fer de 2,500 à 3,000 kilomètres, d'Alger en un point de la vallée du Soudan, doit-il être considéré comme une entreprise absolument chimérique ?

« Un ingénieur en chef des ponts et chaussées, M. Duponchel, vient de répondre à cette question et son livre, si nous l'avions connu au milieu de l'année dernière, nous eût permis de ne point garder le silence devant notre collègue anglais du jury [1]. »

Avant d'aborder les points de détail du projet de M. Duponchel, le savant ingénieur dont nous suivons ici le mémoire, se pose les trois questions préliminaires, qui seules en justifieraient l'adoption : 1° Existe-t-il des présomptions de croire que le continent africain renferme des populations nombreuses, un sol fertile et des richesses inexplorées ? — 2° A quels rivages convient-il de rattacher une grande voie commerciale se dirigeant vers le centre de l'Afrique ? — 3° Ce que l'on connaît du Sahara permet-il de conclure à l'impossibilité absolue d'y construire un chemin de fer ? Dans leur ordre logique, ces trois questions étaient celles qui s'imposaient à tous les membres de la commission supérieure instituée par le ministre. Comment y a-t-il été répondu ?

Résumant en quelques pages les informations

---

1. Note sur le chemin de fer transsaharien proposé par M. Duponchel, par M. Jacquin, ingénieur en chef des ponts et chaussées, 25 avril 1879. Travaux de la commission supérieure du transsaharien.

désormais très précises des nombreux explorateurs du Soudan, M. Jacqmin cite les lignes concluantes du récit de Barth lui-même : « Après avoir trouvé des déserts sans eau et des pays complètement désolés, j'ai rencontré des terres fertiles arrosées par de grandes rivières navigables, baignées par de grands lacs intérieurs, ombragées d'arbres magnifiques, produisant ou pouvant produire en quantités illimitées, le riz, le sésame, les arachides, la canne à sucre, le coton, l'indigo. Dans toute l'Afrique centrale, du Baghyrmi, à l'Est, jusqu'à Tombouctou à l'Ouest, partout on trouve en grande abondance ces divers produits qui pourraient fournir les éléments d'un important commerce, facilité par deux grandes voies fluviales dont l'une, le Benoué, est navigable sur tout son cours, l'autre, le Niger, ne présente que quelques rapides qui ne sont pas insurmontables [1]. » A ces produits, le savant auteur de la note ajoute les richesses minérales dont l'existence ne peut être mise en doute. « De tout temps, dit-il, les nègres ont trouvé la poudre d'or en lavant les sables des rivières ; il est très probable que ces poudres se rattachent, comme en Australie et en Californie, à des gîtes qui n'attendent que des modes d'exploitation moins élémentaires que ceux employés jusqu'à ce jour, et, à ce point de vue, la carte de Mer-

---

1. Voyage de Barth. Introduction à l'édition anglaise.

cator donne cette indication que confirment les découvertes modernes : *In hoc regno aurum invenitur
in magna copia*. Quant à la population de ces vastes
régions, acceptant les chiffres de M. Duponchel,
M. Jacqmin l'évalue à près de 50 millions d'habitants, en dehors des populations très denses dont
l'existence a été établie par des voyageurs aussi dignes de foi que Cameron, Livingstone, Stanley,
Savorgnan de Brazza, dans des pays que bientôt des
relations commerciales relieraient au Soudan proprement dit. On devine donc la réponse faite à la
première question. C'est celle d'ailleurs de la commission tout entière, unanime sur ce point : le but
à atteindre est considérable et digne de toute l'attention du pays.

Cette unanimité ne se retrouve plus dans les conclusions de la commission supérieure en réponse à
la deuxième question : Quel doit être le point de
départ d'une grande voie commerciale vers l'Afrique centrale et en particulier vers le Soudan ? Avec
M. Duponchel, M. Jacqmin conclut d'un long examen critique de la situation générale de l'Afrique, aux divers points de vue de la géographie, de
la politique, du commerce, de la science de l'ingénieur, que « l'Algérie présente une base d'opérations
certaine et qu'aucune autre nation européenne ne
possède »; et, répondant à la troisième question,
« que les difficultés inhérentes à la construction d'un

chemin de fer transsaharien sont très comparables
à celles si heureusement vaincues dans la construction du chemin de fer du Pacifique ». Ces conclusions n'ont été adoptées qu'à une faible majorité.
Aucun livre n'est certes intéressant comme ce re-
cueil des procès-verbaux de la commission, et on
peut dire que toutes les données du problème qui lui
était posé, y sont débattues dans un esprit de science
supérieure que domine encore un souffle ardent de
patriotisme. Tous ces esprits d'élite semblent s'être
mis en présence de cette grande question, posée un
jour devant la tombe du général Lamoricière :
« L'histoire demande aux Turcs ce qu'ils ont fait de
l'Asie, aux Espagnols ce qu'ils ont fait de l'Amérique, aux Anglais ce qu'ils ont fait de l'Inde, *il sera
demandé aux Français ce qu'ils ont fait de l'Afrique* »; et tous veulent éviter que, dans l'avenir, la
réponse de l'histoire soit un reproche pour notre
patrie. Et pourtant, si l'Algérie était le seul point
de départ possible de la voie de pénétration au Soudan, au cœur de cette Afrique, dont il nous sera
demandé compte dans l'avenir, ce reproche ne lui
serait peut-être pas épargné ! Où en est, en effet,
aujourd'hui, après quatre années de longues études,
cette question du transsaharien qui passionnait alors
l'opinion publique et qui, dans le calme des délibérations de la commission supérieure, soulevait des
débats si approfondis, et parfois si noblement pas-

sionnés ? Le colonel Flatters semble l'avoir emportée avec lui dans sa tombe sanglante. Le fanatisme musulman paraît une fois de plus avoir vaincu. La science de l'Europe s'est brisée contre lui, comme au temps des croisades la foi religieuse et la bravoure de ses guerriers. En est-il bien ainsi, est-ce bien le fanatisme qui a armé les meurtriers de l'intrépide explorateur, et, en tout cas, cette victoire est-elle décisive ? Non, certes. Les idées vraies sont immortelles. L'avenir leur appartient, et, chose étrange en apparence, mais en réalité bien naturelle, c'est l'abolition de l'esclavage au cœur du Soudan, ce rêve si longtemps poursuivi et toujours ajourné, qui frappera sur les populations musulmanes du nord de l'Afrique un coup dont ne se relèveront ni leur fanatisme, ni leur haine contre l'Europe, sa foi religieuse, sa science, sa civilisation tout entière.

VI.

A la date de décembre 1881, le *Bulletin* de la Société des Études coloniales publiait, sous le titre : « les Marchés libres de l'Algérie », une étude sur l'état social et économique du nord de l'Afrique. Les conclusions de cette étude méritent une attention d'autant plus sérieuse, que, malgré les réserves de son auteur, elles vont au maintien même de l'esclavage dans le Soudan.

Fort d'une expérience chèrement acquise par de longs voyages dans ces pays, M. de Rivoire explique, par les considérations que nous allons résumer, cette hostilité constante qu'y rencontre notre domination, non seulement chez les populations indigènes, mais encore chez les marchands européens établis dans les villes du littoral. Avant 1830, Alger n'était pas seulement le repaire le plus redouté de ces pirates barbaresques qui infestaient la Méditerranée, c'était également l'entrepôt principal du commerce du Soudan, c'était surtout un marché d'esclaves renommé. Commerce du Soudan, vente d'esclaves, étaient alors, comme ils le sont encore, étroitement solidaires. A voir même les choses de près, on peut dire que sans l'esclavage, ce commerce est impossible : quelles que fussent, en effet, sous un faible volume, la valeur réelle des productions du Soudan, et l'excessive prodigalité des corsaires barbaresques, enrichis des dépouilles de l'Europe marchande, les précieuses denrées venues des lointaines régions de l'Afrique centrale n'eussent trouvé que de rares acheteurs dans les bazars d'Alger, de Tunis, de Tripoli ou d'Oran, si, malgré le temps, la distance, les impôts perçus à chaque station de leur longue route, les exactions des pirates du désert, le mode de transport de ces denrées n'en eût singulièrement amoindri le prix de revient. Ce mode de transport a été souvent décrit. Les bêtes de somme des caravanes arabes étaient surtout ces troupeaux d'esclaves, achetés à vil prix aux rois nègres des rives du Niger et du Congo, qui, marchandise vivante eux-mêmes, traversent, enchaînés et en longues files, les mornes solitudes du Sahara, dont ils signalaient les étapes de leurs cadavres; dont leurs os, blanchis au soleil, marquaient les routes sur les sables arides. « Bien que la voie directe du Fezzan au Bournou, dit le docteur Oudney, soit la plus courte et la plus sûre de 'toutes celles qui coupent le désert dans sa largeur, les centaines, les milliers de cadavres qui en jalonnent le parcours chaque année, en révèlent les périls plus éloquemment que ne le ferait aucune parole. A peine peut-on faire un mille dans tout le trajet sans rencontrer un squelette, reste défiguré de quelque pauvre enfant de l'Afrique, ravi à sa patrie, à sa famille, conduit captif à travers le désert, et dont la mort a brisé les liens. » Mais qu'importaient aux marchands arabes ces morts qui décimaient leur bétail humain! Au terme de leur long voyage, dans ces villes où s'épanouissait dans tout son éclat cette civilisation orientale, dont ils étaient les pourvoyeurs, n'étaient-ils pas assurés que le prix des survivants compenserait largement leurs pertes? Les hommes forts et vigoureux étaient achetés pour le travail des champs, pour les services multipliés de cette domesticité nombreuse qui peuple les palais des riches musulmans; les femmes fécondes, lascives, et souvent belles, *Nigra sum, sed formosa*, peuplaient les harems de ces palais. Leur prix à tous était assez élevé, les bénéfices de leur vente étaient assez grands pour faire pâlir ceux des denrées les plus précieuses ; acheteurs et marchands étaient satisfaits l'un de l'autre. Et comme d'ailleurs, sur l'immense parcours des caravanes, leur passage était une source assurée de profit pour les populations des oasis où elles s'arrêtaient forcément; comme l'impôt perçu par les chefs de ces populations était pour eux la principale, sinon l'unique source de leurs richesses, c'est-à-dire de leur pouvoir; tous, rois nègres de l'intérieur, populations sédentaires des oasis, tribus nomades dont les guerriers écument le désert, marchands nomades des caravanes, marchands sédentaires des grandes villes barbaresques, tous les membres de cette société musulmane qui, depuis si longtemps, se dresse devant l'Europe, étaient intéressés au maintien du triste système commercial que nous venons d'exposer rapidement.

Mais la conquête d'Alger nous entraîne à un établissement définitif en Afrique et fait de la France le champion de la civilisation moderne. Avec elle, sur cette terre française, disparaît l'esclavage, et par cela même, Alger cesse d'être le grand entrepôt du commerce du Soudan, commerce que l'esclavage seul rend possible. Un moment ce commerce s'arrête, mais pour reprendre bientôt une activité nouvelle. D'Alger et de nos villes africaines, il se détourne vers la Tunisie, la Tripolitaine, le Maroc, où les mêmes causes lui assurent les mêmes éléments de prospérité, où une cause nouvelle lui assure même une protection, disons le mot, une force d'expansion inconnue autrefois. Grâce, en effet, à cette conquête française, qui est une conquête européenne dans ses résultats généraux, des négociants, des marchands européens, Espagnols, Italiens, Anglais surtout, s'établissent dans toutes les villes du littoral du nord de l'Afrique, y trouvent une sécurité, une protection, y jouissent même d'une influence qu'ils n'eussent pu rôver avant 1830. Ces négociants laissent peut-être aux marchands indigènes les profits du commerce des esclaves, dont les caravanes approvisionnent les marchés des villes où ils sont établis, mais leur commerce à eux s'alimente des riches produits du Soudan, que leur apportent toujours, à dos d'esclaves, ces mêmes caravanes, et aux mêmes conditions de bon marché. Peut-être, suivant l'expression de M. de Rivoire, ils se résignent à regret, à fermer les yeux sur le trafic noir auquel ils doivent à si bon compte le transport de leurs denrées et de si beaux profits. Mais, serait-ce médire d'eux que d'affirmer qu'à tout prendre, eux aussi veulent le maintien de l'antique système commercial africain ? Dès lors,

qui ne comprend que toute entreprise de notre domination en Afrique trouve logiquement pour adversaires (les adversaires les plus redoutables sont, on
le sait, ceux dont on menace les intérêts matériels),
les populations indigènes des rives de la Méditerranée à celles du Niger, et les négociants européens établis au milieu d'elles, qui, plus encore que
les chefs Touaregs du désert ou les marchands des
bazars mauresques, s'enrichissent des profits de ce
hideux trafic?

M. de Rivoire est-il le seul, est-il le premier même,
qui ait mis en pleine lumière cette cause, peut être
la plus puissante de toutes, de l'hostilité que rencontre notre politique coloniale algérienne, et en
Afrique, et en Angleterre, et en Italie, et même en
Espagne? « Les seuls gens intéressés à maintenir
ce fâcheux état de choses, dit M. le général Faidherbe, sont les commerçants musulmans du nord de
l'Afrique »; mais il ajoute, quelques lignes plus loin :
« N'est-il pas triste de voir l'Italie prendre parti
contre nous pour ce honteux gouvernement de Tunis, et l'Angleterre la suivre dans cette voie? A
quels motifs obéissent et l'Angleterre et l'Italie, si ce
n'est aux obligations de défendre les intérêts de leurs
nationaux, c'est-à-dire des marchands enrichis par
le commerce des caravanes? Enfin, à la date du 19
avril 1879, le consul général de France à Tripoli
écrivait dans une dépêche officielle : « La prohibition

du commerce des esclaves sur le territoire algérien n'empêche pas que, dans les États barbaresques limitrophes, on ne continue à s'y livrer clandestinement, et le courant qui se répandait en Algérie a changé de direction au profit de ces États. Au point de vue philanthropique nous n'avons donc pas empêché que des milliers d'êtres humains ne soient mis encore en vente actuellement sur les marchés voisins, et en même temps cela a favorisé l'extension du commerce anglais et italien au détriment de celui de l'Algérie, c'est-à-dire du nôtre. » On le voit, les considérations que nous venons d'exposer, d'après M. de Rivoire, sur l'état social et économique du nord de l'Afrique, sont d'une justesse trop réelle, et, comme il le dit, nul ne le démentira de ceux qui ont étudié ces pays. Les conclusions pratiques qu'il en tire ont elles le même mérite ? Faut-il avec lui regarder la création des marchés libres, des ports francs qu'il propose comme le moyen assuré de la suppression de l'esclavage, « non pas de cette suppression de principe, affirmée à haute voix par des édits et démentie tout bas par l'usage, mais une suppression effective, raisonnée, se glissant peu à peu dans les mœurs et adoptée par l'intérêt ? »

Ces marchés libres, ces ports francs seraient ouverts sur les frontières méridionales de notre Algérie. Les caravanes en reprendraient les chemins, elles y apporteraient toujours à dos des mêmes bêtes de somme, les esclaves, les riches produits du Soudan; ces esclaves seraient achetés par nos colons pour être transformés en engagés volontaires, comme le sont ailleurs les coolies indiens ou chinois; le temps de leur engagement expiré, ils seraient entièrement affranchis, et tout fait croire qu'ils se fixeraient définitivement dans leur patrie nouvelle; commerce et travail agricole seraient ainsi assurés. Telle est en quelques mots l'économie du projet de M. de Rivoire. Certes, nul ne peut mettre en doute la force libératrice du commerce, du travail, du contact permanent avec les populations indigènes des Européens que ces marchés attireraient aux frontières extrêmes de nos possessions africaines; et il est certain que les esclaves transformés en travailleurs libres, seraient de précieux éléments de prospérité pour elles. Mais, qui ne voit que tout cela n'est possible que par le maintien de l'esclavage dans l'Afrique centrale, et, en définitive, la sanction du commerce par caravane, tel qu'il existe aujourd'hui? Dès lors, puisque c'est ce commerce, cet esclavage qui font la richesse, la force « de ces ennemis toujours en haleine, que la France rencontre dans l'Afrique méditerranéenne », qui ne comprend que pour en finir une fois pour toutes avec eux, pour briser leurs résistances intéressées, le moyen le plus assuré, disons mieux, le seul moyen efficace est de saisir l'esclavage corps à corps et d'en finir avec lui, c'est-à-dire de porter la lutte en plein Soudan, partout où se tiennent encore ces marchés hideux dans lesquels s'approvisionnent les caravanes arabes ? Ainsi motivée, la conquête pacifique du Soudan semble descendre des hauteurs de cette philosophie religieuse et morale qui s'imposait à l'Europe, et devenir une question purement française, où les intérêts de notre patrie sont directement en jeu. Mais les intérêts de la France, mais ceux de la civilisation moderne dans ses plus hautes conceptions philosophiques sont-ils donc antagonistes ? N'est-ce point leur solidarité que nous établissions au début même de cette étude ? Cette parole tombée de si haut: «Cherchez d'abord la justice et le reste vous sera donné de surcroît », s'adresse aux peuples plus encore peut-être qu'aux hommes isolés; elle trouve ici une sanction nouvelle, elle est la justification la plus éloquente de nos longs efforts; ces efforts, l'abandon momentané (il faut le croire) du chemin transsaharien ne les a pas interrompus; ils se poursuivent, plus énergiques, plus persévérants que jamais, sur un autre théâtre; ce théâtre, c'est la côte occidentale d'Afrique, le Sénégal et le Haut-Niger, l'Ogowé et le Haut-Congo.

VII.

Tout a été dit sur nos possessions de la Sénégambie, sur leur passé comme sur leur avenir ; leur importance coloniale propre a été établie par les économistes, elle s'atteste par les développements chaque jour croissants de leur activité commerciale ; les
populations qui gravitent sous notre influence de
plus en plus prépondérante dans le vaste territoire
compris entre Saint-Louis et Rufisque, sur la côte,
Bakel ou plutôt Bafoulabé dans l'intérieur, ont été
étudiées dans leurs origines, leurs mœurs, leurs tendances de races, leurs religions, leurs langues, leurs
civilisations si diverses, en un mot. L'histoire de nos
longues guerres avec les Maures de la rive droite,
avec les bandes fanatisées d'Al-agui Oumar sur
la rive gauche a eu ses historiens, et plus d'une
fois l'opinion publique s'est émue aux récits des glorieux faits d'armes qu'ils retraçaient, comme à ceux
de ces voyages d'exploration dont ils précisaient les
conquêtes pacifiques [1]. Au moment où se posait le
problème de la pénétration du Soudan, l'idée émise
dès 1860 par le plus illustre des gouverneurs de

---

1. Voir pour cette période de l'histoire du Sénégal : *les Colonies*, de
M. Jules Duval ; le *Journal des opérations de guerre au Sénégal*, par le général Faidherbe.

notre colonie, M. le général Faidherbe, que le Sénégal était la route la plus directe jusqu'aux régions centrales de l'Afrique, fut reprise dans la commission supérieure. Déjà sanctionnée par le jugement de deux voyageurs allemands, MM. Lentz et Nachtigall, dont notre ambassadeur à Berlin fut l'interprète autorisé, cette idée semble y avoir prévalu; elle a été longuement discutée dans la plupart de nos Sociétés de géographie, qui toutes se sont prononcées en sa faveur; enfin, les Chambres françaises lui ont donné une sanction définitive en votant les crédits nécessaires à sa réalisation. L'opinion publique est donc suffisamment éclairée sur les raisons scientifiques, commerciales, politiques même, qui ont fait adopter comme solution de ce grand problème, celle proposée par le général Faidherbe. Où en est la solution pratique? Relier par un chemin de fer Dakar, le port de mer du Sénégal, à Saint-Louis la capitale, Saint-Louis à Médine, le dernier de nos postes militaires du Sénégal, Médine à Bamakou ou tout autre point du Haut-Niger, tel était, à grands traits, le programme des travaux à accomplir. Ce programme, très simple en apparence, s'impose à première vue, mais son exécution ne laisse pas que de se heurter à des difficultés sérieuses. Ces difficultés sont de deux ordres différents : difficultés matérielles, difficultés politiques. Si le Sénégal est un fleuve français, c'est-à-dire si notre domination s'étend incontestée, effective, sur les populations riveraines, elle cesse de l'être dès qu'on s'éloigne des rives du fleuve. La ligne qui sur la carte relie directement Saint-Louis à Bakel, traverse une vaste région qu'aucun voyageur n'avait explorée, et que parcourent seules les tribus de Peuls nomades et bergers, que la crue des eaux rejette sur les hauteurs, à l'abri de l'inondation. Avant de songer à y établir un chemin de fer, il fallait le reconnaître; ce soin fut confié au lieutenant Pietri, puis au lieutenant Jacquemart.

Mais, quels que fussent les résultats de ces recherches et les difficultés qu'elles révéleraient, ces difficultés ne pouvaient être insurmontables; la science a fait ses preuves, rien ne lui est impossible. Question de temps, question d'argent. D'ailleurs, à défaut de chemins de fer, le fleuve relie Saint-Louis à Médine; l'objectif supérieur était donc le tronçon reliant Médine à Bamakou; ce fut celui sur lequel se concentrèrent tous les efforts.

Le pays compris entre le Haut-Niger et le Haut-Sénégal a été parcouru par de nombreux voyageurs depuis Mungo-Park jusqu'à Mage; mais les notions géographiques et topographiques recueillies par eux, forcément incomplètes, avaient d'autant plus besoin d'être précisées que, au point de vue politique et social des populations qui l'habitent, avec lesquelles on aurait à traiter, tout était redevenu l'inconnu.

Les faits d'armes héroïques qui décidèrent la délivrance de Médine, un fortin défendu pendant trois mois par une poignée d'hommes contre une armée fanatisée, avaient consacré aux yeux d'Al-agui Oumar et des populations indigènes, la supériorité de nos armes et de la discipline européenne. La prise de Guemou, en octobre 1859, fut pour le prophète la sanction suprême de cette supériorité; la destruction de cette forteresse avancée, d'où il menaçait nos possessions d'un retour offensif, lui enleva toute espérance de réaliser un jour son dessein primitif, celui de nous rejeter à la mer. Ce fut le point de départ d'une nouvelle politique : l'empire qu'il avait rêvé sur les bords du Sénégal avec Saint-Louis pour capitale, il résolut de le conquérir dans les vastes régions de l'intérieur et il réussit. A sa mort, les provinces riveraines du Haut-Niger jusqu'à Tombouctou, les royaumes mandingues qui, des montagnes du Fouta-Dialon, s'étendent jusqu'au désert, le Kaarta, le Macine, les Bambara, reconnassaient sa domination. Mais les conquérants sont rarement des fondateurs : leur œuvre, surtout dans l'Afrique centrale, est le plus souvent passagère ; elle ne leur survit que bien rarement. En 1868, les rapports de Mage, pendant deux ans l'hôte ou plutôt le captif du sultan Amadou, fils et successeur d'Al-agui, faisaient pressentir la dislocation de l'empire toucouleur que lui avait légué son père. Aux prises avec les rivalités, les ambitions jalouses des lieutenants du prophète, il sentait prêtes à la révolte les populations indigènes que ne maintenait plus sa main de fer. Depuis cette époque déjà lointaine, Amadou avait-il déjoué ces rivalités? C'est ce qu'on ignorait, c'est ce qu'il importait de savoir; ce fut l'objet d'une mission nouvelle, celle du capitaine Galliéni. Mais le temps était précieux, l'opinion publique est changeante dans notre pays : aujourd'hui, toute en faveur de notre expansion dans l'Afrique centrale, ne s'en détournerait-elle pas demain? Aussi, sans attendre les résultats de la mission toute politique d'ailleurs du capitaine Galliéni, le colonel Borgnis-Desbordes fut appelé au commandement du Haut-Sénégal avec une mission spéciale, mission aussi facile à préciser que d'une exécution difficile : construire le chemin de fer reliant le Haut-Sénégal au Niger. On s'en rapportait pour le succès, quels que fussent d'ailleurs les obstacles à vaincre, à son intelligence, à son dévouement, à son énergie, à sa foi dans la grandeur patriotique de l'œuvre à accomplir.

Un des plus ardents promoteurs de cette œuvre, a, dans un remarquable travail, puisé aux sources des informations les plus sûres, exposé l'ensemble des idées et des faits qui marquent cette première période de l'entreprise, celle que nous venons de résumer en quelques lignes — et qu'on peut appeler la période de la conception et de la préparation. —

Après avoir rappelé les incidents qui, un moment, semblèrent compromettre le succès de la mission Galliéni, il traçait ainsi le programme de l'action [1] : « Le colonel Borgnis-Desbordes, appelé au commandement des troupes et à la direction des travaux dans le Haut-Sénégal, châtiera, s'ils nous refusent satisfaction, les Bambaras du Beloudegou ; il assurera ainsi parmi les populations du Soudan le respect du nom français. Une brigade topographique, commandée par le commandant Derrien et composée de huit officiers, s'est embarquée à Bordeaux le 8 octobre, et elle est aujourd'hui dans le haut fleuve. Elle étudiera le pays entre Bafoulabé et le Niger, en fera la carte et reconnaîtra particulièrement les trois vallées de Backhoy, du Baoulé et du Badingo, pour déterminer quelle est la plus praticable pour un chemin de fer ; le personnel et le matériel nécessaires pour la construction de trois nouveaux postes fortifiés sont en route. Ces postes seront établis à Fangalla, à Goniakorry et à Kita, ce qui transportera notre frontière à 250 kilomètres du Niger..... »

Le 12 mai 1881, la mission du capitaine Galliéni est rentrée à Saint-Louis. — Les renseignements qu'elle a rapportés sur la situation politique des pays du Haut-Niger serviront à guider notre action diplomatique, appuyée, quand il le faudra, sur les

---

1. *Revue des Deux-Mondes*, décembre 1881.

forces militaires qui occupent les nouveaux postes déjà construits, et qui, grâce à eux, sont plus que suffisants. Quant au programme tracé au colonel Borgnis-Desbordes, il s'accomplit lentement, mais il s'accomplit sûrement. A travers quelles difficultés, au prix de quels efforts? On peut en juger par la prise et la destruction de Koubanko, et mieux encore, par la note suivante que publiaient naguère tous les journaux de France — et que nous reproduisons ici parce qu'elle met en pleine lumière et les difficultés et les *énergies diverses* qu'il faut pour les surmonter.

« Le *Journal officiel* donne aujourd'hui, d'après les dépêches reçues du Sénégal par le dernier courrier, les intéressants détails qui suivent sur les opérations dans le Soudan. Pour qu'on puisse se rendre compte des conditions audacieuses dans lesquelles s'est accomplie l'expédition racontée ci-dessous, nous ferons remarquer que Kéniéra est à plus d'un mille de kilomètres de la côte, dans un pays qu'aucun des rares voyageurs qui sont allés jusqu'au Niger n'avait exploré :

« En vue d'affermir les indigènes dans la confiance qu'ils ont en nous et de détruire les faux bruits que faisaient courir les Toucouleurs du Ségou sur notre impuissance, sur des projets d'abandon du pays, M. le lieutenant-colonel Desbordes a poussé une pointe jusqu'à Kéniéra, à 45 kilomètres au delà du Niger.

« La petite colonne se composait de : une compagnie de tirailleurs indigènes, une section d'artillerie, un peloton de spahis et quelques fantassins européens.

« Parti le 16 février de Kita, il était le 18 à Mourgoula.

« Dans sa visite à l'almany, il lui a confirmé que notre politique était non une politique de guerre et de conquête, mais bien une politique de paix, ayant pour but d'avoir des voies commerciales dans le pays.

« L'entretien a été absolument cordial.

« Le 20 février, le colonel Desbordes était à Niagassola, à 110 kilomètres de Kita.

« La réception du chef de cette partie du Madingue a été également fort amicale.

« Le 23, la colonne arrivait à Nafadjié, à deux jours de marche du Niger.

« Sur la rive droite, un chef redouté, Samory, ruinait le Kénériadougou, pays commerçant qui sollicitait notre protection dès l'année dernière.

« Il aurait été dangereux de laisser s'établir, en face de la vallée du Bakhoy, un homme qui, à l'exemple d'Oumar-el-Hadj, aurait transformé le pays en désert.

« Samory assiégeait Kéniéra depuis sept mois. Le commandant supérieur marcha avec sa colonne sur cette ville, qui est située à 45 kilomètres au delà du Niger, dans l'espoir de la débloquer; mais Kéniéra était prise lors de l'arrivée du colonel, le 26 février.

« Samory avait réduit en captivité une partie des habitants et tué le reste. Il a tenté de résister à notre petite colonne, en rase campagne, mais il a été rapidement mis en fuite avec tout son monde. Les quatre camps fortifiés qu'il avait établis autour de Kéniéra ont été brûlés par M. Desbordes.

« Le soir même de l'affaire, la colonne se mettait en marche pour retourner à Kita, observée à distance par quelques cavaliers de Samory.

« Le retour s'est effectué sans incidents importants.

« Tout nous fait espérer que cette expédition, qui nous a coûté un tué et un blessé, aura pour résultat de mettre fin aux bruits sinistres qu'on fait courir sur notre compte dans le Soudan. »

L'œuvre confiée à de telles mains s'accomplira, personne n'en doute, mais pour ceux qui en mesurent les difficultés et qui en comprennent les grandeurs, n'y a-t-il point là un de ces signes des temps qui annoncent le relèvement de notre patrie et qui nous reportent bien loin de 1871?

La science française a posé le problème et elle en a donné la solution. Les Chambres françaises, expression de la volonté du pays tout entier, ont voté les millions nécessaires à l'exécution pratique. Le courage, l'audace, l'intelligence et le dévouement de quelques officiers sortis des rangs les plus obscurs de l'armée française l'auront réalisée. Cette action commune de toutes les forces vives de la France n'en révèle-t-elle point la vitalité puissante? Ces signes des temps parlent d'autant plus haut que, nous l'avons dit, ce n'est pas en Afrique seulement, sur les bords du Niger et du Sénégal, que notre patrie affirme ainsi son réveil à l'action et son élan vers de glorieuses destinées.

Des événements récents, dont on ne peut méconnaître la portée, semblent démentir cette confiance dans le réveil de notre patrie. Cette confiance n'en reste pas moins pleine et entière; hommes et peuples oublient trop vite les leçons de l'expérience et de l'histoire; il est bon que ces leçons leur soient rappelées. Qu'est la leçon que ces événements donnent à la France, si ce n'est celle qu'elle a reçue en 1870? — A cette date néfaste, la France était sacrifiée aux intérêts de la dynastie impériale. En 1882, la France a été sacrifiée aux rivalités, aux passions, sinon aux intérêts particuliers des membres d'une Assemblée souveraine, mais que ses origines condamnent fatalement à l'ignorance et à l'oubli des intérêts supérieurs de la patrie, dont elle a reçu le précieux dépôt. Elle les a compris, elle s'en est souvenue trop tard, à la lueur des faits accomplis, mais

la France l'a jugée à ses œuvres. Les enseignements de 1882 ne seront pas plus oubliés que ceux
de 1870. C'est un pas en arrière; la marche en avant
reprendra avec plus de force, et l'avenir justifiera
nos espérances.

Janvier 1883.

LETTRE

DU GÉNÉRAL FAIDHERBE

AUX SÉNATEURS

Mon cher collègue,

Ne pouvant pas prendre la parole à la tribune, j'ai l'honneur de vous envoyer les considérations suivantes sur la
question du Haut-Sénégal qui doit vous être soumise à l'occasion du budget extraordinaire.

Étant, il y a vingt-cinq ans, gouverneur du Sénégal, je
pensai comme plusieurs de mes prédécesseurs, que la colonie exploitant déjà complètement le littoral, son avenir, son
développement, étaient dans l'extension de ses relations
commerciales vers l'intérieur, vers le fertile et populeux
bassin du Niger.

C'est pour cela que j'envoyai la mission Mage étudier

sur les lieux la question de la création d'une voie commerciale du Sénégal au Niger et que je construisis le poste de Médine, point de départ de cette voie.

M. l'amiral Jauréguiberry, gouverneur du Sénégal en 1863, partagea les vues et les convictions de ses prédécesseurs sur cette question. Plus tard, étant ministre de la marine, il se trouva en position de mettre ce projet à exécution, et obtint, à la fin de l'année 1879, un premier crédit de 500,000 fr. pour frais d'études et de mission dans le Haut-Sénégal.

En 1880, il présentait aux Chambres un projet d'établissement d'une voie ferrée de Médine au Niger ; la dépense était évaluée à 54 millions à répartir en six exercices. La Commission du budget fut d'avis d'en ajourner l'exécution, mais proposa d'accorder un crédit de 1,300,000 fr. pour construction de lignes télégraphiques et de postes fortifiés, frais d'études et missions topographiques dans le Haut-Sénégal. Ce crédit fut voté au mois de juillet 1880.

Au mois de février 1881, le Ministre de la marine obtint des Chambres un crédit de 8,552,751 fr. pour commencer la construction du chemin de fer de Médine à Bafoulabé, puis en mars 1882 et en août 1883 de nouveaux crédits, l'un de 7,458,785 fr., l'autre de 4,677,000 pour la continuation de cette entreprise.

Le Parlement, en votant tout ces crédits, adoptait évidemment les projets du Gouvernement.

Aujourd'hui, quelle est la situation ?

Grâce aux troupes de la marine, admirablement conduites pendant trois années successives par le colonel Borgnis-Derbordes, une route protégée par des forts, à une distance moyenne de trente lieues l'un de l'autre, existe entre Médine et le Niger ; ma conception est donc réalisée.

Établis à Bamakou sur les bords du Niger, nous sommes

dès aujourd'hui maîtres d'y naviguer et d'y commercer seuls sur une longueur de sept cents lieues.

Malheureusement, pour le chemin de fer les choses n'ont pas aussi bien marché : d'abord la direction des travaux de tracé et de construction a changé plusieurs fois de mains depuis trois ans ; les envois n'ont pu être faits à des époques convenables pour profiter des crues du fleuve ; de là, des retards coûteux, des pertes de matériel et des fatigues suivies de mortalité pour le personnel. En outre, deux années de fièvre jaune sont venues désorganiser tous les services de la colonie.

Il en résulte qu'après plus de deux ans, il n'y a qu'une quarantaine de kilomètres d'achevés avec quelques travaux d'art importants.

De là les attaques dirigées contre le projet lui-même et le vote de la Chambre qui vient de refuser, dans sa séance du 17 décembre 1883, le crédit de 3,300,000 fr. demandé par le Gouvernement pour terminer la ligne de Médine à Bafoulabé.

Or, ce refus arrive au moment où toutes les difficultés sont surmontées, où la situation politique est bonne, l'état sanitaire également bon, où tout le matériel est transporté sur les lieux, ainsi que plus de 2,000 travailleurs pour le mettre en place.

Le Gouvernement va-t-il en être réduit à donner l'ordre de cesser tout travail ?

En tout cas, il serait alors obligé de demander un crédit pour nourrir et payer le personnel jusqu'à ce qu'on puisse le rapatrier, ce qu'on ne pourra faire que dans quelques mois.

Devra-t-on abandonner sur place tout le matériel, rails, traverses, locomotives, etc. ?

On a traité nos projets sur le Haut-Sénégal d'insensés. Il

n'est pas insensé de chercher des marchés nouveaux pour notre commerce en décadence. Partout où nous sommes en présence de la concurrence étrangère, nous succombons devant les Anglais, les Allemands, les Hollandais, les Américains dont l'instinct et les aptitudes commerciales sont supérieurs aux nôtres. Au Niger, nous serions seuls pour un immense champ d'exploitation. Nous en tenons la seule porte et nous n'avons pas à y craindre des difficultés avec les autres puissances comme cela arrive partout ailleurs.

On a nié qu'il y eût un marché à exploiter dans ces régions ; comment peut-on dire cela d'un pays très peuplé et d'une fertilité exceptionnelle comme le sont nécessairement des plaines situées dans la zone intertropicale et arrosées par de nombreux cours d'eau ?

Dans son dernier rapport, le commandant de Kita a dit que le maïs qu'il avait fait planter autour de son poste avait atteint plus de trois mètres de hauteur.

Ces pays ne produisent aujourd'hui que pour leur consommation parce qu'ils n'ont pas de débouchés. C'est à peine s'ils exportent un peu d'or et d'ivoire, et des plumes d'autruche, marchandises d'un transport facile et qui ne sont pas encombrantes. Chaque famille y cultive autour de sa case du mil et des arachides pour se nourrir ; elle trouve sur les arbres voisins le beurre végétal comme condiment ; elle recueille le miel et la cire pour son usage ; elle cultive du coton qu'elle file et tisse pour ses vêtements et de l'indigo pour les teindre et enfin du tabac.

L'indigène, pour produire tout cela, travaille peut-être la valeur d'un mois par an ; s'il trouvait à vendre les produits de son travail, il défricherait et produirait sans doute quatre fois plus, comme cela a lieu depuis trente ans à la côte, depuis qu'on y achète les arachides qu'un millier de navires va y charger annuellement ; le Soudanien pourrait alors se procurer ce qui lui manque : des armes, de la poudre, des chevaux, des objets de toilette, des liqueurs et surtout du sel, marchandise d'une valeur infime, et qui, dans le Soudan, se paie le centuple de ce qu'elle nous coûte.

Niera-t-on que le pays soit très peuplé ? Nous avons les assertions de tous les voyageurs qui ont parcouru le Soudan, Mungo-Park, Caillé, Barth ; et, sans reculer si loin, il suffit de s'en rapporter aux derniers explorateurs, Mage, Soleillet et Galliéni.

Mage a signalé une trentaine de villages sur les bords de la partie du Niger, qu'il a suivie en pirogue ; il n'avait fait qu'une vingtaine de lieues; cela donne entre les villages une distance de 2/3 de lieue.

Galliéni, du point où il a passé le Niger, à Nafadié, jusqu'à Nango, a marqué sur sa carte plus de vingt villages pour une longueur de vingt-cinq lieues, ce qui donne une distance moyenne de cinq kilomètres entre les villages.

On est donc en droit d'assurer que la vallée du Niger est très peuplée.

Je reconnais qu'une fois la ligne de Médine à Bafoulabé terminée pendant la prochaine campagne, il serait avantageux de confier à l'industrie privée la construction du reste de la ligne jusqu'au Niger.

On trouverait peut-être une Compagnie qui s'en chargerait à ses frais, à condition d'avoir le monopole de son usage, ce qui l'amènerait nécessairement à avoir le monopole du commerce du Niger ; mais cela conviendrait-il à nos idées actuelles ?

Il vaudrait mieux offrir à une Compagnie la garantie d'intérêt, et que le chemin de fer servît à tout le monde.

En résumé, il ne semble pas possible que le Parlement persiste à refuser les fonds nécessaires pour terminer la ligne commencée jusqu'à Bafoulabé et que le Gouvernement renoncé à son projet ; ce serait mériter les reproches d'inconstance, de légèreté, d'incapacité à coloniser qu'on a l'habitude de nous adresser. Comme cela entraînerait probablement l'abandon de nos postes au-dessus de Médine, les conséquences politiques d'une pareille reculade pourraient être désastreuses pour notre domination au Sénégal et mettraient à néant notre prestige dans toutes nos possessions africaines. Enfin, cela serait justifier les paroles du voyageur autrichien Lenz qui, après son retour par le Sénégal de son voyage à Tombouctou, a écrit et dit dans ses diverses conférences en Europe et à moi-même : « L'idée de la construction d'une voie ferrée du Sénégal au Niger est grandiose ; les résultats en seraient magnifiques ; mais il y a de grandes difficultés à vaincre et les Français auront-ils assez de persévérance et d'esprit de suite pour mener à bonne fin une pareille entreprise ? »

Paris, le 28 décembre 1883.

Le Général FAIDHERBE,
Sénateur.

On le sait, le Sénat, puis la Chambre elle-même ont rétabli les crédits supprimés. L'œuvre féconde s'accomplira quand même !

Février 1884.

LA
GUERRE MARITIME

PORTS MILITAIRES DE LA FRANCE

Notre temps est une époque de transformation, de passage d'un ordre ancien, lent à mourir, à un ordre nouveau lent à s'affirmer. La lutte des idées nouvelles contre les idées anciennes dure depuis un siècle, et combien éloigné apparaît encore leur triomphe définitif! Des institutions sociales, réalisation pratique de ces idées, les unes, profondément ébranlées, sont désormais sans force; les autres n'ont pas encore trouvé les puissantes assises dont elles ont besoin pour se développer dans la plénitude de leur action féconde. Le doute, l'incertitude, sont dans tous les esprits, même alors que la grandeur et la sécurité nationales sont en question. L'organisation de l'armée ne reste-t-elle point un problème dont, depuis dix ans, le pays attend avec anxiété la solution, toujours retardée? On la dit prochaine, admettons-le; mais la France, pour se retrouver dans sa force guerrière, doit autant que sur son armée pouvoir compter sur une marine militaire qui, même en temps de paix, fasse rayonner au loin son influence civilisatrice. Notre marine de guerre répond-elle à cette impérieuse nécessité? La légende de 1870-1871, menteuse comme toutes les légendes, nous a longtemps bercés de ses illusions. En tant qu'institutions fondamentales du moins, notre marine semblait en effet échapper à cette loi générale de rénovation qui nous entraîne. Était-ce bien vrai? La question a été posée avec un grand retentissement dans le monde maritime par le court passage au pouvoir d'un homme à l'esprit ardent et convaincu qui puisait dans son patriotisme cette double force, si rare de nos jours : la foi dans ses idées, la volonté de les réaliser à travers tous les obstacles. Son apparition d'un jour au ministère de la rue Royale aura eu du moins un résultat positif : ses projets de réforme ont reçu de leur auteur même une publicité qui semble appeler une discussion approfondie et générale. Nous ne discuterons ici qu'une seule des idées soulevées par ce vaste programme. Dans une pensée d'économie et de simpli-

cité d'action, le port militaire de Rochefort, création
de Colbert, était menacé dans son existence même.
La raison des choses nous semble, au contraire, l'appeler à une importance nouvelle, que l'avenir ne
peut que grandir encore. Ne nous trompons-nous
pas? La question vaut la peine d'être étudiée avec
tous les développements qu'elle comporte.

I.

L'objectif évident de toute marine militaire est la
guerre maritime. Le problème fondamental qui s'impose à nos recherches avant tout autre est donc :
Que sera une guerre maritime? Chose étrange! nul
aujourd'hui, même parmi les plus distingués des
hommes de mer, ne peut répondre à cette question.
J'ajoute : Nul d'entre eux ne peut dire quel sera
véritablement l'instrument de combat dans une telle
guerre.

Cette double assertion veut être prouvée. Ne sem-
ble-t-elle pas, en effet, un pur paradoxe, alors que
non seulement l'Angleterre, pour qui la mer est le
suprême intérêt, mais toutes les nations du monde,
dépensent chaque année, et depuis plus de trente
ans, des sommes fabuleuses pour le maintien ou le
développement de leur marine militaire? L'Angleterre a ses *Invincible*, l'Italie ses *Duilio*, la France

ses *Dévastation*, et pas un de ces formidables engins de guerre, où le bronze, le fer, l'acier s'accumulent sous toutes les formes, ne serait le type définitif du vaisseau de combat de l'avenir! et leur réunion ne constituerait pas une de ces flottes puissantes, sinon invincibles, sur lesquelles une nation pourrait comme autrefois se reposer en toute confiance et de ses intérêts commerciaux et de la sécurité de ses frontières maritimes! S'il en était ainsi, si ce double but n'était pas atteint, si ces dépenses étaient vaines et vains ces longs et persévérants efforts, à quoi bon continuer dans une voie sans issue? Mais alors quelles sont les causes de cette impuissance supposée des flottes de guerre actuelles à assurer ces résultats supérieurs et de leur infériorité en regard des flottes d'autrefois qui y suffisaient pleinement?

Ces causes sont multiples; essayons d'établir celles dont l'action semble décisive.

Il y a moins de cinquante ans, à l'époque de la marine à voiles, la seule qui ait une histoire, toute force navale, quelle que fût son importance, était essentiellement une réunion plus ou moins nombreuse d'*unités de combat* (vaisseaux de ligne) réalisant avec plus ou moins de perfection un type idéal, mais précis, que les ingénieurs de toutes nations s'efforçaient d'atteindre. Qu'était cette unité de combat, ce vaisseau de ligne? C'était une forteresse flottante en bois; quatre batteries de trente canons, d'un calibre uniforme dans les derniers temps, s'étageaient, rayant les murailles extérieures de leurs bandes blanches. Une haute mâture sur laquelle se déployait au vent une triple pyramide de voiles dont l'orientation et la manœuvre constituaient une science spéciale, imprimait à la masse entière une vitesse dont le maximum atteignait rarement douze nœuds à l'heure et qui, de vaisseau à vaisseau, ne différait guère que d'un nœud au plus ; enfin, dans la partie cachée sous l'eau, les cales, s'accumulaient, rangés avec le plus grand ordre, les munitions de guerre, les rechanges, les vivres, l'eau, les approvisionnements multiples nécessaires au combat et à la navigation et qui limitaient à trois mois au plus la durée des croisières au large. Ces traits généraux résument le type de l'unité de combat des marines d'autrefois, type uniforme, constant pour toutes les nations maritimes ; si uniforme, si constant que, pour juger presque sans erreur la force individuelle de chaque navire, il suffisait d'apprécier sûrement la hauteur de la mâture, l'écartement de ses deux mâts principaux ; par suite aussi, il suffisait, pour juger de la force matérielle d'un escadre, de compter les unités de combat, les vaisseaux de ligne qui la composaient.

Aussi *une*, aussi constante était la constitution du personnel qui montait ces escadres et leur donnait une âme. Amiraux, officiers, équipages, tous, avant toute autre qualité, devaient être des marins, des hommes de mer. Pendant la paix, de longues stations sur tous les points du globe où s'agitait quelque intérêt commercial ou politique, les voyages de circumnavigation et de découvertes, enfin les évolutions dans les escadres spéciales étaient la rude école où se formaient ces officiers et ces équipages à une vie spéciale, à une science spéciale ; vie spéciale où l'isolement, la solitude, la réflexion intérieure, l'étude et le travail, les privations morales et les privations physiques trempaient les caractères, où l'habitude de la difficulté vaincue, du péril bravé, du danger surmonté donnait une précieuse expérience, celle de l'uniformité constante des causes sous la variété des incidents, et faisait du véritable homme de mer l'homme impassible du poète devant les ruines amoncelées ; science spéciale, dont les conquêtes, dont les progrès s'accomplissaient lentement, par longues transitions, et se traduisaient par quelque réforme, par quelque amélioration insignifiante en apparence, très importante au fond, dans le gréement, dans la voilure, dans l'artillerie, dans l'arrimage, dans le service intérieur. En temps de guerre, cette expérience de la mer si rudement acquise, ces réformes si lentement accomplies se révélaient dans leur importance décisive ; elles étaient les gages assurés de la victoire entre deux flottes que conduisaient au combat des chefs à qui s'imposaient les mêmes règles tactiques, règles uniformes, mathématiques, dont surent seuls s'affranchir quelques chefs de génie, les Suffren, les Nelson, mais qui ne durent qu'aux succès les plus glorieux d'être absous de les avoir transgressées.

Les longs récits des batailles navales, leur étude critique si souvent faite, montrent la fixité de ces règles, fondée sur l'uniformité constante des causes, malgré la variété des incidents. Pendant plusieurs heures, souvent pendant des journées entières, on s'est disputé « l'avantage du vent » ; enfin, les deux flottes se joignent, marchant toutes deux en un ordre prescrit par la règle, en ligne de file ou de bataille (*line of file, of battle*), les deux expressions sont identiques ; elles se sont canonnées d'abord à distance, puis bord à bord ; les murailles sont trouées par les décharges répétées des batteries ; les ponts ruissellent de sang ; les mâtures tombent et pendent échevelées le long du bord ; les gouvernails brisés ne dirigent plus le navire, presque immobile : l'abordage est devenu possible ; pour quelques-uns, il a décidé de la lutte. Les amiraux cherchent dans les débris de leurs flottes combien de leurs vaisseaux peuvent manœuvrer encore. Le vainqueur sera celui qui en comptera le plus ; il peut achever la destruction de son adversaire si celui-ci persiste dans une héroïque et folle résistance ; mais la brise change, la nuit se fait ou tout autre incident le soustrait à ses coups : la lutte n'est pas finie ; elle se renouvellera bientôt sur un autre champ de bataille ; ou la nuit a tardé, la brise est restée la même, rien n'a modifié les chances respectives des combattants ; ou peut-être encore la tempête a achevé l'œuvre de destruction si bien commencée. Alors la victoire est décisive ; elle s'appellera Trafalgar, si vous le voulez, et pendant dix ans l'Angleterre sera la maîtresse incontestée de l'Océan. Ses escadres bloqueront toutes les côtes ennemies, fussent-ce celles de l'empire de Napoléon, c'est-à-dire celles de l'Europe ; ses convois sillonneront sans crainte les grandes routes commerciales du monde, dont les négociants de Londres et de Liverpool exploiteront seuls les marchés et monopoliseront les richesses.

Des grandes guerres maritimes de Louis XIV aux grandes guerres maritimes de la Révolution et de l'Empire, les dernières qui aient ensanglanté l'Océan, ces quelques lignes résument les longs récits de toutes les batailles navales ; elles en fixent aussi les résultats positifs, tristes ou glorieux pour nous, suivant que les flottes françaises sont commandées par les Duquesne, les Tourville, les Suffren, suivant que les flottes anglaises sont commandées par les Rodney, les Jervis, les Collingwood, par Nelson, le dernier et le plus illustre de tous. Aboukir, plus que Saint-Jean-d'Acre, fait évanouir les rêves du glorieux vainqueur des Pyramides ; Trafalgar ruine les projets du glorieux empereur et le rejette des plages de Boulogne vers les champs de bataille d'Austerlitz. Le maître de l'Europe épuise la France dans une lutte dont l'issue sera fatale pour elle. La maîtresse de l'Océan, l'Angleterre, prépare, en toute sécurité derrière « ses murailles de bois », son avenir d'incomparable grandeur et jette les assises de l'immense empire dont elle enserre aujourd'hui le monde, de cet empire dont les plus belles provinces sont ces colonies que créa la France, — le Canada, l'Inde, Maurice, — où les noms des Dupleix, des La Bourdonnais, des Montcalm rappellent seuls ce que fut autrefois la force expansive de notre race.

Ainsi, uniformité de type du vaisseau de ligne, unité de combat; uniformité de composition des escadres, réunions plus ou moins nombreuses de ces unités; un seul moteur, le vent, ne permettant qu'un nombre restreint de combinaisons tactiques et les imposant aux esprits les plus aventureux; une même arme, le canon, lançant les mêmes projectiles, tels étaient les éléments constitutifs, à peu de chose près identiques, de toutes les marines à voile. Qu'est-ce qui les différenciait? Le personnel qui montait ces vaisseaux, les chefs qui commandaient ces escadres et qui, aux heures suprêmes, les animaient du souffle de leur âme héroïque. « Couvrez mon vaisseau de pavillons blancs »! s'écriait Suffren au plus fort de la mêlée. *England expects every one will do his duty* était l'ordre du jour flottant aux mâts du *Victory*, le vaisseau de Nelson. Son devoir, c'était la victoire, et certes, les résultats de cette victoire, quand, ainsi qu'à Trafalgar, elle couronnait une longue lutte, valaient les flots de sang dont elle était achetée. C'était, pour la nation vaincue, l'anéantissement de son commerce, la perte de ses colonies, le blocus étroit de ses rivages ; c'était pour la nation victorieuse, l'empire de la mer, l'exploitation commerciale du monde, l'absorption de ses richesses.

Que sont les marines militaires d'aujourd'hui et, dans l'état de choses actuel, quelles seraient les conséquences probables d'une guerre maritime ? J'ouvre un des nombreux recueils semi-officiels qui donnent, avec un grand luxe de détails, la composition de toutes les marines militaires du monde. En remontant des États-Unis d'Amérique, qui n'ont pas de *flotte cuirassée*, jusqu'à l'Angleterre, qui se repose aujourd'hui pour sa sûreté sur ses murailles de fer, comme jadis elle faisait sur ses murailles de bois, et qui, par cela même, reste la première puissance maritime du monde, l'écart est immense ; les autres marines se tiennent sur des échelons intermédiaires, toutes plus ou moins loin de la marine anglaise par le nombre, mais toutes s'en rapprochant par leurs éléments constitutifs. La variété de ces éléments se révèle à première vue : cuirassés d'escadre à mâture, cuirassés d'escadre sans mâture, cuirassés de station lointaine, cuirassés à batteries, à réduit central, à tourelles fixes, à tourelles mobiles, que sais-je encore? Une multitude de types variant surtout suivant l'époque où ils ont été conçus et dont chacun, par cela même, ne ressemble que de loin au type qui l'a précédé, au type qui l'a suivi dans l'ordre de création de la flotte cuirassée. C'est là une conséquence inévitable d'une période de gestation, d'enfantement et, par suite, de tâtonnements, d'expériences, d'essais, d'*écoles*, pour me servir d'un mot vulgaire mais expressif, et cette période doit toucher à sa fin; on voudrait le croire, mais est-ce possible?

L'Italie, la dernière venue des nations européennes, a voulu, comme elles, avoir sa marine de guerre et, après la bataille de Lissa, elle s'est résolue à la créer de toutes pièces; de plus, comme elle ne prétend, pour le moment du moins, qu'à une influence sur une portion restreinte du monde maritime, le bassin de la Méditerranée, elle a renoncé sagement aux cuirassés de station lointaine, elle a donc pu, dans la création de toutes pièces de sa marine, éviter les essais, les tâtonnements, les *écoles*, et concentrer toutes ses ressources sur sa flotte de combat, sur ses cuirassés d'escadre. Leur nombre total s'élève à onze, et ils se scindent tout d'abord en deux grandes catégories : cuirassés d'escadre mâtés, cuirassés d'escadre sans mâture; des sept qui constituent la première catégorie, quatre, construits à une époque déjà lointaine (1863-1865), l'ont été sur un type unique et ne diffèrent pas entre eux. Le cinquième s'en éloigne déjà; les deux autres, armés en 1875, ne le rappellent plus que de très loin. Cependant les idées semblent se préciser aux lumières d'une expérience déjà longue. Les ingénieurs italiens croient avoir trouvé, sinon le type définitif du véritable cuirassé d'escadre, du moins un type assuré d'un long avenir. Le *Duilio* et le *Dandolo* sont mis sur les chantiers ; ils n'étaient pas achevés (1878) qu'un nouveau type prend place de celui dont ils sont la pensée depuis peu réalisée. L'*Italia* et le *Lepanto* seront les spécimens de cette nouvelle conception.

L'exemple paraît décisif ; or cet exemple nous serait fourni, peut-être seulement avec moins de clarté, par toutes les marines de guerre cuirassées. N'est-ce pas la preuve irrécusable que, par les incessants progrès de la science appliquée à la sanglante industrie de la guerre maritime, cette industrie est fatalement vouée à l'incertitude et à l'instabilité ?

C'est qu'en effet, si le problème est simple dans son énoncé : qui l'emportera de la puissance d'attaque, de la puissance de résistance ? la solution, un moment entrevue à l'heure fugitive où les murailles de fer remplacèrent les murailles de bois, s'éloigne chaque jour devant ceux qui la cherchent. Le fer a remplacé le bois, l'acier remplace le fer, le canon rayé de 100 et de 120 tonnes a remplacé un moment l'obusier Paixhans, et le canon monstrueux à âme lisse de la marine américaine. Le choc par l'éperon remplace le choc par l'étrave. La torpille Whitehead remplace l'inoffensive torpille dormante dont les Russes avaient semé les abords de Cronstadt aux jours lointains de 1854. Les rams, les béliers au lourd éperon, armés d'une ou de deux pièces du plus fort calibre, remplacent les batteries flottantes devant lesquelles s'écroulaient les murailles de Kinburn, que la catastrophe de l'*Arrogante* a pour toujours condamnées et auxquelles les Russes opposeraient aujourd'hui leurs *popofkas* circulaires; les *thorny-crofts*, aux vitesses de 18 à 20 milles à l'heure naguère réputées impossibles, remplacent la lourde et bruyante chaloupe porte-torpille d'autrefois..... Est-ce tout, et ces transformations rapides, sinon ces progrès, de par la science, sont-elles les dernières que la science imposera? Qui l'oserait dire? Dès lors n'est-il pas permis d'affirmer que ni le *Lepanto* italien, ni l'*Invincible* anglais, ni la *Dévastation* française, — et ces noms sont pris entre bien d'autres, — ne réalise dans la marine d'aujourd'hui le type cherché de l'unité de combat, de cette unité qui constituait les anciennes marines : le vaisseau de ligne. On insiste et l'on dit : La science, ou du moins ses applications à la guerre sur mer, a ses limites, qu'impose la raison des choses. L'heure approche, si elle n'est sonnée déjà ; on touche à ces limites. En fait, les cuirassés de création récente se valent à peu de chose près et sont également puissants et pour l'attaque et pour la résistance. En les fondant dans un type unique, après une expérience sérieuse, on aura résolu le problème autant que sa solution est possible ; et quelle expérience ? Celle de la guerre ! *Fata viam invenient*. Jusqu'alors, la véritable puissance maritime d'un pays a pour expression supérieure ses escadres, c'est-à-dire la réunion en nombre plus ou moins considérable de cuirassés construits sur le type le plus récent.

C'est le propre des idées justes qu'après un certain temps de doute et de défiance, elles s'imposent à tous les esprits de bonne foi. Les idées qui, depuis trente ans, ont prévalu et qui nous ont conduits à l'état de choses que nous avons essayé de résumer, ont-elles ce caractère d'évidence ? s'imposent-elles ? Précisons-les.

La première, l'idée fondamentale, origine, point de départ, principe même de tout le système actuel, est celle-ci : Le navire de combat est avant tout un navire cuirassé ; la seconde : Le cuirassé d'escadre doit réunir en lui le maximum d'attaque, le maximum de résistance.

La question du *décuirassement* a été posée il y a longtemps déjà et par des hommes dont personne n'a nié la haute compétence. On a passé outre ; pour quelles raisons ? Je cherche et n'en vois pas d'autre, pour la France du moins, que la crainte, peut-être *assez légitime*, d'assumer *la première* la responsabilité d'une mesure aussi radicale. Le *Fata viam invenient*, ce moyen commode de ne rien faire, cette raison, à la hauteur de tant de caractères de nos jours, a prévalu et le fait subsiste comme une vérité *officielle*. Le navire de combat est le cuirassé d'escadre ; acceptons-le avec cette seule réserve : les États-Unis d'Amérique n'ont pas de flotte cuirassée.

La seconde idée directrice est que le cuirassé d'escadre doit réunir en lui le maximum de puissance agressive avec le maximum de résistance ; elle a conduit, en Angleterre, à des créations telles que l'*Inflexible* et ses dérivés ; en Italie, à l'*Italia* et au *Lepanto*. Voici les traits principaux de ce dernier type : longueur entre les perpendiculaires, 122 mètres ; hauteur au-dessus de l'eau, 7 mètres ; tirant d'eau, 8^m,50 ; vitesse maxima, 17 nœuds ; artillerie : quatre canons de $45\frac{c}{m}$ (100 tonnes), dix-huit pièces de $17\frac{c}{m}$, un pont blindé situé à 1^m,80 en abord et 1^m,05 au milieu en dessous du niveau d'eau ; un réduit supérieur cuirassé de 0^m,450. Un éperon et, dans la batterie, des affûts lance-torpille complètent ses moyens d'attaque [1]. C'est l'idéal du genre, l'idéal

---

1. Sur le *Lepanto*, la résistance ne repose plus sur la cuirasse, mais sur le

italien du moins ; mais ses rivaux des autres marines ne s'éloignent guère de ces dimensions monstrueuses ; leur force de résistance est, autant qu'on peut le dire, égale à la sienne, et comme lui, ils réunissent les quatre éléments d'attaque : canons, éperons, torpilles, vitesse. Leur prix de revient à tous oscille entre 15 et 24 millions de francs, fait économique dont nous aurons à tenir compte plus tard.

Le premier et non le moins sérieux des reproches que l'on peut adresser à de telles créations, ou mieux, à l'idée dont elles procèdent, est l'oubli du principe, aujourd'hui admis sans conteste, qu'en toute industrie, l'effet utile maximum est dû à la division du travail ; ici la méconnaissance du principe n'est pas de l'oubli, elle est cherchée, elle est voulue ; en est-elle plus rationnelle et mieux justifiée ? Le doute est permis, et les hommes les plus compétents ont élevé contre elle une objection qui ne laisse pas que d'avoir une portée sérieuse. Le cuirassé d'escadre, tel qu'ont pu le produire les ingénieurs dans les conditions que la raison des choses leur impose, est-il l'instrument de combat le plus utile, le plus effectif, ou bien, à sa place, ne serait-ce point une unité collective d'éléments divers, grâce auxquels les forces concentrées sur un seul navire, —

principe de la protection demandée à la flottaison cellulaire imaginée en Angleterre, et poussé à l'extrême sur les cuirassés italiens de plus récente date.

éperon, canons, torpilles, vitesse, — pourraient, au moment psychologique, développer, fournir le maximum de leur puissance, c'est-à-dire de leur effet utile? En d'autres termes et pour poser le problème avec plus de clarté et plus de précision, un cuirassé d'escadre luttant à la fois contre un bélier-éperon, un navire armé d'une pièce du plus fort calibre, dont il serait simplement l'affût mobile, quatre porte-torpilles, tous ayant et pouvant développer dans toutes les phases de combat une vitesse supérieure, un cuirassé d'escadre, disons-nous, ainsi attaqué, résisterait-il à l'assaut simultané de ces adversaires[1]?

Sans chercher dans une discussion technique quelle est la valeur pratique de cette conception nouvelle de l'unité de combat des escadres actuelles, nous constaterons en sa faveur que c'est sur l'action combinée de ses propres éléments, s'appuyant sur les forts à terre quand il y en aura, que repose d'un commun accord la défense des côtes et des ports de mer du littoral. De tout ce qui précède,

---

1. La question en termes identiques se discute actuellement à l'Amirauté anglaise. — (*Note de février 1884.*) Les torpilleurs *autonomes* de haute mer ont trouvé leur type et il semble admis dans les marines étrangères, à en juger par les mesures récentes adoptées en Allemagne et en Italie, qu'une escadre de cuirassés surprise *la nuit et en mer* par une escadrille de torpilleurs autonomes serait gravement compromise — on peut dire détruite par cette escadrille; — avec les nouveaux tubes lance-torpille, les progrès réalisés sont tels que le doute à cet égard n'est plus possible. Il n'est que temps en France d'aviser aux transformations que ces progrès et la création de ce type nouveau de torpilleur autonome imposent d'urgence à notre établissement naval. C'est en marine et surtout à notre époque que *administrer c'est prévoir.*

la première des assertions, point de départ de nos recherches : Nul ne peut préciser quel est aujourd'hui le véritable instrument de combat dans une guerre maritime, n'est-elle pas pleinement justifiée?

De cette incertitude même on pourrait conclure *à priori* à l'incertitude des règles de la nouvelle tactique navale ; mais malheureusement ou heureusement, même avec les flottes composées de *cuirassés d'escadre,* cette incertitude est reconnue par tous ceux qui s'occupent de cette *science ;* c'est ce qui résulte de leurs écrits et même des codes adoptés par les escadres d'évolution des plus grandes nations maritimes. *Il semble admis* pour le combat que l'action s'engagera par une première passe, un choc entre adversaires singuliers, un à un ; l'escadre étant rangée « dans un ordre sur lequel on ne *saurait poser aucune règle absolue,* car un amiral devra toujours s'inspirer des exigences du moment et subordonner la formation de ses vaisseaux aux manœuvres et à la nature de l'ordre adopté par ceux qu'il doit combattre [1] ». Il semble encore admis, par une fiction de la théorie que l'expérience ne semble pas devoir justifier, tant elle comporte de calme, de sang-froid, de volonté inébranlable, que cette passe d'armes, ces chocs ne produiront pas de résultats sérieux, — *les vaisseaux n'ayant fait que de se frôler,* — et

---

1. De Penfentenyo, *Projet de tactique navale.*

que la première phase du combat sera suivie « d'une mêlée dans laquelle une escadre doit se diviser en plusieurs groupes de bâtiments formant chacun une unité de combat » s'attachant à des adversaires particuliers. Dans cette mêlée, qui décidera du succès ? « Un hasard heureux comme celui qui, à Lissa, a immortalisé le nom de Tegetthoff », qui, « ainsi que Nelson à Trafalgar, a triomphé bien plus par l'énergique audace du capitaine que par les savantes combinaisons du tacticien [1]...... » Ces extraits, nous pourrions les multiplier. Quels aveux plus explicites peut-on demander qu'aucune règle fixe ne préside plus à la tactique navale; que cette science, autrefois à peu près positive, « ne quittera plus désormais son caractère spéculatif et ne ressemblera pas à ces rameaux du savoir humain qui sont fondés sur des dogmes précis et des règles bien déterminées [2] » ?

Ainsi, variété du type de l'unité de combat, variété de composition des escadres, un seul moteur donnant en mer libre toute liberté d'allures au navire isolé, mais laissant dans l'indétermination les règles de combinaisons tactiques; non plus une seule arme, mais trois armes dont un seul coup peut être mortel : tels sont les éléments constitutifs de

---

1. Amiral Bourgois, *Théorie du gouvernail,* 1869.

2. Lieutenant Semechkin, aide de camp de l'amiral Boutakof, *Lecture sur la tactique.*

toutes les marines actuelles. Qu'est-ce qui les différencie? La puissance individuelle de chaque cuirassé, le nombre de ces cuirassés.

Telles sont les marines de ce jour, étant donnée comme juste l'idée fondamentale dont elles procèdent toutes, que, seul, le cuirassé d'escadre est le véritable instrument de combat. Dès lors, on peut poser comme démontrées les propositions suivantes qui s'enchaînent logiquement :

1° A égalité individuelle des éléments constituant deux escadres cuirassées ennemies, la victoire est assurée à la plus nombreuse des deux escadres, dont la réserve ne s'engagera qu'après les premières phases du combat, choc, début de la mêlée.

2° L'action devra donc être imposée par la plus nombreuse des deux escadres, la seconde étant, toutes choses égales d'ailleurs, sûre d'être vaincue et détruite.

3° Les forces respectives en nombre et en qualité de deux marines étant toujours connues dès le début des hostilités, l'empire de la mer appartiendra sans conteste à celle des deux nations dont la flotte cuirassée est la plus nombreuse (marines française et allemande, 1870; marines russe et turque, 1877).

4° Les grandes batailles navales ayant pour objectif l'empire de la mer, il n'y aura plus de batailles rangées.

5° La guerre maritime est supprimée.

Conclusion absurde, mais qui prouve que les prémisses du raisonnement logique qui y conduit sont fausses, c'est-à-dire que : 1° si le cuirassé d'escadre en opposition à tout autre navire a peut-être une supériorité réelle sur son adversaire, il n'est pas l'expression vraie de l'unité de combat sur mer, vainement cherchée jusqu'à ce jour; 2° qu'une escadre, réunion plus ou moins nombreuse de cuirassés d'escadre, n'est pas l'expression de la puissance navale.

II.

Il y a longtemps déjà, aux premières années de ce siècle, Fulton, le véritable précurseur des ingénieurs de nos jours, avait trouvé le secret d'un bateau porte-torpilles sous-marin et l'offrait successivement aux gouvernements de France et d'Angleterre. Tous deux rejetèrent ses offres, mais, après avoir fait étudier le nouvel engin de guerre par des commissions qui devaient se prononcer et sur son efficacité et sur les conséquences probables de son adoption, l'efficacité en fut reconnue et c'est elle qui décida du refus des deux gouvernements, alors pourtant engagés dans une guerre acharnée. « Nous avons la suprématie de la mer, dit le comte de Saint-Vincent, premier lord de l'Amirauté anglaise; nous appartient-il d'encourager l'adoption d'un instrument de guerre qui peut nous l'enlever ? » Pitt, le grand ministre, ajoutait : « Un tel système, s'il réussit, ne peut manquer d'annihiler toutes les marines militaires. » Quant à la commission française, elle motivait ainsi les conclusions de son rapport : « Qu'adviendra-t-il des marines futures quand, à tout moment, un vaisseau pourra être lancé en l'air par un bateau-plongeur dont aucune prévision humaine ne peut nous sauvegarder ? »

Les gouvernants de notre époque ont passé outre à ces scrupules, à ces considérations d'avenir. Avec une ardeur singulière, ils se sont montrés pleins d'émulation en sens contraire, et, croyant sans doute que chacune des inventions nouvelles de ce genre constituait un progrès, donnait une puissance nouvelle à la marine de leur pays, ils ont accepté et adopté toutes les inventions dont le secret leur a été offert. Certes, à voir les machines de guerre formidables dont se composent les flottes actuelles, à considérer les sacrifices d'argent qu'elles imposent, à en juger surtout par le développement qu'elles ont pris, non seulement dans les pays qui, toujours, prétendirent exercer une action sur les mers, mais encore dans ceux qui n'eurent jamais de marine militaire, il semble que les hommes d'État du passé se sont trompés dans leurs prévisions; il semble que les faits eux-mêmes les ont démentis. Au fond, en réalité, en est-il bien ainsi, et lesquels ont bien vu dans l'avenir, d'eux ou des hommes d'État de nos jours?

Tout n'est vrai ici-bas que d'une vérité relative. Le cuirassé d'escadre, avec son blindage en acier, ses canons de 100 tonnes, ses canons-revolvers Hotchkiss, ses torpilles Whitehead, son éperon gigantesque, sa vitesse de 16 nœuds, peut être le plus formidable engin de destruction que la science humaine puisse produire, mais les escadres cuirassées ne sont peut-être pas, nous l'avons vu, les instruments les plus efficaces de la guerre maritime, leur raison d'être. Qui peut dire que la sécurité de l'Angleterre (le seul point de vue où se plaçaient et Pitt et lord Saint-Vincent) n'inspire pas à leurs successeurs des craintes que les premiers ne ressentirent jamais, même quand le premier Consul surveillait du haut des falaises de la Manche la transformation de son armée de Marengo en armée de débarquement et hâtait l'organisation de ses flottilles de Boulogne? C'est qu'en effet les modifications récentes apportées à la constitution de toutes les marines militaires ont amené dans la guerre maritime, et surtout dans les résultats de cette guerre, des modifications profondes, celles-là mêmes que ces hommes d'État prévoyaient avec une sagacité patriotique qui leur dictait leur refus d'adopter l'invention meurtrière de Fulton. La suprématie sur mer, l'empire de la mer (que nul ne disputait plus à l'Angleterre après Aboukir et Trafalgar) lui appartiennent toujours ; nous l'avons montré d'ailleurs ; ils sont acquis à la nation dont la flotte cuirassée est supérieure en nombre, — et la flotte anglaise n'a pas de rivale, — mais si les mots sont restés les mêmes, combien différentes les idées que ces mots expriment !

L'empire de la mer, c'était alors, pour l'Angleterre, la sécurité de ses flottes marchandes ; c'était encore plus celles de ses côtes et des ports de son littoral : sentinelles toujours vigilantes, l'œil des vigies sans cesse tourné vers la France, les frégates, gardes avancées des escadres de blocus, suivaient tous les mouvements de nos ports militaires et en barraient les passes d'une chaîne de fer, que, seule, la tempête détendait pour quelques instants, en les forçant à prendre le large. Nos croiseurs avaient-ils pu profiter de l'heure fugitive et longtemps attendue, leur destinée était écrite, leur croisière s'achevait ; bientôt en quelque lutte héroïque, suprême protestation du courage et du patriotisme contre le nombre, et nos matelots allaient peupler les pontons de Southampton et de Plymouth. Vers les dernières années du premier Empire, le blocus de tous les rivages européens était effectif ; nul ne passait que par leur volonté à travers les mailles serrées des croisières anglaises.

Les courses de l'*Alabama* et des croiseurs confédérés; tout récemment encore, dans la guerre sud-américaine, l'épopée du *Huascar*, aux ordres de l'héroïque amiral Grau, montrent ce que sont devenus aujourd'hui ces blocus autrefois effectifs; elles disent ce que vaut l'empire de la mer pour la protection du commerce, la sécurité des côtes de la nation qui tient en ses mains ce sceptre vermoulu plus qu'à demi-brisé; elles ont mis enfin en pleine lumière les causes morales, ou tout au moins économiques, qui, mieux que les coups directs des croiseurs ennemis, frappent au cœur, ruinent pour longtemps (si ce n'est pour toujours) ce commerce lui-même.

« Les croisières des corsaires confédérés n'avaient pas eu seulement un résultat matériel : la prise et la destruction d'un grand nombre de navires américains. Jusqu'au mois de mai 1864, 239 navires jaugeant ensemble 104,000 tonneaux, d'une valeur de plus de 15,000,000 de dollars (80,250,000 fr.) avaient été détruits. L'effet moral avait été plus considérable encore. La plupart des navires de commerce fédéraux étaient transférés à des propriétaires anglais. Dans la seule année de 1863, on enregistra le transfert de 348 navires jaugeant ensemble 252,000 tonneaux. Les taux des assurances s'élevaient à des chiffres ruineux pour le commerce du Nord. La guerre se prolongeait enfin, non seulement par les ressources que procuraient les coureurs de blocus, mais encore par la confiance que rendaient aux défenseurs du droit des États les exploits sans cesse renouvelés des Semmes, des Wadell et de leurs émules [1]. »

S'il en est ainsi, un jour nouveau ne se fait-il pas sur l'avenir des guerres maritimes et n'apparaissent-elles point comme devant avoir pour instrument le plus effectif des croiseurs à marche supérieure, auxquels leur vitesse et l'audace des capitaines donneront le prestige de l'ubiquité en leur permettant de déjouer toute poursuite?

Affirmer qu'il en serait ainsi, serait peut-être se hâter, en France surtout, où l'ignorance des choses de la mer n'est que trop générale, et, puisque la véritable méthode scientifique exige que toute hypothèse soit vérifiée et sanctionnée par l'expérience, cherchons s'il n'est pas d'autres faits plus récents qui mettraient hors de doute la vérité que nous venons d'entrevoir.

La guerre de la Sécession est finie. Les États rebelles sont vaincus. Ils expient leur faute ou leur *crime*. Mais n'ont-ils pas eu des complices et ces complices resteront-ils impunis? Plus d'un gouvernement en Europe a aidé non seulement de ses vœux et de sa sympathie plus ou moins avoués, mais encore par des actes, la longue résistance des États du Sud. Le plus compromis d'entre eux est certaine-

____

1. *Les Croiseurs, La Guerre de course*, par M. Di lère, ingénieur de la marine.

ment le gouvernement anglais. C'est dans les ports anglais que les confédérés ont puisé les éléments de leur marine, et, de plus, c'est l'Angleterre qui s'est portée l'héritière du commerce agonisant des États du Nord. N'a-t-elle pas à rendre un compte sévère de tous ses agissements, des facilités que les croiseurs du Sud ont trouvées dans ses arsenaux, de sa commode interprétation des lois de la neutralité, de ses complaisantes et hâtives appréciations des titres des rebelles à être reconnus comme belligérants ? Tous ces griefs seront réunis en un faisceau, formeront une question dont le titre seul les résumera tous et dira la portée menaçante. Ce sera la question de l'*Alabama*, et la question de l'*Alabama* est posée. Par elle, deux grandes nations maritimes (les plus puissantes de toutes) sont mises en présence : toutes deux animées, malgré le cours du temps et les progrès des idées modernes, d'une de ces haines vigoureuses de famille qui gardent le mieux le souvenir des injures reçues et l'âpre désir de les venger. De ces deux nations, l'une a une flotte cuirassée incomparable par le nombre et la puissance des vaisseaux qui la composent ; elle sera sûrement, elle est déjà la reine de l'Océan ; partout où ses escadres se présenteront, elles sont sûres de la victoire, que dis-je ? elles ne rencontreront pas d'adversaires ; les États-Unis n'ont pas un seul cuirassé de haut bord à leur oppo-

ser[1]. Qu'importe? la question de l'*Alabama* est posée :
Comment sera-t-elle résolue? Par la guerre? Non.
Le Congrès de Genève se réunit. Ses décisions condamnent l'Angleterre, et l'Angleterre se soumet, et
religieusement elle exécute les décisions arbitrales
du Congrès, ces décisions qui courbent son hautain
patriotisme aux pieds de ses anciens sujets, devenus

1. Le *Temps* du 8 janvier publie, dans sa correspondance, la note suivante sur les difficultés morales de la création de la marine de guerre américaine : « La création d'une nouvelle marine militaire est, en effet, plus que jamais le rêve des hommes d'État américains, et il n'est guère douteux que la tâche ne soit très prochainement entreprise. Le principe est dès à présent adopté; on en est à l'étude d'un plan d'ensemble et aussi à l'organisation des voies et moyens. Il est donc très naturel que M. Arthur y regarde à deux fois avant de choisir l'homme qui sera chargé d'une mission de cette importance; et cette prudence très louable se complique d'une considération délicate : c'est que, aux États-Unis comme ailleurs, la comptabilité en matière de la marine a toujours été la bouteille à l'encre. Les arsenaux et les ateliers ont été de tout temps livrés au pillage; des centaines de millions de dollars s'y sont engloutis sans qu'il en reste rien que quelques méchantes carcasses de vaisseaux dont pas un ne serait capable d'accepter le combat, — et encore moins de l'éviter, a dit un amiral. Tout est donc à créer, personnel et matériel, et il faudra une main sûre pour le nettoyage d'abord, pour l'édification ensuite. Or là, plus qu'ailleurs, M. Arthur est embarrassé pour rester indépendant du général et de son entourage, sans froisser de vieilles amitiés, car ce sont encore les traditions de ce temps-là qui règnent dans l'administration de la marine, et ce sont les plus détestables traditions d'une époque où la corruption officielle atteignait aux dernières limites du cynisme. »

Et nous extrayons du *Army and Navy Journal*, de décembre 1881, les renseignements suivants :

« La commission estime qu'il y a lieu de créer une flotte cuirassée, mais qu'il n'y a lieu d'y procéder qu'après avoir terminé les 38 navires suivants non cuirassés :

« 5 béliers en acier, 2,000 tonnes ; 5 canonnières porte-torpilles ; 10 croiseurs porte-torpilles ; 10 bateaux-torpilleurs pour la défense des côtes, et enfin les 8 croiseurs en construction déjà.

« Ce programme ne sera achevé que dans huit ans. Les Américains ne se montrent donc pas empressés d'avoir une flotte cuirassée. Cette parole énergique d'un de leurs amiraux les plus distingués, qu'avec les navires actuels il serait plus difficile encore de refuser le combat que de l'accepter, même avec la certitude d'être vaincu, montre bien la pensée qui a dirigé la commission. Elle veut des navires à grande vitesse, pouvant refuser le combat et l'imposer à son heure.

ses plus orgueilleux rivaux; et alors ne serait-ce
pas que l'heure est enfin venue du règne de la justice? ne serait-ce pas que désormais la force ne
prime plus le droit?

Ceux-là peuvent le croire qui se paient de mots
et d'illusions. Oui, sans doute, les hommes d'État
de l'Angleterre disent bien haut qu'en acceptant
l'arbitrage du Congrès, qu'en exécutant ses décisions, ils ne se sont inclinés que devant la justice;
il semble que personne ne pourrait affirmer le contraire, et pourtant ceux dont la prétention est de
voir au fond des choses, répondent : Non, la justice
seule n'a pas triomphé. Non, le droit n'a pas primé
la force. C'est au contraire la force et la force seule
qui a vaincu; seulement, et par un concours de circonstances trop rares dans la vie des peuples, la
force était l'auxiliaire de la justice et du droit. Quelle
est donc cette force dont ils parlent et de quel côté
la voient-ils dans une guerre entre deux adversaires
si inégalement armés? Ils la voient là où elle est
réellement, du côté des États-Unis, qui, eux, n'ont
point adhéré au premier article de la déclaration
sentimentale de 1856, et dont les innombrables corsaires vont s'acharner à la poursuite des flottes marchandes de l'Angleterre. Les escadres anglaises
peuvent sillonner l'Océan et promener leurs glorieuses couleurs sur tous les points du globe, combien de leurs navires de commerce sauveront-elles

du danger qui les menace, et, le commerce anglais détruit, que devient la puissance anglaise, que devient l'Angleterre elle-même ?

Les guerres maritimes de l'avenir — contre l'Angleterre du moins — pourraient bien être essentiellement une guerre de course. Poursuivons nos recherches.

La guerre de 1870 éclate comme un coup de foudre dans un ciel serein. Les escadres cuirassées françaises sont prêtes. L'escadre d'évolutions couvre la Méditerranée et assure le retour en France de notre armée d'Afrique. Une seconde escadre a déjà franchi le Sund et bloque la côte allemande de Kiel à Dantzig ; une troisième enfin part de Brest et menace les provinces littorales de la mer du Nord, acquisition récente de la Prusse. La division cuirassée allemande s'est hâtée vers Wilhelmshaven ; elle s'y enferme, bien résolue à ne pas sortir de l'abri de ses défenses incomplètes, improvisées, mais insurmontables ; quant aux quelques navires de guerre épars sur l'Océan pour protéger le commerce de la Confédération du Nord, ils renoncent à une mission à laquelle ils se croient inégaux. A l'ancre dans les rades étrangères et couverts des lois de la neutralité, ils resteront impassibles devant les défis qui leur seront adressés. Les navires qu'ils devaient protéger font comme eux et restent cloués aux ports où la nouvelle de la guerre est venue les surprendre. Ceux qui parcourent les routes naguère pacifiques de l'Océan, devenues pour eux pleines de périls, sont la proie de nos croiseurs, proie facile dont la meilleure et peut-être la seule protection fut encore les instructions singulières données à nos capitaines, à l'ouverture des hostilités. Mais l'heure sombre a sonné pour la France : Reichshoffen, Sedan, Metz ont vu, comme en un gouffre immense, s'engloutir nos armées. La lutte continue, encore inégale, mais non désespérée. Des hommes? ils accourent en foule, mais comment en faire des armées? Où sont les armes d'abord, les munitions, les approvisionnements de tout genre qui leur sont nécessaires? Depuis longtemps, nos arsenaux sont vides et l'industrie nationale est bien lente. Où les prendre? où les acheter? En Angleterre, en Amérique, sur tous les marchés du monde; ces marchés nous restent ouverts; nos croiseurs protègent les grandes routes qui y conduisent; nos escadres bloquent les côtes ennemies; la France vaincue sur terre reste du moins reine et maîtresse de la mer.

Soudain, une nouvelle étrange retentit comme un cri d'alarme. Un croiseur allemand a déjoué la surveillance de nos escadres; c'est l'*Augusta*, un des corsaires construits en France pour les rebelles américains, acheté naguère par la Prusse; sa vitesse est supérieure à celle du plus rapide des croiseurs lancés à sa poursuite ; il a paru un moment devant Rochefort et il a capturé un aviso de l'État ; quelques heures après, il était à l'embouchure de la Gironde, et il capturait deux navires marchands qui déjà croyaient toucher au port. Où sera-t-il demain ? Sans doute sur les grandes routes de New-York au Havre, à Bordeaux ; la défiance est partout : frets d'assurances, frets de transports haussent déjà sur les marchés ouverts à nos efforts. Mais l'esprit des Semmes, des Wadell n'anime pas le capitaine de l'*Augusta* ; par un retour inespéré de la fortune de la France, il conduit son navire à Vigo pour y refaire ses approvisionnements de charbon. Deux de nos croiseurs l'y suivent et mouillent à ses côtés ; jusqu'à la fin de la guerre, l'*Augusta* reste impuissante.

Qui dira les difficultés qu'eût créées aux derniers élans de la défense nationale une décision plus virile, celle qu'auraient prise certainement ces hommes de mer intrépides qui commandaient les corsaires sécessionnistes, les *Florida*, les *Alabama* dont les exemples resteront comme d'éternels modèles ? Dans la crise suprême que nous traversions alors, dans les années qui suivirent, années de recueillement douloureux où tous les esprits étaient tournés vers les Vosges, l'incident de l'*Augusta* fut vite oublié, ses conséquences méconnues. L'importance du nouveau rôle des croiseurs dans toute guerre maritime semble n'avoir été comprise que de quelques rêveurs

isolés; de nouveaux incidents n'allaient par tarder
à la mettre en pleine lumière.

La guerre, mais une guerre dès longtemps prévue,
éclate en Orient entre la Turquie et la Russie. La
flotte russe est inférieure en nombre à la flotte turque; comme naguère les Allemands à Kiel et à
Wilhelmshaven, les cuirassés russes s'enferment
dans leurs ports inaccessibles de Cronstadt et de Nicolaïef; les croiseurs russes porteront seuls le poids
de la guerre, et quels croiseurs! Des paquebots
transformés comme la *Vesta*, n'ayant pas même une
vitesse égale à celle de la plupart des cuirassés
turcs. On sait quels services ils rendirent à leur
pays, non pas en ruinant le commerce de la Turquie, — ce commerce est dans la main des neutres,
— mais comme convoyeurs de ces chaloupes porte-
torpilles (je ne dis pas des thornycrofts) qui, pendant
toute la guerre, tinrent en alerte les escadres turques et leur portèrent plus d'un coup meurtrier.
Jusqu'ici cependant les faits ne vont pas à la preuve
directe que nous cherchons; une évolution marquée
de la politique anglaise va nous la fournir. L'Angleterre semble vouloir, une fois encore, prendre en
main la cause de son antique client, « l'homme ma-
lade » de Stamboul. Alors s'organise à Saint-Pétersbourg, à Moscou la Société des croiseurs volontaires;
ses agents sont aux États-Unis, où ils achètent les
croiseurs rapides, éléments de la nouvelle marine

russe ; les équipages sont prêts, les officiers désignés et les dispositions du gouvernement, de l'opinion publique en Amérique, semblent peu favorables au respect des lois de la neutralité : les souvenirs de l'*Alabama* y sont encore vivants. L'Angleterre s'arrête, donnant une nouvelle preuve de son impuissance, et devant quels dangers recule-t-elle? Devant la menace d'une guerre de course dont son commerce sera l'enjeu. Mais la leçon ne sera pas perdue : aux croiseurs improvisés de ses adversaires, elle opposera désormais toute une flotte de croiseurs, les uns véritables navires de combat, construits, armés pour la course; les autres, paquebots aux vitesses supérieures, construits pour être transformés en navires de guerre dans des conditions spéciales, et qui, à l'heure venue, seront peut-être les éléments les plus effectifs de la défense de son commerce. La *Servia* est le dernier des paquebots de la compagnie Cunard, construits sous l'empire de ces idées ; il a 161 mètres de long, 15^m,85 de large; sa capacité est de 5,500 tonnes, en dehors de 1,800 tonnes de charbon et 1,000 tonnes de water-ballast; sa coque est en acier; sa vitesse de 17 nœuds $^1/_2$, peut-être 18 nœuds.

Ces puissants efforts de l'Angleterre sont significatifs. Aussi, sans rappeler les exploits du *Huascar*, les courses aventureuses de l'*Union*, une sœur de l'*Augusta*, sur les côtes du Pacifique, du Callao à Punta-Arenas, dans le détroit de Magellan, il nous semble possible d'affirmer que la guerre maritime dans l'avenir sera essentiellement une guerre de course. Ne sera-t-elle qu'une guerre de course?

Frédéric II de Prusse disait que, pour vaincre, il fallait trois choses : de l'argent, de l'argent et encore de l'argent ; Danton, qu'il fallait trois choses : de l'audace, de l'audace et encore de l'audace. Le grand roi philosophe et guerrier, le grand révolutionnaire, se complètent l'un par l'autre, ou plutôt leur pensée est la même. Seulement, Frédéric se savait assez riche en audace pour en prêter à ceux qu'il inspirait de sa volonté puissante ; il n'en parlait pas, mais il prêchait d'exemple. Plus que jamais aujourd'hui, l'argent et l'audace sont les éléments premiers de la victoire, surtout dans une guerre maritime, quand argent et audace sont mis au service de la science et de l'expérience. On sait quel est le prix des cuirassés d'escadre ; l'argent n'a pas été ménagé pour en faire les instruments de combat les plus puissants. Néanmoins, et par la raison des choses, peut-être, à l'heure décisive, ne répondront-ils pas aux légitimes espérances qui inspirèrent les gouvernements européens et les décidèrent à se lancer dans cette voie coûteuse d'innovations sans fin et peut-être sans issue. Une flotte supérieure en nombre sera, dès le début des hostilités, maîtresse de la mer. Mais aujourd'hui cette souveraineté est un mot plus qu'un fait ; elle ne garantit pas même la sécurité du commerce national. Est-ce donc pour ce mince résultat que ces flottes ont été créées, et, la guerre venue, n'auront-elles pas un rôle à jouer, des missions à remplir, plus dignes des forces redoutables que chaque vaisseau porte en lui, et dont leur réunion semble devoir encore multiplier la puissance ? Ces missions, ce rôle, sont tout indiqués, à une condition cependant : c'est que, descendant des hauteurs nuageuses de cette sentimentalité qui a créé cette monstrueuse association de mots : « les droits de la guerre », on revienne à la logique qui en réalité mène le monde, et dont peuples et individus se repentent toujours d'avoir méconnu la loi.

La guerre peut être définie : l'appel suprême du droit contre la force qui nie ce droit ; d'où l'objectif supérieur de la guerre : faire le plus de mal possible à l'ennemi. Or, si un grand roi, philosophe et maître en l'art de la guerre, déclare que la richesse est le nerf de la guerre, tout ce qui frappe l'ennemi dans sa richesse, *à fortiori* tout ce qui l'atteint dans les sources mêmes de cette richesse, devient non seulement légitime, mais s'impose comme obligatoire. Il faut donc s'attendre à voir les flottes cuirassées, maîtresses de la mer, tourner leur puissance d'attaque et de destruction, à défaut d'adversaires se dérobant à leurs coups, contre toutes les villes du littoral, fortifiées ou non, pacifiques ou guerrières, les incendier, les ruiner, et tout au moins les rançonner sans merci. Cela s'est fait autrefois ; cela ne se faisait plus ; cela se fera encore : Strasbourg et Péronne en sont garants.

Par ce nouveau rôle et ces nouvelles missions que la logique impose aux escadres cuirassées, nous entrons dans un nouveau système de guerre maritime : celui de l'attaque et de la défense des côtes. Quel que soit le but de l'assaillant, il est évident qu'il se présentera en force avec tous les moyens d'action que les circonstances lui permettront de réunir et qui seront calculés en vue du but spécial à atteindre. Quant à la défense, elle semble devoir être scindée en deux éléments distincts : défense fixe, défense mobile ; l'une comprenant les torpilles dormantes, les barrages, les fortifications de tout genre, établies d'avance ou improvisées sur le rivage ; l'autre reposant sur l'action isolée ou combinée des béliers, des batteries flottantes, des canonnières, des thornycrofts porte-torpilles à grande vitesse, s'appuyant, suivant les lieux, sur les vaisseaux cuirassés, sortant de l'inaction où les condamnait en haute mer l'infériorité du nombre.

L'étendue du théâtre des opérations d'une telle guerre, l'infinie variété des combinaisons qu'elle permet, nous rejettent encore une fois dans l'inconnu, ou tout au moins l'indéfini. Avec la mobilité extrême que la vapeur donne à tous les navires de guerre, quelle que soit d'ailleurs l'arme spéciale dont ils sont munis, avec la rapidité et la sûreté des informations que permet le télégraphe électrique, avec la force de concentration qu'assurent les chemins de fer, si, d'un côté, nul point du littoral n'est à l'abri d'une attaque, de l'autre, il n'est aucun point du littoral qui ne puisse être puissamment et rapidement protégé. Toute tentative de débarquement sous le feu d'une escadre maîtresse de la mer semble pouvoir réussir, mais tout corps d'armée ainsi aventuré en plein territoire ennemi semble devoir être rejeté à la mer, avant d'avoir solidement établi sa base d'opérations et de ravitaillement; et si cette base reste l'escadre qui l'a porté, si c'est par la mer qu'il doit vivre, sa situation paraît bien hasardée, sinon compromise; enfin, on peut se demander ce que pèse de nos jours, pour le succès définitif de la guerre, un corps d'armée dont l'effectif ne peut dépasser 30,000 hommes. Tout reste donc, nous le répétons encore, voué à l'inconnu, à l'indéfini, à des hasards heureux. Ce sera l'affaire de ceux qui prépareront de telles opérations, après les avoir décidées; de ceux-là surtout qui auront à les mener à bonne fin.

Ces réserves faites, et nous ne saurions trop insister sur leur importance, il nous semble que du fond obscur de cet indéfini, se détachent au nom de la raison des choses, quelques conjectures qui apparaissent, avec un certain degré de probabilité, sinon de certitude. Comme ce sont les seules clartés qui résultent de nos recherches, et qui nous permettent de les pousser plus avant, nous essaierons de les résumer sous forme de propositions :

1° La dépréciation de la puissance de l'artillerie contre un but cuirassé mobile a été constatée par l'expérience. Elle diminue sensiblement les risques que court une flotte cuirassée couverte de fumée et défilant à grande vitesse devant les batteries de côte les plus fortement armées. Il semble permis de croire qu'en beaucoup de circonstances une flotte aux ordres d'un Nelson ou d'un Ferragut n'hésiterait pas à courir ces risques, si le but à atteindre valait l'enjeu d'un tel coup de fortune.

2° Toute escadre surprise au mouillage par une escadre sous vapeur est une escadre détruite ; l'éperon, dont l'assaillant peut seul se servir, devenant alors une arme aussi sûre pour lui que mortelle pour son adversaire.

3° Toute escadre au mouillage — si l'accès de ce mouillage est possible — peut être surprise la nuit et même attaquée le jour par une flottille de thornycrofts.

4° La portée des pièces de 27%$_m$ étant de 11,000 mètres, celle des pièces de 14%$_m$ de 7,200 mètres avec un angle de pointage de 35°, toute ville, tout établissement occupant une grande étendue de terrain, et dont un navire quelconque ainsi armé peut s'approcher à une distance moindre que ces portées, peut être bombardée, incendiée, sans que l'assaillant coure de risques sérieux de la part des batteries de côte qui défendent la ville.

Quelques faits peuvent servir, non à démontrer, mais à *illustrer* ces propositions, qui resteront douteuses jusqu'aux jours d'expériences décisives. Dans toutes les opérations de guerre auxquelles elles se rapportent, quel est, en effet, le facteur du succès? L'audace, c'est-à-dire le mépris de la mort mis au service du patriotisme et de la science professionnelle. C'est là une force morale qui ne tombe sous le coup d'aucune appréciation *à priori*. Turenne pouvait bien dire la veille d'une bataille : « Tu trembles, carcasse! tu tremblerais bien plus si tu savais où je te conduirai demain », et le lendemain il allait où il s'était promis d'aller. Les capitaines qui se prépareront aux futures opérations des guerres maritimes trembleront sans doute la veille comme l'illustre maréchal. Iront-ils jusqu'au bout le lendemain? Dieu seul peut le dire.

Le combat du *Huascar* contre le *Shah* et l'*Amethyst* anglais nous fournit la première de ces illustrations. « L'état du *Huascar* après le combat, dit un écrivain militaire, est un exemple de la dépréciation que subit l'artillerie à la mer, le jour de l'action. Il y a loin en effet des résultats obtenus pendant un combat à ceux observés dans les polygones...

En résumé, le monitor a été atteint par 70 ou 80 projectiles. Aucun projectile de 23$\%_m$ n'a perforé sa cuirasse [1]. »

La rade de Toulon vient d'être fermée hermétiquement par des jetées pour soustraire à une surprise les escadres au mouillage dans cette rade. Voici d'ailleurs quelques-unes des considérations par lesquelles M. le contre-amiral du Pin de Saint-André justifie cette coûteuse précaution « ...... Il est possible que notre escadre soit récemment arrivée à Toulon à la suite d'une navigation pénible; les équipages sont harassés, ont besoin d'un repos qui n'est pas moins indispensable aux machines et aux chaudières; les approvisionnements sont à renouveler, et les réparations d'entretien sont urgentes; peut-être réunit-on une flotte de transports pour frapper un grand coup sur un port ennemi, etc. Tous les cas sont possibles. Faudra-t-il paralyser en permanence toute une flottille de croiseurs pour surveiller les abords éloignés et ceux immédiats de la rade? Êtes-vous assuré quand même qu'une occasion fortuite ou du fait de l'ennemi ne les dispersera pas? Allez-vous tenir sur pied toutes les nuits les garnisons des forts et des batteries, et les équipages des vaisseaux pour éloigner toute chance de péril? Quoi que vous fassiez, la fatalité peut un jour accumuler

---

1. *Revue maritime*, 1881 : *Des Opérations de guerre maritime récentes.*

en faveur de l'ennemi tant de circonstances heureuses et pour nous défavorables, que toutes vos précautions soient en défaut. L'histoire est là pour nous prouver que la fortune de la guerre se plaît au merveilleux le plus invraisemblable et que rien n'est impossible.

« Ce jour-là, au coucher du soleil, par un temps clair, aussi loin que le regard peut atteindre, du haut des sémaphores et du haut des mâts des croiseurs avancés, aucun indice de fumée ne décèle l'ennemi. Il est loin; on peut être tranquille. En effet, l'ennemi est très loin, il est à 50, à 80, à 100 kilomètres, si vous voulez, à une distance enfin où sa présence ne peut être soupçonnée.

« Cependant le temps a changé; à peine le soleil a-t-il disparu que la nuit arrive, sombre et pluvieuse, mais la mer est belle. La flotte ennemie, poussant ses feux et marchant à toute vapeur, se dirige sur Toulon. Trois heures lui suffisent pour franchir une distance de 60 kilomètres et plus; elle a pu échapper aux croiseurs du large, elle s'arrête avant de pouvoir être aperçue des croiseurs de la côte. Aussitôt chacun des vaisseaux, porteur d'un canot torpilleur de chaque bord, le met à la mer: ces torpilleurs sont munis, les uns de torpilles de Whitehead, les autres de torpilles portatives. Ils partent et se glissent comme des serpents vers l'entrée de la rade. Peut-on répondre que quelques-uns ne réussiront pas et

sur cette certitude pourra-t-on dormir tranquille?
Eh bien, dans une rade, dans un port, dans un arsenal comme Toulon, il faut pouvoir dormir tranquille sous peine de voir épuiser de fatigue les équipages et les troupes, ruiner promptement le matériel
et arrêter la marche de tous les services. »

Ce qui est vrai de toute évidence pour Toulon
l'est également pour Cherbourg, et ne paraît pas invraisemblable, même pour Brest, bien que l'écrivain
si compétent que nous venons de citer ajoute : « Une
flotte ennemie ne pourra jamais apparaître subite-
ment au milieu de la nuit devant Brest.... Pour y
arriver, elle a d'abord à surmonter les obstacles d'une
navigation étendue qui permettent le développement d'une défense formidable et qui donnent la
certitude d'être prévenu suffisamment à l'avance.
Ce n'est pas par une nuit sombre que l'ennemi
pourra s'aventurer à toute vapeur dans l'Iroise et
remonter le goulet de Brest ; pour cela, il faut qu'il
y voie clair et qu'il s'avance avec une certaine prudence, afin de ne pas aller au-devant d'un naufrage
durant ce long trajet. A portée du canon de la terre,
l'action de l'artillerie combinée avec celle des torpilles fixes ou mobiles de toute nature pourra lui
être funeste, et dans tous les cas, depuis le moment
où la vigie d'Ouessant, sentinelle avancée, aura signalé l'ennemi, jusqu'au moment où il aura pénétré
dans la rade, on aura tout le temps pour se disposer

à le bien recevoir [1]. » — Tout arrive, rien n'est impossible, disait tout à l'heure l'auteur de la note que nous citons, et je m'en tiens à cet avis. Quant aux certitudes sur lesquelles repose son nouvel optimisme, peut-être sont-elles fondées, s'il ne s'agit que d'une escadre de haut bord ; que deviennent-elles, si les passes doivent être surprises, et plus tard les escadres au mouillage, par une flottille de thornycrofts à grande vitesse, qui n'aurait certes pas besoin de pilote, dont la présence ne sera pas signalée par les vigies d'Ouessant, supprimées par l'ennemi dès le début de la guerre, s'il est maître de la mer ? Question d'audace, de résolution, de sang-froid et de science professionnelle. Qu'importe d'ailleurs ! La chose est humainement possible, et dans un port, dans une rade, dans un arsenal comme Brest, aussi bien qu'à Toulon, « il faut pouvoir dormir tranquille sous peine de voir épuiser de fatigue les équipages et les troupes, ruiner promptement le matériel et arrêter la marche de tous les services. »

Illustration et non démonstration, avons-nous dit, et certes nous ne pensons pas avoir dissipé les doutes que soulèvent les problèmes que nous avons agités, de nouveaux exemples y seraient inutiles.

Mais ces doutes, cette incertitude, n'étaient-ils pas le point de départ de nos recherches, le *Quod*

---

1. Amiral Du Pin de Saint-André, *la Rade de Toulon et sa défense*. Paris, Berger-Levrault et Cie.

erat demonstrandum? Serait-ce alors que ces recherches n'ont pas de résultats positifs, d'enseignements pratiques, de leçons dont il faut tirer profit? Nous croyons, au contraire, qu'en nous montrant ce qui n'est plus, ce qui ne peut pas être, elles nous ont conduit à ce qui doit être, qu'en nous signalant les dangers possibles d'une fausse sécurité, elles permettent de les conjurer.

L'empire de la mer, dans le sens étroit qu'il faut donner aujourd'hui à ces mots, est à la flotte cuirassée la plus nombreuse. Une nation maritime doit donc savoir *contre qui elle veut maintenir cette souveraineté,* et avoir une flotte cuirassée aussi nombreuse que celle de ces futurs adversaires. Exemple : l'Angleterre, qui veut maintenir contre tous sa suprématie navale et qui, par suite, maintient sa flotte cuirassée en état de lutter avec toutes celles du monde réunies contre elle. Cette règle subsistera tant que la preuve ne sera pas faite que le cuirassé d'escadre n'est pas la plus puissante unité de combat.

La course sera le moyen le plus efficace de ruiner le commerce ennemi. Il y a donc lieu de créer une flotte de croiseurs spéciaux. On a vu la Russie qui l'a voulue, l'Angleterre qui l'a créée avec une résolution et par des mesures exceptionnelles qui doivent servir d'exemple.

Le blocus de tout le littoral d'un pays est impossible; celui d'un port est d'une difficulté extrême; il n'est effectif que par la concentration de nombreuses escadres de blocus, échelonnées sur plusieurs lignes concentriques rayonnant autour de ce port. Il faut donc répartir sur plusieurs centres d'armement le point de départ de nos divisions navales et de nos croiseurs pour assurer leur entrée en mer libre.

Tout point du littoral peut devenir le point de débarquement d'une armée ennemie ; toute ville du littoral peut être incendiée et rançonnée par des flottes ou même par de simples croiseurs ennemis. Il faut donc encore répartir sur plusieurs centres d'action les éléments maritimes constitutifs de la défense des côtes : béliers, batteries flottantes, canonnières et thornycrofts ; il faut donc, autant que possible, mettre ces centres d'action hors de la portée des canons du plus haut calibre et empêcher par leur multiplicité et leur éloignement dans l'intérieur, que l'ennemi ne soit au courant de ce qui s'y passe.

Que nos escadres soient au mouillage dans nos ports et nos rades, se préparant à prendre la mer, ou qu'elles s'y présentent pour s'y ravitailler, s'y refaire après une croisière, un combat, il faut que de tout temps, accessibles pour elles, nos ports les mettent à l'abri d'une attaque de vive force et d'une surprise, et pour cela il faut que leur accès soit absolument interdit à l'ennemi....

Sans pousser plus loin ces conclusions de nos re-

cherches, en admettant qu'elles ne soient pas d'une
vérité absolue, n'est-il pas évident qu'elles contiennent une part de vérité que nul ne peut méconnaître ?
En tout cas, elles étaient nécessaires pour répondre
en connaissance de cause à la question première
que nous nous étions posée : Faut-il, dans l'intérêt
de la marine et de la France, maintenir ou supprimer
le port militaire de Rochefort ? Les prémisses nécessaires sont posées ; peut-être même avec trop de développements ; il est temps d'entrer dans le vif de la
question.

III.

Les ports militaires de l'Allemagne sont Kiel et
Wilhelmshaven. Nous en emprunterons la description à un remarquable travail de M. Paul Merruau,
publié dans la *Revue des Deux-Mondes* il y a six
ans [1] :

« La baie de Kiel est entourée de collines élevées
qui brisent le vent, l'amortissent et l'éteignent. Cette
ceinture de hauteurs forme un mur autour du bassin
de la baie, qui jouit ainsi d'une sécurité encore aug-
mentée par un rideau de bois croissant sur les collines..... Le fiord de Kiel a 16 kilomètres de lon-

1. *La Création de la flotte prussienne.* Voyez la *Revue des Deux-Mondes*
du 1er mai 1876.

gueur; ouvert au nord, il s'enfonce au sud en faisant
entonnoir. La ville de Kiel est au fond; très évasé
à l'entrée, le fiord se rétrécit à quelque distance, à
un endroit où il est étranglé entre deux caps placés
sur les deux rives vis-à-vis l'un de l'autre. C'est là
qu'on avait construit en 1870 un triple barrage composé de chaînes, de chalands chargés de pierres et
de torpilles; il y existe une forteresse, Friederichs-
hort, sur la pointe de terre qui s'avance à droite de
l'entrée de la baie; à gauche, sur l'autre rive, le cap
est gardé par une redoute garnie d'une grosse artillerie; entre la citadelle et la redoute, la passe est
large au plus de 700 à 800 mètres, et pour détruire
le barrage qu'on y rétablirait en temps de guerre, il
faudrait opérer sous les feux croisés de ces deux
ouvrages de défense très bien armés. L'escadre qui
tenterait cette entreprise désespérée aurait, dans
tous les cas, l'obligation d'éteindre d'abord les feux
d'autres travaux défensifs qui précèdent Friede-
richshort et sont placés à l'ouverture de la baie, l'un
en un lieu appelé Brauneberg, et en face, sur le rivage opposé, une redoute à parapets blindés. Ce qua-
drilatère présente à l'ennemi plus de deux cents
embrasures. Pourtant l'état-major général à Berlin
ne trouve pas cette défense complètement rassurante,
et il se prépare à l'augmenter par la construction de
trois autres forts.

« .... Il a pris d'autres précautions.

« Le pourtour du fiord laisse entre la mer et le pied des collines un espace de terrain où les constructeurs auraient pu placer des cales couvertes, des chantiers, des docks et tous les ateliers que comporte un grand établissement maritime ; mais, *pour plus de sûreté, l'arsenal et le port ont été concentrés* dans un bassin creusé à l'intérieur du fiord, sur la rive orientale, près d'un village de pêcheurs qu'on nomme Ellerbeck. Six ouvrages de défense sont spécialement réservés pour couvrir ce bassin et les établissements qui l'entourent. Enfin, la forteresse de Rendsbourg, enlevée aux Danois et située dans le voisinage, pourrait au besoin porter secours à la flotte ancrée dans le port et prendre entre deux feux les troupes de débarquement.

« Au demeurant, le port de Kiel, tel qu'il existe, avec une rade magnifique, un bassin où la mer a 40 pieds de profondeur, où les bâtiments peuvent partout accoster au rivage, où l'on ne rencontre ni courants ni bas-fonds, où la nature a préparé pour ainsi dire l'emplacement de formidables fortifications, n'a rien à envier aux plus beaux établissements maritimes. La défense en a été réglée par une commission que présidait M. de Moltke en personne ; *il est dès à présent imprenable.*

« Le gouvernement de Berlin a cru devoir, en outre, se ménager un poste fortifié dans la mer du Nord, en face de l'Angleterre....

« .... Il y avait, sur la mer du Nord, un lieu favorable à la création d'un tel port; c'était le duché d'Oldenbourg, dont le territoire commence au Weser et finit à la Hollande.... La Prusse étant pressée de construire le port, elle acheta, en 1853, au grand-duc, au prix de 1,875,000 fr., un terrain de 310 hectares à l'embouchure de la Jahde, rivière qui se jette dans la mer du Nord, à l'ouest du Weser. La Jahde se décharge au fond d'une baie dont la profondeur et l'étendue sont loin de pouvoir être comparées au fiord de Kiel, mais où des travaux d'ailleurs considérables pouvaient permettre de fonder un port militaire. Le gouvernement berlinois avait choisi cet emplacement. Singulière coïncidence, ce choix fut fait d'après l'avis de Napoléon Ier, qui avait désigné comme propre à la construction d'un grand port de guerre la baie de Jahde, à l'époque où le département des Bouches-du-Weser était compris dans les limites de l'empire français.

« Les travaux furent entrepris sans retard; l'œuvre était d'un accomplissement difficile. Les terres, en ces endroits, sont plates, stériles et composées d'une argile sablonneuse; elles se délaient et s'effondrent par l'action de la mer. Pour donner au rivage la solidité nécessaire, il fallait l'étayer par des digues. Ce premier travail, souvent interrompu par des inondations, fut pénible, long et coûteux; mais le génie tenace de la nation triompha de la faiblesse de la terre et des résistances de la mer. Les ingénieurs passèrent sans perdre de temps à la construction du port même. La marée s'y faisant vivement sentir, ils y disposèrent des écluses de grandes dimensions pour retenir l'eau des bassins. *A la suite d'un avant-port où plongent deux jetées en granit que terminent deux môles, les navires venant de la mer traversent une première écluse qui s'ouvre dans le port intérieur, une seconde écluse les conduit dans un canal et ce canal conduit au port.* C'est un bassin long de 1,100 pieds et large de 700. Au fond sont placés les cales de construction, les formes de radoub et les ateliers. L'eau, dans les bassins, est maintenue à la hauteur de 9 mètres et les cales de construction sont de dimensions à recevoir les plus grands navires ; le port de Jahde peut donc créer et abriter une flotte de premier ordre. On achève avec une ardeur extrême les fortifications de cet arsenal. Sur la digue du nord, trois forts en défendront l'entrée ; à l'autre extrémité du golfe, on fortifie l'endroit nommé Eckwarder-Horn.... » Ajoutons qu'en 1870 Wilhelmshaven ne fut pas attaqué par nos escadres, sans doute parce qu'il n'était pas attaquable. En tout cas, aujourd'hui on peut dire du port de Wilhelmshaven comme de celui de Kiel *qu'il est imprenable,* par mer du moins.

Tels sont les deux ports militaires de l'Allemagne. La nature a tout fait pour Kiel, la science et la volonté de l'homme pour Wilhelmshaven. C'est parce que cette volonté, cette énergique persévérance, cette science, victorieuse de tous les obstacles, doivent être un enseignement pour ceux qui préparent l'avenir d'une grande nation voulant devenir une grande puissance maritime, que nous avons transcrit intégralement cette description des deux grands arsenaux de la marine allemande, création récente elle-même d'une volonté énergique et persévérante. Nous serons plus bref désormais.

La Russie a deux grands ports militaires : Kronstadt et Nicolaïef.

Nicolaïef est le port du sud, de la mer Noire. Il est au confluent du Bug et de l'Ingul, à 25 milles de l'embouchure du Bug, qui lui-même vient se perdre dans le limon du Dniéper, et à 40 milles de Kinburn, la plus avancée des forteresses qui en défendent les approches. Un simple coup d'œil jeté sur une carte fait comprendre les difficultés de la navigation à travers les passes sinueuses, étroites, changeantes, qui de Kinburn conduisent à Nicolaïef; de simples torpilles dormantes suffiraient à les rendre infranchissables, et ce n'est pas sur elles seules que se reposeraient les défenseurs de Nicolaïef; sans énumérer toutes ces défenses, on peut dire de cet arsenal *qu'il est imprenable*, à l'abri d'une surprise comme d'un bombardement à distance.

Kronstadt est le grand port russe de la Baltique, la porte de la Neva, la forteresse de Saint-Pétersbourg, qu'elle rend inviolable par la mer. C'est une immense citadelle qui commande, des feux convergents de ses trois mille pièces d'artillerie, le canal qui du large conduit dans la rade intérieure et à l'embouchure de la Neva. Ce canal est long et étroit, deux vaisseaux ne peuvent s'y engager de front; des bouées que le premier soin de la défense serait de faire disparaître signalent les amers des bancs à travers lesquels il est creusé. Kronstadt est imprenable, et si un bombardement à distance est possible, les murs de granit de ses remparts sont couverts aujourd'hui d'une armure d'acier et couronnés par des coupoles tournantes abritant les plus puissants canons. Les bombes ennemies s'y briseraient impuissantes.

L'Angleterre a encore quatre grands ports militaires; elle semble les regarder plutôt comme une défense contre les prétentions et le monopole des puissantes maisons industrielles qui construisent ses flottes que comme les chantiers mêmes de ces flottes. Ce sont surtout des ports d'armement et de réparation: Chatham fait seul exception. Dans ces dernières années, il a pris des développements qui le désignent comme le principal point de concentration et le premier centre d'action des forces navales anglaises. Ces mots d'un diplomate célèbre : « Tout arrive », ont

sans doute inspiré les hommes d'État de l'Angleterre.
Tout arrive, et tout est à prévoir, même le jour où les
murailles de fer se révéleraient moins puissantes que
les vieilles murailles de bois et n'assureraient plus
à l'Angleterre l'empire incontesté de l'Océan; même
le jour où ses côtes inviolées seraient insultées, ses
ports incendiés par une flotte ennemie victorieuse.
Ce jour-là, Chatham resterait inattaqué; il est inat-
taquable, à l'abri des surprises des thornycrofts
comme des atteintes des plus puissantes escadres.
Sa situation géographique lui a créé ce privilège.
L'arsenal de Chatham se développe, en effet, sur la
rive droite de la Medway, affluent de la Tamise, à
20 kilomètres du confluent des deux rivières ou plutôt de l'embouchure de la Medway, car la Tamise,
en ce point, c'est déjà la mer. Dans son cours sinueux
obstrué de bancs qui rétrécissent encore les passes
ouvertes aux grands navires, la Medway a une
largeur moyenne de 400 mètres; mais, à plus de
5 milles de la ville, la distance entre les deux rives
n'est plus que de 300 mètres.

Kiel et Wilhelmshaven, Kronstadt et Nicolaïef,
Chatham, tels sont les ports militaires, créations à
proprement parler de ces derniers temps, sur lesquels se reposent les trois grandes puissances européennes dont on peut dire qu'elles tiennent en leurs
mains les destinées du monde. Quelles que soient
les conjectures que l'on puisse faire, les craintes ou

les défiances que puissent inspirer les découvertes
de la science et leur application à l'art de la guerre
maritime, trois au moins de ces ports semblent devoir
rester ce qu'ils sont de nos jours, c'est-à-dire défier
toute surprise, braver toute attaque à force ouverte :
ce sont les ports de Wilhelmshaven, de Nicolaïef et
de Chatham; tous trois sont inaccessibles aux thornycrofts les plus rapides et les plus subtils; leur
éloignement du rivage de la mer les met à l'abri d'un
bombardement à distance.

Ces deux conditions d'inviolable sécurité, nos ports
de guerre les remplissent-ils? Non.

Cherbourg, ouvert à toutes les surprises, est un nid
à bombes et à obus. Les lueurs de l'incendie de
Sweaborg, dès 1854, éclairent d'un jour sinistre le
sort qui l'attend à la plus prochaine guerre maritime.
Les passes extérieures et le goulet de Brest peuvent
être franchis en quelques heures de nuit par des
thornycrofts, en quelques heures de jour par une
flotte bravant peut-être avec impunité les fortifications qui les défendent. Lorient, dont le mouillage
intérieur est fermé à toute surprise, peut être incen-
dié du large et détruit en quelques heures. Rochefort, dont le port intérieur est protégé contre toute
attaque par son éloignement de la mer et le cours
sinueux et resserré de la Charente, n'est accessible
ni à nos cuirassés d'escadre ni même à nos grands
croiseurs. Toulon, que les jetées récemment achevées

mettent à présent à l'abri d'une surprise de torpilleurs, reste toujours sous le coup d'un bombardement trop facile. Tel est, résumé en quelques lignes, l'état exact de nos ports militaires, telles les conditions qui nous sont faites par des transformations accomplies dans la constitution des marines de guerre, transformations dont, par un singulier retour des choses de ce monde, un gouvernement français a été le plus ardent promoteur. Toutes les arguties de mots au service d'idées vraies peut-être autrefois, absolument fausses aujourd'hui, tous les sophismes de la vanité nationale se trompant inconsciemment, sciemment peut-être, tous les paradoxes abritant l'irrésolution, pour ne pas dire l'incurie, sous le respect de traditions historiques, ne changeront rien à cette situation. Là est la vérité, toute la vérité, et cette vérité s'impose avec toutes ses « angoisses patriotiques » à ceux qui croient encore à la France, à qui ses destinées tiennent encore au cœur, pour qui n'ont pas été perdus les sombres enseignements de « l'année terrible ». Cette vérité, l'Europe la connaît, mais la France l'ignore. Qui la lui dira et quand ? Demain peut-être sera-t-il trop tard. Aboukir et Trafalgar ont précédé Waterloo : Sedan et Metz doivent-ils précéder l'heure fatale où dans un gouffre sans nom encore s'engloutira à jamais la puissance maritime de notre patrie ?

Mais y a-t-il un remède à cette situation, et si ce remède existe, quel est-il ?

Cherbourg, Toulon peuvent-ils être mis à l'abri d'un bombardement ? Non.

Brest peut-il être mis à l'abri d'une attaque de vive force? Non. D'une surprise de nuit? Oui. Et le ministre actuel de la marine, avec une intelligence patriotique de ce qui doit être fait, a pris en main, avec son énergique volonté, l'exécution des travaux nécessaires.

Rochefort peut-il être rendu accessible à tous nos navires de guerre? Oui, et par des travaux moins coûteux et pour des résultats plus assurés, surtout plus décisifs que ceux dont la défense de Cherbourg, de Lorient et de Toulon peut et doit être l'objet. Mais, s'il en est ainsi, pourquoi ces travaux ne sont-ils pas décidés, ou plutôt pourquoi ne sont-ils pas en cours d'exécution, pourquoi ne sont-ils pas dès longtemps achevés?

Si tout ce que nous avons établi précédemment est faux, une telle indifférence s'explique, elle est naturelle, elle va de soi. Que n'en est-il ainsi! Malheureusement, d'autres que nous voient l'avenir comme nous le voyons, d'autres que nous ont les mêmes doutes, les mêmes défiances, les mêmes craintes, inspirés par la sécurité trompeuse où s'endort le pays. Dans des mémoires officiels, secrets, dans des études rendues publiques, ils ont montré la nouvelle puissance et les nouveaux modes d'action des marines militaires tels que nous avons essayé de les exposer ici; ils ont signalé les dangers de notre situation tels que nous les signalons après eux, ils ont indiqué, pour conjurer ces dangers, les moyens que nous indiquons nous-même; ils ont enfin rapporté fidèlement les exclamations de surprise qu'arrachait aux marins de l'Allemagne, de la Russie, de l'Angleterre, leurs hôtes, non une indifférence justifiée, mais un aveuglement volontaire dont se félicitait bientôt leur patriotisme; et comme ces écrivains avaient et l'autorité de la science et celle de l'expérience, et celle d'un rang élevé dans la hiérarchie de notre marine militaire, si leurs avis semblent avoir été rejetés, si les conclusions nettes et précises de leurs études n'ont pas été adoptées, si, au contraire, Rochefort, *dont ils eussent voulu faire le Wilhelmshaven, le Nicolaïef, le Chatham de la France,* semble condamné comme port de guerre, même dans les humbles conditions d'existence où l'ont laissé vivre tous les ministres de la marine depuis Colbert et ses grands successeurs, nous ne voyons et ne pouvons voir qu'une raison, non pas à cette indifférence, à cet aveuglement, mais à cet abandon volontaire : c'est que Cherbourg, Lorient, sans valeur réelle, abandonnés à la fatalité des choses qui les a condamnés, Rochefort, même transformé comme il peut l'être, sont aujourd'hui inutiles à notre puissance navale, à laquelle Brest et Toulon suffisent désormais.

Concentrer, en effet, toutes nos forces, tous nos moyens d'action sur l'Océan à Brest, sur la Méditerranée à Toulon ou tout autre point mieux choisi, l'étang de Berre, par exemple; y préparer dans le secret des escadres puissantes dont la réunion, toujours certaine aujourd'hui, assurerait la supériorité du nombre, gage lui-même assuré de la victoire, et frapper un coup décisif sur l'ennemi, vaincu d'avance, est certes une conception grandiose : c'était, avant Trafalgar, la conception même de l'empereur Napoléon pour frapper au cœur de l'Angleterre par son armée de Boulogne; on sait quelles causes d'ordre intellectuel et physique firent, à la veille du succès, avorter ces combinaisons du génie ; et pourtant aujourd'hui cette conception grandiose n'est-elle pas une conception chimérique que la raison des choses condamne irrévocablement? Les temps où l'Empereur pouvait écrire à son ministre de la marine : « Voilà le chef-d'œuvre de la flottille; elle coûte de l'argent, *mais il ne faut être maître de la mer que pendant six heures pour que l'Angleterre cesse d'exister* », sont loin, bien loin de nous, moins par les années que par les changements accomplis et dans le mode et dans les conséquences d'une guerre maritime couronnée par le succès d'une grande victoire. Ces conséquences, nous avons essayé de les préciser, d'en dire la portée réelle/ Admettons que nous nous soyons trompé, admettons que la réunion sur un point donné, à une heure donnée, de toutes nos forces maritimes soit nécessaire à la réussite d'une combinaison décisive dans ses résultats, cette réunion ne serait-elle pas favorisée plus que contrariée par l'existence de plusieurs et même simplement de deux ports sur l'Océan ? Les succès de l'amiral Missiessy, les chances heureuses qu'il rencontra dans ses croisières aux Antilles, la rapidité de la diversion qu'il y faisait pour donner le change à Nelson, furent aussi funestes à l'accomplissement intégral du plan de l'Empereur que les tempêtes qui retinrent à Brest l'amiral Gantheaume, que les irrésolutions de l'amiral Villeneuve après le combat du cap Finistère et sa retraite au Ferrol/ Leurs trois escadres séparées par tant de causes diverses pourraient aujourd'hui, grâce à la vapeur et au télégraphe électrique, se rencontrer à heure fixe au rendez-vous qui leur serait assigné au dernier moment. Il leur suffirait de déjouer la surveillance des escadres de blocus, chose plus facile de nos jours, ou mieux encore et, chose assurée, d'en triompher de haute lutte.

Nous avons montré les difficultés du blocus effectif d'un seul port par des escadres cuirassées. Tout ce qui diminuerait la force, c'est-à-dire le nombre des unités de combat de ces escadres, irait donc aux succès des deux solutions : déjouer ou briser leur surveillance. Or, le nombre des cuirassés d'escadre étant limité et connu dès l'ouverture des hostilités, ce nombre ne pouvant s'accroître d'ailleurs pendant le guerre (la durée normale de la construction et de l'armement d'un cuirassé d'escadre étant supérieure à celle de la guerre), il est clair que la répartition, la division de ces cuirassés en un plus grand nombre d'escadres de blocus ira directement, aussi directement que possible, à l'affaiblissement de chacune de ces escadres. Mais si ces mêmes escadres, déjà réduites en nombre, se trouvent avoir pour adversaires non seulement les cuirassés ennemis dont le nombre limité est connu, mais encore d'autres adversaires aussi redoutables et dont le nombre pourrait être accru sans limites, n'est-il pas évident que la sortie de nos escadres devient une opération assurée du succès ? Quels sont donc ces auxiliaires appelés à un rôle aussi important et aussi imprévu ? Ce sont ces béliers, ces canonnières, ces thornycrofts, toute cette poussière navale, comme on disait autrefois, dont l'efficacité peut être discutée en haute mer, mais qui, de jour en jour, s'affirme avec plus de supériorité en eaux calmes[1]. Derrière la ligne de tirailleurs qui les couvrent et qui tiennent l'ennemi à distance,

---

1. *Note de 1884.* — La création récente de torpilleurs *autonomes*, tenant la mer aussi bien et aussi longtemps que les plus puissants cuirassés, fait, dès aujourd'hui, de cette *poussière navale* l'élément supérieur de la puissance guerrière sur mer. — L'Allemagne vient de consacrer 36,000,000 (36 millions) de francs à la construction de 70 torpilleurs autonomes ; — que faisons-nous en France ?   T. A.

les bataillons en masse compacte défilent et effectuent le mouvement qui décidera du gain de la bataille ; ainsi derrière le front menaçant de ces tirailleurs maritimes défileront, devant l'escadre de blocus, repoussée au large, nos cuirassés d'escadre, et la mer leur sera ouverte. Le principe de la division du travail produisant le maximum d'effet utile trouve ici une nouvelle et féconde application, mais cette application condamne la concentration en deux ports isolés, l'un sur la Méditerranée, l'autre sur l'Océan, de nos cuirassés d'escadre.

Nous avons établi, en effet, en parlant de la guerre de défense des côtes, la nécessité de multiplier les centres d'action d'où rayonneraient sur tout le littoral, afin de défendre celui de ses points qui serait attaqué, les éléments multiples de cette guerre, béliers, batteries flottantes, canonnières, thornycrofts. S'ils doivent de plus, en plus grand nombre possible, concourir à dégager nos ports des escadres de blocus, ne faut-il pas que ces ports, point de départ et d'armement de nos cuirassés, dont au reste la jonction avec l'escadre dont ils font partie est mathématiquement assurée, soient aussi le plus nombreux possible ?

Ainsi, que l'on admette ou que l'on rejette nos idées sur le mode et les résultats de ce que nos pères appelaient la grande guerre, la raison des choses conduit à multiplier les centres de construction, d'armement et de départ des instruments, quels qu'ils soient, de la guerre maritime, qui sera à la fois une guerre d'escadre, une guerre de course, une guerre de défense des côtes. Par cela même, la création à Rochefort d'un véritable port de guerre, c'est-à-dire d'un port inaccessible à l'ennemi, toujours ouvert à nos navires et à nos escadres, apparaît comme nécessaire elle-même. Des considérations d'un autre ordre, mais non moins sérieuses, vont apporter d'autres preuves à l'appui de cette nécessité.

Toute escadre surprise au mouillage est, nous l'avons dit, une escadre détruite; à *fortiori*, toute escadre, tout navire isolé surpris en mer, dont la puissance motrice, la vitesse seraient sérieusement amoindries, seraient une escadre, un navire perdus. Or, après une de ces batailles navales que l'on suppose nécessaires, où la victoire aura été chaudement disputée, tous les survivants, vainqueurs ou vaincus, sortiront de la lutte avec de profondes blessures; la plupart d'entre eux ne seront que des épaves flottantes que leurs compagnons d'armes moins maltraités convoieront vers un rivage ami. Au prix de quels efforts, à travers quelles difficultés? On le devine. Qu'ils se hâtent cependant. Ce n'est pas la tempête seule qui pourrait achever l'œuvre de destruction si bien commencée. Quelque croiseur rapide n'a-t-il pas porté la nouvelle de la bataille au port le plus voisin et ne revient-il pas guidant de nouveaux adversaires, ardents à achever la défaite, plus ardents encore à la changer en victoire ? Une journée, une heure ont une importance suprême. Un lambeau de voile, gonflé par un vent favorable, des courants dirigés vers le port de refuge peuvent décider du salut ou de la perte de ces formidables machines de guerre qui coûtent 20 millions de francs et trois années de travail. Or, sur ce vaste champ de bataille si souvent ensanglanté, que comprennent les côtes d'Espagne et de France, entre le cap Finistère et le cap Lizard, quel que soit le point où sera livré le nouveau combat, vents généraux, courants constants portent tous vers le golfe de Gascogne. C'est une vérité de fait, dont on peut se rendre compte, pour les courants, en compulsant le plus simple atlas, la carte n° 7, par exemple, de Stieler, et pour les vents, par la loi de leur giration dans notre hémisphère ; elle s'accomplit du sud au nord en passant par l'ouest, et dans le cycle entier, les vents de sud-ouest, d'ouest et de nord-ouest sont dominants et de plus longue durée. Ces vents, ces courants pousseront donc, et avec une vitesse relativement très grande, ces épaves flottantes, débris glorieux de la bataille, vers la côte française, au sud d'Ouessant, au sud de l'Iroise et de l'entrée de Brest. C'est leur première chance de salut. Mais tout sera-t-il dit, et seront-ils sauvés ? Pour qu'ils le soient, il faut qu'un port leur soit ouvert où nul ennemi ne puisse les atteindre. De Brest à Bayonne, ce port n'existe pas ; il faut donc le créer. Où ? A Rochefort, où seul il est possible.

La tâche que nous nous sommes imposée touche à sa fin. Nous n'avons pas à montrer ici, nous ne dirons pas la possibilité, mais les facilités extrêmes de creuser à *ciel ouvert* un canal de 9 mètres de profondeur, de 20 kilomètres au maximum, aboutissant, soit de Rochefort à la fosse d'Énet sur la rive droite, soit de Rochefort ou de Soubise à la rade d'Estrées, sur la rive de la Charente. Les études préparatoires ont été faites et bien faites ; les plans ont été dressés, et ce n'est pas la somme fixée par les devis qui a empêché l'exécution des travaux. Qu'est cette somme en comparaison de celles qui ont été dépensées à Kronstadt, à Wilhelmshaven, à Chatham ? Non : ce qui a empêché l'exécution de ces travaux, ce sont les idées que la logique même nous a conduit à combattre, et sur lesquelles il nous a paru de notre devoir de faire la vérité.

Il se peut, et nous le craignons, que nous n'ayons pas réussi. Qu'importe ? d'autres réussiront. L'heure de la vérité, comme celle de la justice, est lente à venir ; elle arrive toujours. Mais notre travail ne sera pas inutile, quoi qu'il advienne. Nous croyons, en effet, avoir mis hors de doute l'exactitude des deux propositions qui ont été le point de départ et la base de nos recherches : nul ne peut dire ce que sera la

guerre maritime, quel sera l'instrument le plus efficace de cette guerre. Dès lors nous dirons, et ce sera
notre dernier mot : Le propre du génie est de tra-
vailler pour l'avenir. Rien ne prouve que l'avenir
qu'a préparé Colbert est épuisé : laissez vivre sa création ; ne touchez pas au port de guerre de Rochefort.
Nous dirons : C'est le propre du patriotisme d'assurer le présent, alors que l'avenir est incertain, plein
de sombres menaces : ne touchez pas au port de
guerre de Rochefort ; êtes-vous sûrs, en effet, que
vous n'allez pas détruire une des forces vives qui
assurent, nous ne dirons pas la grandeur, mais la
sécurité même de notre patrie ? Et comme nous avons
foi dans le patriotisme du ministre de la marine,
nous avons confiance et nous espérons, et nous
croyons que Rochefort sera conservé à l'avenir de la
France.

NOTES

CENTRE-AMÉRIQUE

Costa-Rica, Nicaragua et San-Salvador.

Les cinq États, aujourd'hui souverains et indépendants, dont l'ensemble forme l'expression géographique désignée par les mots de Centre-Amérique, constituaient autrefois l'ancien royaume du Guatemala. « On l'appelait aussi la Capitainerie générale du Guatemala, parce que le président de la Chancellerie ou Audience était en même temps commandant en chef des forces de terre et de mer. En cela, le Centre-Amérique différait du Pérou et du Mexique, où il y avait deux pouvoirs distincts : *l'audience* et le *vice-roi*. Au Guatemala, le président capitaine-général était chef absolu et ne recevait d'ordres que du roi d'Espagne. Voici quelles en étaient alors les divisions géographiques :

GOUVERNEMENTS.	PROVINCES.
Guatemala.	12
Honduras.	4
Costa-Rica.	6
Soconusco.	1
Nicaragua.	7

« Ces provinces étaient elles-mêmes subdivisées en neuf alcadies majeures et dix corregimentos. Les alcadies étaient celles de San-Salvador, Chiapas, Tegucigalpa, Sansonate, Verapaz, Suquitepequez, Nicoya, Amatis et Minas de Zaragoza. »

A la proclamation de l'indépendance (1er juillet 1823), lorsque fut publiée la première constitution de la *République du Centre-Amérique* (22 novembre 1824), les cinq États qui la composaient répondaient géographiquement, à peu de chose près, aux cinq gouvernements de l'ancien royaume de Guatemala. Au premier moment et quand l'issue de la lutte était incertaine, on s'explique comment aucun soin ne fut apporté à fixer les frontières précises des nouveaux États. Ce devait être et ce fut toujours une des grandes causes de désunion entre eux, surtout depuis que ces États, brisant le lien fédératif qui les unissait, se sont constitués en républiques souveraines, indépendantes les unes des autres. Ce nouvel ordre de choses ne s'établit que successivement, mais il était définitivement constitué dès 1841, date de la mort du président Morazan, dont l'énergique volonté fut sur le point, un moment, d'assurer le triomphe du principe fédératif. A partir de cette époque, les résultats de cette négligence ou de cet oubli donnèrent lieu à d'incessantes réclamations entre les républiques voisines, et, aujourd'hui, de toutes les questions pendantes entre elles, une des plus importantes est certainement celle des limites entre Costa-Rica et le Nicaragua. Un document qui est sous nos yeux dit que

Nicaragua revendique la province du Guanascate qui, historiquement, lui a appartenu jusqu'en 1825.

Costa-Rica soutient : 1° que l'ancien département (*partido*) de Guanascate et de Nicoya lui appartient également jusqu'à la rivière El-Flor, rivière qui, autrefois, séparait le partido de Nicoya de celui de Subtiaba ; 2° que la rive méridionale du lac de Nicaragua et la rive droite de San-Juan, dans tout son cours jusqu'au Castillo, étaient de la juridiction du subdélégué du Guanascate, et que, par conséquent, le Guanascate lui appartenant, il a plein droit à ces deux rives ; 3° que la rive droite du San-Juan, depuis le Castillo jusqu'au port de San-Juan-del-Norte, lui appartient en vertu de divers documents anciens, et surtout de la cédule royale du 18 février 1574, nommant Diego de Arteada y Chirinos gouverneur de Costa-Rica, et fixant les limites de sa juridiction ; il s'appuie aussi sur les termes d'une capitulation en date du 29 novembre 1540, convention que le Honduras invoque également dans la discussion de ses frontières avec le Nicaragua. A ces documents d'ordre purement juridique, Costa-Rica ajoute ceux qui dérivent de sa position géographique, suivant laquelle ses limites seraient celles que fixent les rives de San-Juan, du lac de Nicaragua et du Sapoa, jusqu'à la baie de Salinas, limites que sanctionne le fait accompli de l'annexion spontanée du Guanascate à Costa-Rica, en 1825, annexion légalisée par le congrès fédéral de cette année, et le traité de 1858 en vigueur depuis lors.

Ce traité de 1858 porte au § 2 :

La ligne de division partant de l'Atlantique commencera à l'extrémité de la pointe de Castillo, à l'embouchure de San-Juan, et continuera suivant la ligne droite de ce fleuve jusqu'à un point situé en dessous du Castillo, à trois milles des fortifications. De ce point on tirera une ligne courbe dont le centre sera ces mêmes fortifications, autour desquelles cette courbe passera toujours à la même distance de trois milles jusqu'à un autre point situé en dessus (*aguas arriba*) du Castillo et à deux milles de la rive du fleuve. De ce point en avant, la ligne de division continuera parallèlement aux contours du fleuve et de la rive méridionale du lac, toujours à deux milles de distance, jusqu'au Rio-Sapoa ; du point où elle rencontrera le Sapoa, qui, cela est bien entendu, sera à deux milles du lac, on tracera une ligne astronomique jusqu'au centre de la baie Salinas, sur le Pacifique, où se terminera la ligne de démarcation des deux républiques contractantes.

Ce traité, si favorable au Costa-Rica, fut signé en 1858, à la suite du concours que cette république avait prêté au Nicaragua pour l'affranchir du joug du flibustier américain Walker. Ce fut, en effet, le Costa-Rica qui le premier donna le signal d'une guerre nationale contre lui; ses soldats pénétrèrent dans le Nicaragua par le Sud et décidèrent de l'heureuse issue des batailles de Santa-Rosa et de Rivas, premières victoires des troupes centro-américaines, bientôt suivies de celles de San-Jacinto, par les Nicaraguiens, et de Grenada, par les troupes du Guatemala. Le congrès nicaraguien ne ratifia pas le décret de 1858, signé du président du Nicaragua et sanctionné une première fois par l'Assemblée constituante de cette république. Nul intérêt n'était alors en jeu. Il n'en est plus ainsi aujourd'hui; si la question a dormi jusqu'à ces dernières années, elle a pris une grande importance lorsque s'est posée la question du percement de l'isthme américain. Participer aux avantages que l'ouverture de ce canal assurera aux pays qu'il traversera, si le projet est adopté, est une question capitale pour le Costa-Rica. Aussi n'est-il pas surprenant que le président Guardia, malgré l'opposition qu'il a trouvée dans le congrès, ait cru devoir revendiquer comme des titres de bonne administration, en se démettant de ses pouvoirs, la fermeté déployée par lui pendant sa présidence à maintenir intacts à ce sujet les droits du Costa-Rica sur la frontière de 1858, et l'initiative qu'il a prise à l'envoi d'un corps d'observation sur les frontières discutées de la république, c'est-à-dire de l'occupation même du département du Guanascate.

Au surplus, cette question des voies de communication est une question vitale pour ces pays. Nous ne parlons pas seulement des voies ferrées qui pourraient en faire le grand chemin commercial entre l'Atlantique et le Pacifique, mais de celles d'un ordre beaucoup plus humble en apparence, qui cependant peuvent seules féconder leurs richesses naturelles si nombreuses, et les amener à la vie puissante, à l'avenir que rêvent pour eux quelques esprits élevés et inspirés d'un véritable patriotisme.

Nous avons sous les yeux la carte qui accompagne le livre de M. Lévy sur le Nicaragua [1]. Cette carte est le plus exact commentaire du chapitre que l'auteur consacre à l'état actuel économique de ces pays. C'est à peine si les grandes villes, les *cabeceras*, les capitales, comme on les appelle ici, sont reliées entre elles par des routes, dont la plupart sont impraticables pendant la saison des pluies, c'est-à-dire neuf mois de l'année. L'ensemble de ces routes, de ces chemins, de ces sentiers pour les cinq républiques, c'est-à-dire pour une superficie de 166,300 milles

---

1. *Notas geograficas y economicas sobre l. Republica de Nicaragua. Obra approbada por el gobierno.* Paris, 1873.

géographiques carrés, ne dépasse pas 1,200 lieues[1]. Ces chiffres ne font-ils pas comprendre l'état de stagnation dans lequel vivent ces sociétés si agitées en apparence, quand on ne tient compte que de leurs incessantes révolutions politiques? Les chemins de fer que rêvent les esprits avancés dont nous parlions tout à l'heure pourraient-ils les en tirer?... En tout cas, ils sont eux-mêmes à l'état de projets et ne répondent, au surplus, qu'aux besoins de l'activité européenne et non à ceux des régions dont ils traverseront les pauvres villages. Deux de ces chemins

---

1. Voici quelques-unes de ces voies les plus importantes :

De Managua à Grenada par Massaya.	11 lieues.
— à Leon (charretière).	26 —
— à Chinandega (id.).	38 —
— à Rivas (charretière dans le printemps, et en passant par Grenada).	28 —
— à Acoyapa.	34 —
— à Matagalpa.	38 —
— à Ocotal.	66 —
De Grenada à San Rafaël.	15 —
— à San-Juan-del-Norte.	66 —
De San-Juan-del-Norte en passant par Siriquipi (en déduisant 25 milles de cette ville à San-Juan).	86 milles.
De Leon à Matagalpa par le Sicaral.	36 lieues.
— à Corinto par le Barquito.	5 —
De Chinandega à Ocotal.	48 —
— à Al Realego.	3 —
De Chinandega al Viego.	1 —
— al Tempisque.	8 —
Tempisque à La Union (San Salvador) par eau.	60 —
Chinandega à Choluteca (Honduras).	37 —
Rivas a une série de chemins, d'une longueur moyenne de cinq lieues, qui rayonnent vers les villages voisins.	
Rivas à San-Jose de Costa-Rica.	97 —
Ocotal à Comayaga, capitale du Honduras.	48 —
— à San-Salvador.	134 —
— à Guatemala.	200 —
Ce qui donne un total de.	800 lieues.

de fer ont seuls reçu un commencement d'exécution ; celui qui de Punta-Arenas, sur le Pacifique, doit aboutir au port de Limon sur l'Atlantique, en passant par San-Jose de Costa-Rica et Carthago ; celui du Honduras, qui de Comayaga, la capitale, rayonnera vers Amapala, dans le golfe de Fonseca au Sud et vers Puertos-Cabellos au Nord. Seront-ils jamais achevés ? La réponse est difficile, même en admettant que des chemins de fer puissent se passer de voies de communication ordinaires, dont ils ne sont pour ainsi dire que les artères principales, et qui, nous l'avons vu, manquent si complètement aux cinq républiques de l'Amérique centrale. Instruments de l'activité européenne seule, leur utilité, déjà problématique en présence du chemin de fer de Panama et surtout du grand chemin transocéanique américain, s'efface complètement devant celle du canal qui mettrait les deux Océans en communication. La réalisation probable de cette œuvre grandiose est déjà pour eux une menace qui arrête les travaux commencés. Instruments de progrès et d'avenir pour les pays qu'ils traverseront, au moins faudrait-il que les populations de ces pays voulussent, pussent s'en servir. Or, sauf peut-être dans les petites républiques du Costa-Rica et du San-Salvador, ces populations, prises en masse, sont trop indifférentes et surtout trop peu nombreuses pour que le mouvement commercial ou industriel qu'elles supposent assure à ces

chemins de fer les profits nécessaires à leur fonction-
nement.

Avant de rechercher l'origine de ces populations,
les éléments dont elles se composent, ce qui justifiera le côté purement moral de ces assertions, il convient peut-être de faire ressortir leur peu d'importance numérique eu égard surtout à l'étendue du
territoire qu'elles occupent.

Les chiffres qui suivent sont extraits de la statistique générale pour l'année 1869; ils n'ont varié depuis cette époque que d'une manière insignifiante,
sauf au Costa-Rica, pour lequel nous rétablirons plus
tard les chiffres correspondant à sa situation présente.

PAYS.	SUPER-FICIE en milles géogra-phiques carrés.	POPULATION		EXPORTATION		REVENU	
		absolue.	par mille.	totale.	par habi-tant.	total.	par habi-tant.
				piastres.	piastr.	piastres.	piastr.
Costa-Rica	21,000	154,000	7 $\frac{1}{3}$	1,766,475	11,16	1,331,395	8,66
Salvador .	96,000	600,000	6 $\frac{1}{4}$	2,888,160	4,81	783,713	1,30
Nicaragua.	40,000	235,000	6	1,024,030	4,35	579,441	2,50
Honduras .	43,700	350,000	8	900,000	2,57	700,000	2,00
Guatemala	52,000	1,180,000	22 $\frac{3}{4}$	1,919,450	1,69	1,117,809	0,96

C'est donc une population totale de 2,500,000
âmes répandue sur un territoire dont la superficie

embrasse plus de 166,000 milles carrés. Cette proportion a déjà, au point de vue qui nous occupe, une importance des plus capitales; examinons maintenant quels sont les éléments constitutifs de cette population, c'est-à-dire quelles sont les races d'où elle procède et desquelles elle a hérité et ses qualités et ses défauts.

Au Costa-Rica, qui, dans le tableau précédent, tient le premier rang par l'importance de ses revenus et de ses exportations, et dont on peut dire qu'il est incontestablement en voie de progrès, l'élément espagnol domine presque sans altération. Dans ce petit pays essentiellement agricole, l'esprit d'ordre et d'économie, la ténacité, la persévérance des paysans de la Manche et de la Castille se retrouvent à peine altérés par l'influence du climat intertropical et du milieu où ils vivent depuis deux siècles. Aussi est-ce, de toutes les républiques de l'Amérique centrale, celle dont l'avenir semble le mieux assuré, bien qu'elle ne soit pas à l'abri du contre-coup des révolutions politiques des États voisins. Ces révolutions, auxquelles les Costaricenses ne prennent part qu'à leur corps défendant, ne laissent pas que d'influer sur la prospérité de leur pays et en arrêtent le développement continu.

Au Nicaragua, au Guatemala, dans le Honduras, il n'en est plus ainsi et les éléments les plus hétérogènes y constituent la population. Dans l'impossibilité de préciser en quelles proportions ces éléments se sont mélangés entre eux, nous transcrirons quelques-uns des tableaux qui établissent, *grosso modo*, les divisions les plus tranchées :

Indiens. . . .	Race pure.	3/5
Ladinos . .	Race blanche et indienne.	1/4
Blancs . . .	Race pure européenne et créole.	1/40
Mulâtres . .	Race blanche et noire	1/80
Nègres. . .	Race pure, presque tous d'origine *Ouloff* ou *Olofs*.	1/50
Zambos. . .	Race nègre et indienne.	1/100

Les chiffres donnés par M. Squier, ancien ministre des États-Unis au Centre-Amérique, diffèrent un peu de ceux du précédent tableau :

Blancs	50/1000
Ladinos ou métis	400/1000
Nègres.	5/1000
Indiens.	545/1000

chiffres que pour le Nicaragua M. Lévy modifie ainsi :

Indiens.	550/1000
Nègres.	5/1000
Blancs et créoles	45/1000
Métis.	400/1000

Sans entrer dans les considérations très intéressantes que suggèrent ces chiffres à l'auteur auquel nous les avons empruntés, on voit que l'élément blanc européen est presque submergé par les éléments ladino et indien. Quelle que soit donc l'énergie individuelle des descendants à un titre quelconque des anciens « conquistadores », il est bien clair que l'avenir de ces pays, si rien ne vient y modifier l'état de choses actuel, dépend de l'esprit de leurs habitants de races indienne, pure et croisée.

Or, le doute n'est pas possible sur l'impuissance de cette partie dominante de la population, impuissance dont les réflexions suivantes mettent les causes véritables en pleine lumière.

Humiliés par trois cents ans d'une domination inique, déprimés sous le poids d'abus de toute sorte et d'une dégradation systématiquement pratiquée, les Indiens ne jouissent pas des bienfaits de l'indépendance depuis un temps assez long pour avoir oublié les désastreux effets du système colonial. Sans doute les traces de ce système eussent pu disparaître en partie et les Indiens auraient pu déjà arriver à ce qu'ils sont appelés à devenir un jour, si à la domination espagnole eût succédé un régime réparateur capable d'effacer les souvenirs des injustices immenses dont ils avaient été les victimes. Malheureusement, depuis la proclamation de l'indépendance, les pays du Centre-Amérique ont traversé une longue période d'épreuves politiques pendant laquelle on peut dire que les Indiens ont continué à souffrir de tous les abus du régime précédent. L'abolition des *encomiendas*, des *tributos*, de l'esclavage rendait leurs services plus nécessaires qu'avant la proclamation de l'indépendance pour les entreprises agricoles ; les moyens employés pour s'assurer de leur travail et les faire sortir de l'état d'isolement où ils se sont réfugiés ont été le plus souvent iniques. Les guerres civiles ont été la cause qu'on a abusé de leur simplicité pour les affilier comme soldats dans l'armée de tel ou tel parti, dont les passions ne pouvaient que leur être indifférentes ; pour les faire combattre dans les batailles dont ils ne connaissaient point les motifs et dont les résultats ne pouvaient en quoi que ce fût, servir leurs intérêts, etc., etc.

Quant aux ladinos, ils inspirent au même auteur les pensées que voici :

Considéré en général, le ladino a horreur de toutes les professions manuelles; il préfère les conditions serviles et les emplois publics. Quelques-uns néanmoins, en petit nombre, possesseurs du capital nécessaire, se livrent au commerce et à l'industrie. Cette soif d'emplois, qui sont toujours si rares dans ces pays pauvres, petits et peu peuplés, fait des ladinos une classe inquiète et turbulente à laquelle le Centre-Amérique est redevable de ses guerres civiles depuis l'indépendance, et par conséquent de ce manque de sécurité qui éloigne de ses rivages l'émigration étrangère. Il est certain que ces révolutions périodiques sont dues à des causes multiples, mais les ladinos y entrent pour une part considérable et il n'y a pas de doute que ce soit d'eux qu'ait voulu parler l'auteur qui a écrit les lignes suivantes[1] :

« Il y a au Nicaragua, et j'ajouterai dans l'Amérique centrale, un nombre considérable de prétendus colonels, de prétendus licenciés, de prétendus médecins, en un mot de prétendus caballeros qui ne savent rien, ne font rien, ne s'occupent ni d'agriculture, ni d'industrie, ni de commerce, et qui, n'ayant aucun intérêt soit à la paix, soit à la sécurité publique, sont toujours disposés à les sacrifier à une espérance ambitieuse. »

Il n'est que trop facile de prévoir l'avenir réservé à des sociétés où des classes prédominantes motivent

---

1. M. Lévy.

de tels jugements. Les craintes qu'il inspire se révèlent dans les efforts de ces personnes malheureusement trop rares qui, par patriotisme, se préoccupent de cet avenir. Le livre même auquel nous avons emprunté ces citations et qui a un caractère officiel, prouve la sincérité de ces efforts, puisque ces hommes ne reculent pas devant l'expression sincère et courageuse de vérités qui froissent l'orgueil ou plutôt la vanité de leurs nationaux [1]. Toutes sont d'accord sur le remède : l'émigration ; mais, malheureusement, presque toutes aussi diffèrent entre elles sur les éléments dont elle doit se composer. On peut s'en convaincre en parcourant les rapports des juntes réunies dans les principales villes du Centre-Amérique pour étudier ce problème difficile.

Un territoire d'une immense étendue, un sol volcanique, montagneux et presque partout recouvert de forêts vierges, un climat exagérant encore les conditions de chaleur et d'extrême humidité de la zone intertropicale, une population réduite, dont les principaux centres sont à peine reliés entre eux par des chemins impraticables pendant la plus grande partie de l'année ; les classes diverses de cette population, impuissantes ou hostiles et rebelles à tout progrès réel ; les Européens, par leur petit nombre ;

---

1. Le livre de M. Lévy a été publié pour donner une idée juste et vraie du Nicaragua, et faciliter ainsi l'émigration européenne, avec le concours du gouvernement de cette république. Il porte partout le cachet de la sincérité et de la vérité.

les Indiens, par une défiance de l'avenir, trop bien justifiée par le passé, qui leur rend précieux l'isolement où ils se sont réfugiés et la vie indolente où ils se complaisent d'autant mieux que les productions naturelles d'un sol privilégié leur permettent de satisfaire sans travail leurs besoins restreints; enfin les ladinos, par leur horreur du travail, leur vanité dominante et leur tendance fatale à ne compter, comme des joueurs qui n'ont rien à perdre, que sur d'incessantes révolutions pour assurer leurs rêves d'avenir et la satisfaction de leurs passions vulgaires; telles sont, on le voit, les conditions économiques dans lesquelles ont dû se développer les sociétés du Centre-Amérique. Qui pourrait s'étonner que, malgré les richesses naturelles si grandes de ces pays, ils comptent pour si peu dans le mouvement industriel et commercial de notre époque?

Les chiffres d'un des précédents tableaux qui établissent la population et les ressources des cinq républiques de l'Amérique centrale, remontent à une époque déjà éloignée, et ils ne peuvent avoir l'exactitude que nous voudrions serrer de près dans cette étude. Nous essaierons donc de les rectifier et de les compléter en résumant les renseignements que nous avons recueillis dans notre dernier voyage.

I. — Costa-Rica.

Nous avons sous les yeux deux pièces portant les titres significatifs de *Cuenta comparativa del producto de las Rentas nacionales en diez años de 1866 à 1876*, et de *Resumen compendiado de los gastos extraordinarios hechos por el Tesoro nacional desde el 10 de Agosto de 1870 hasta 30 de abril de 1876*. Ces documents ont été publiés par ordre du président-général Guardia, à la veille de déposer ses pouvoirs dans les mains de son successeur, le licencié don Anicetto Esquivel. Les chiffres qu'il porte à la connaissance du public ont une sanction officielle; il est donc à croire qu'ils sont exacts. Nous en extrayons ceux qui touchent le mouvement des douanes et de l'exportation du café au port de Punta-Arenas, les droits de douane et la production du café constituant les sources les plus importantes des revenus de Costa-Rica.

Mouvement des douanes du port de Punta-Arenas.

ANNÉES.	DROITS PERÇUS.	
1866 à 1867.	247,563 piastres.	
1868 à 1869.	193,151 —	Minimum.
1871 à 1872.	531,843 —	
1872 à 1873.	755,262 —	
1873 à 1874.	976,724 —	
1874 à 1875.	620,988 —	
1875 à 1876.	464,916 —	

Si l'on compare les cinq premières et les cinq dernières années, on arrive aux chiffres suivants :

```
De 1856 à 1871. . . . . . . . . . . .  1,350,637 piastres.
De 1871 à 1876. . . . . . . . . . . .  3,316,740    —
```

Balance en plus : environ 2,000,000 de piastres.

Évidemment, le mouvement commercial a été en
grandissant depuis l'année 1868-1869, minimum
correspondant à la révolution à la suite de laquelle
le général Guardia fut élu président, jusqu'à l'année
1873-1874, qui est un maximum. L'accroissement
dans le produit des douanes, c'est-à-dire dans le
commerce de la république, suit une marche pro-
gressive continue. À partir de cette année 1874, il
décroît, sans qu'on puisse prévoir où s'arrêtera ce
mouvement rétrograde. Le marché costaricense, en
effet, comme tous ceux de l'Amérique centrale, est
surchargé de marchandises européennes ; les crédits
à longs termes que les négociants anglais offrent à
partir de 1871 aux marchands du pays, surexcitent
l'activité des transactions, mais en dérangeant l'équilibre entre la production du pays et les produits européens qui sont les objets de ces transactions.

Ces crédits, ces avances, ont pour résultat logique
un encombrement de ces produits, et le pays est en
pleine crise commerciale à partir de 1875. C'est ce
que confirment les chiffres d'exportation du café de
Punta-Arenas, pour les périodes correspondantes.

De 1866 à 1867 . . . . . .   79,169 piastres.
    1868 à 1869   17,139   —   Minimum.
    1871 à 1872   83,286   —
    1872 à 1873   166,585   —
    1873 à 1874   179,453   —   C'est un maximum correspondant au maximum des Importations.
    1874 à 1875   162,210   —
    1875 à 1876   56,948   —   Ce chiffre n'est pas le chiffre total, la campagne s'ouvrant au mois de novembre.

Sans prolonger l'analyse des deux documents officiels, on peut dire que, malgré la crise actuelle, le Costa-Rica est en voie marquée de progrès. Sa population, d'origine purement castillane presque sans mélange, est essentiellement laborieuse, agricole, intelligente et active. A de très rares exceptions, toutes les familles y sont dans l'aisance; presque toutes y vivent sur leur propre domaine, car dans les terres propres à la culture la propriété est relativement très morcelée; la plupart des petits cultivateurs sont à la tête d'une fortune qu'on peut évaluer de 100,000 à 150,000 francs, et qui tend à s'accroître chaque jour. L'esprit d'économie qui, là comme partout, est caractéristique du petit propriétaire terrien, les a poussés à s'affranchir de tout agent intermédiaire entre eux et l'acheteur de leurs produits. Dès l'ouverture de la campagne commerciale, c'est-à-dire dès le mois de novembre, ils arrivent à Punta-Arenas avec leurs lourds chariots traînés par de puissants attelages de bœufs, emportant la récolte de leur *cafetalès*. Mais ces chariots ne retournent point à vide, ils rapportent dans l'intérieur les marchandises d'Europe récemment arrivées. C'est là pour eux une source d'importants profits, car dans la saison sèche, au moment le plus favorable, ce fret de retour est déjà payé une piastre par quintal espagnol, et il s'élève souvent, dans la saison des pluies, aux taux exagérés de 4, 5 et même 9 piastres.

Le village ou mieux, aujourd'hui, la ville de Punta-Arenas, auquel aboutit la route de San-José, est l'unique port du Costa-Rica sur le Pacifique; Limon, dernière station sur l'Atlantique du chemin de fer en voie de construction, commence à prendre une certaine importance. Néanmoins, c'est par Punta-Arenas que s'effectue tout le commerce de Costa-Rica. Aussi sa population grandit-elle chaque jour; à l'époque de notre passage, elle dépassait 3,500 âmes.

Le mouvement maritime de ce port a donné lieu, en 1875, à l'entrée de 21 navires d'un tonnage moyen de 550 tonneaux, parmi lesquels 5 français : *Pacifique, J. B. D., Cerro-Allègre*, de Bordeaux; *Ville-du-Temple*, de Nantes; *Président-Thiers*, d'un de nos ports du Nord.

Une maison de Londres, dont le fondateur, qui en est le chef actuel, a commencé sa fortune comme capitaine d'une petite goélette, en faisant le cabotage sur la côte du Centre-Amérique, expédie chaque année à Punta-Arenas 5 grands navires de 800 à 1,000 tonneaux qui, à partir de novembre, se succèdent à 15 jours d'intervalle; leur chargement de retour est préparé d'avance; en deux semaines il est embarqué, et ils repartent immédiatement pour l'Angleterre sans aucune perte de temps. C'est là un élément de succès et de profits trop négligé par nos commerçants, qui oublient trop la vérité du proverbe: *Times is money.* Quatre ou cinq navires allemands, deux navires nord-américains, un navire espagnol, la *Josefa*, de Malaga, et des navires de nationalités diverses complètent le chiffre que nous avons donné pour le mouvement maritime de Punta-Arenas; mais il faut y joindre tous les vapeurs qui, de Panama à San-Francisco, de Panama à Acapulco, desservent les divers ports du Centre-Amérique, et qui, en passant à Punta-Arenas, y prennent et y déposent un chargement d'environ 200 tonneaux en moyenne.

Les droits de douane à l'entrée sont à peu près de 30 p. 100 *ad valorem*, pour tout ce qui s'appelle ici marchandises générales, entre lesquelles il faut comprendre les vins étrangers, quelle qu'en soit la qualité ou la provenance. Ces droits s'élèvent beaucoup plus haut pour les eaux-de-vie, les alcools, les liqueurs, etc., etc.; une caisse de 12 bouteilles, par exemple, est soumise à 35 fr. et 40 fr. de droits. Le gouvernement s'est réservé, avec le monopole de la vente des liqueurs (*estanque*), celui de la manipulation des tabacs ; aussi le tabac en feuilles et le tabac à chiquer sont expressément prohibés en même temps que le tabac manufacturé, et les cigares sont frappés du droit énorme de 4 fr. 50 c. la livre.

En revanche, comme le pays ne produit aujourd'hui que du café et du café seul, toutes les denrées servant à la nourriture du peuple, riz, maïs, haricots, etc., sont introduites en franchise.

Il n'y a pas lieu, d'ailleurs, d'insister sur ces chiffres ; il est à croire, en effet, que tout ce système de taxe et de droits de douane va être prochainement remanié, si les cinq républiques adoptent l'unification de leurs tarifs douaniers imposée au San-Salvador après la dernière guerre. Ce serait, du reste, une mesure de sage politique ; en prévenant la contrebande sur les frontières communes, elle ferait disparaître bien des occasions de nouveaux conflits entre les républiques voisines.

La situation financière du Costa-Rica est, sous beaucoup de rapports, très satisfaisante ; les deux banques qui fonctionnent à San-José, banque nationale, banque anglo-costaricense, escomptent leur papier au pair ; d'ailleurs le stock métallique, très suffisant pour les transactions intérieures, ne risque point de diminuer ; les monnaies d'or et d'argent du Costa-Rica sont frappées, en effet, à un titre tellement inférieur, qu'elles sont justement dépréciées sur les marchés étrangers. Pour les relations commerciales extérieures, les monnaies les plus en usage sont les suivantes : anglaises, nord et sud-américaines, françaises, italiennes.

Quant au chemin de fer qui doit réunir les deux Océans et Punta-Arenas sur le Pacifique jusqu'au port de Limon sur l'Atlantique, en passant par San-José et Carthago, à peine si un faible tronçon partant de San-José est aujourd'hui livré au public, malgré les énormes dépenses qui ont été déjà faites. Ces dépenses ne s'expliquent que trop bien par la singulière idée de commencer les travaux en prenant la capitale pour point de départ, ce qui a nécessité le transport des rails et de tout le matériel au fret minimum d'une piastre le quintal. Le *Resumen compendiado* des dépenses extraordinaires porte au titre des travaux accomplis la somme de 3,251,440 pesos (*sin inclusir producto de imprestitos*).

Devant ces résultats presque négatifs, M. le général Guardia a fait au congrès, dans son dernier message, la proposition suivante :

Malgré l'attitude douteuse, disait-il dans la séance du 1er mai, que nous avons prise à l'égard du Nicaragua, et qui pèse un peu sur nos finances, le Gouvernement n'a pas détourné son attention de l'œuvre du chemin de fer.

J'avais conçu la pensée, après avoir remis mes pouvoirs à mon successeur, de me constituer chef de 2,000 ouvriers, qui, organisés militairement, auraient terminé le chemin en moins de temps qu'on ne l'a calculé en lui consacrant des ressources considérables.

Mon idée était de supprimer toutes les garnisons militaires, d'emmener avec moi les chefs et les officiers et de les mettre à la tête des divers groupes de travailleurs. Je me promettais qu'en appliquant aux travaux le budget militaire joint aux autres sommes disponibles et avec les économies qui seraient résultées de ma présence sur les lieux, en dix-huit mois cette œuvre eût pu s'accomplir.

Je ne désespère pas de réaliser ma pensée quand la paix sera assurée avec le Nicaragua, si l'administration qui succède à la mienne veut bien agréer mes offres.....

Si ma proposition est acceptée, je puis vous assurer, Messieurs, que jamais je ne me serai cru plus grand qu'à la tête de mes travailleurs, ces soldats du progrès, cette armée de la civilisation.

Peut-être sera-t-il donné au général Guardia de réaliser son projet ; en tous cas, il est tout naturel de faire des vœux pour qu'il en soit ainsi.

Le président Guardia, son successeur don Anicetto Esquivel, esprits ouverts, intelligents et qui, tous deux, ont visité l'Europe, habité la France, se sont toujours montrés animés des dispositions les plus bienveillantes envers les étrangers. Il n'est que juste de reconnaître que ces derniers ont su mériter, quelle que soit d'ailleurs leur position sociale, l'estime et la considération publique. Leur nombre s'élève à soixante personnes exerçant diverses professions, telles que maître d'hôtel, boulangers, cordonniers, etc. Parmi eux, on compte les chefs et les agents de trois maisons de commerce dont le crédit est des plus solides, et qui, ayant leur siège social à San-José, ont aussi des succursales à Punta-Arenas. Ces maisons importent de France et de San-Francisco les marchandises qu'elles livrent, en échange, contre le seul produit du pays, le café, expédié en France par nos navires de commerce.

II. — Nicaragua.

Le Nicaragua est peut-être le pays des deux Amériques sur lequel on a le plus écrit, surtout dans ces derniers temps. M. P. Lévy, dans le catalogue qui sert d'appendice à son livre semi-officiel, ne cite pas moins de 840 ouvrages, relations de voyages, descriptions, essais, cartes et plans, publiés dans les langues les plus répandues du monde. Nous nous bornerons donc à exposer les renseignement directs que nous avons recueillis personnellement sur le Nicaragua. Ces renseignements complètent ou modifient, en les ramenant à la situation présente, les documents officiels que nous avons pu nous procurer sur ce pays et qui déjà remontaient à l'année 1872.

Depuis que le transit des émigrants en Californie n'a plus lieu par San-Juan-del-Norte, le *desaguadero*, le lac de Nicaragua et San-Juan-del-Sur, cette dernière ville a perdu toute son importance, et le véritable port de la République, sur le Pacifique du moins, est celui de Corinto. Le mouvement maritime dont il a été le théâtre en 1875 a été, en dehors des bâtiments à vapeur qui y touchent régulièrement, de 26 bâtiments à voiles, portant 11,586 tonneaux, qui se décomposent ainsi :

NATIONALITÉS.	NOMBRE.	TONNAGE.
Français.	10	5,159
Allemands.	8	2,650
Anglais.	3	1,625
Colombien.	1	423
Nicaraguien (péruvien, sous pavillon de Nicaragua).	1	909
Danois.	2	544
Nord-Américain.	1	273

Sur ces 27 navires, 21 sont arrivés sur lest. Ces chiffres sont extraits du registre de notre consulat à Leon ; ils donnent donc le mouvement réel du port de Corinto. Si on les compare avec ceux de 1871-1872, on s'aperçoit du changement opéré en faveur de ce port au détriment de San-Juan-del-Sur, où les navires à vapeur desservant les côtes du Centre-Amérique ne touchent plus que d'une façon irrégulière. Le tableau suivant, extrait de la *Gazette officielle*, donne la liste et la valeur des produits exportés du Nicaragua par tous les ports de la République, y compris San-Juan-del-Norte. Sauf quelques observations que nous exposerons plus tard, cette liste est encore l'expression réelle de la puissance productive des exportations du pays.

	Pesos.		Pesos.
Hule	260,193,60	Cueros de ternero	1,390,20
Carey	9,591,00	Asseyte de Coyol	15,00
Cocos	2,373,02	Aqua de Nejapa	91,00
Zazaparilla	2,657,75	Ajos	21,00
Cueros de res	51,861,80	Albardas	12,80
— de venado	48,091,90	Alforjas	284,40
Anil	378,921,60	Vino de marañon	16,55
Algodon	71,218,25	Licores	876,00
Café	123,440,85	Incienso	19,00
Cacao	20,144,00	Broza	10,60
Brazil	85,679,40	Petates	40,40
Cedro	80,626,85	Cigarros	20,00
Oro en pasta	152,156,80	Pimienta	19,00
Dinero	36,920,60	Medicinas	630,00
Quesos	22,825,00	Lena	35,00
Azucar	31,706,94	Maíz	3,633,80
Mascovado (cassonade)	6,789,30	Arroz	206,00
Joyas	300,00	Frijoles	1,501,40
Cobre (de minas de oro)	6,765,00	Almidone	1,579,50
Taña	4,523,00	Palma para sombreros	1,065,00
Grasa	16,50	Huacales	52,00
Cabestros	38,80	Hamacas	171,00
Harina	10,00	Aves, huevos, etc., á los vaperos de Corinto	8,458,00
Concha nacar	100,00		
Rebozos	1,448,00		
Tabaco	17,599,00	Total	1,383,810,56
Suelas	39,00		

L'extrême variété des articles contenus dans cette
liste prouve, ce que nous savons déjà, que le Nicaragua n'est pas un pays de grandes cultures où quelques produits spéciaux, tel que le café, par exemple, au Costa-Rica, servent de base à toutes les
opérations commerciales. Les produits, d'ailleurs,
peuvent se diviser en deux catégories distinctes : la
première et la plus importante contient les productions naturelles spontanées du sol, comme le hule
(caoutchouc), le brazil et les autres bois de peinture ;
le cèdre et les autres bois de construction ; les peaux
de bœufs et de cerfs, si abondants dans les forêts

vierges de ces pays ; la seconde catégorie comprend les produits variés de la petite culture et de l'industrie indiennes restées stationnaires, si même elles n'ont pas déchu, depuis longtemps antérieures à la conquête.

Ce que nous avons dit déjà des éléments constitutifs de la population nicaraguienne explique un tel état de choses. Nous ajouterons que, si d'un côté les grandes exploitations agricoles ne sont possibles qu'à de certaines conditions toutes spéciales, de l'autre, l'exploitation, par les indigènes, du caoutchouc, celle des bois de teinture, de construction et d'ébénisterie, sont tellement livrées à l'insouciance et à l'ignorance, qu'il est facile de prévoir que ces deux sources si importantes du commerce du Nicaragua seront bientôt épuisées. M. Lévy fait suivre la liste qui précède de réflexions qui nous paraissent mériter d'être transcrites ici.

On peut considérer comme produits fondamentaux du pays, dit-il, les cuirs de bœufs et de cerfs (*venado*), l'indigo, le hule, le café, le cacao, le brazil, le cèdre, l'or, le fromage et le sucre.

Les cuirs de bœufs et de cerfs proviennent presque en égale proportion de tous les départements : c'est un article à peu près stationnaire, et qui, pour la majeure partie, s'envoie aux États-Unis. Son développement est proportionnel à la population, puisqu'on ne tue que pour manger. ... Le lecteur aura noté le nombre considérable de cuirs de cerfs.

L'indigo provient presque exclusivement de Rivas et de

Grenada ; c'est une industrie en voie de progrès quoique de peu d'avenir ; destination la plus habituelle, l'Angleterre.

Le hule ou caoutchouc s'exploite principalement dans le bassin du rio San-Juan ; c'est une industrie déjà sur le déclin.

Le café provient presque tout du district de Managua ; on a commencé à le cultiver à Segovia ; en progrès, mais lentement ; destination, États-Unis et Angleterre.

Le cacao est un produit presque exclusif du département de Rivas et de la partie méridionale de celui de Grenada ; on peut le regarder comme un article stationnaire, tant ses progrès sont lents ; destination, Costa-Rica, Salvador et une petite portion pour la France.

Le brazil provient du rio Tipitapa et de la côte du Pacifique ; c'est une industrie qui tend à disparaître[1].

Le cèdre[2] provient de la côte du Pacifique ; il est aussi très abondant dans l'intérieur, mais il ne peut s'emporter faute de voie de communication ; destination, Pérou et Californie ; quelquefois, mais rarement, Hambourg ; en progrès, mais lent.

L'or provient des départements de l'intérieur et spécialement du district de la Libertad, dans le département de

---

1. Cette appréciation nous paraît inexacte si, comme nous le croyons, le brazil n'est autre chose que le *Palo Mora*, dont l'auteur ne parle pas au chapitre des bois de teinture, et bien que M. Girardin, dans sa *Chimie organique*, donne pour le bois de Nicaragua ou Nicaragua une description qui ne se rapporte pas au *Palo Mora*. Quoi qu'il en soit, celui-ci constitue aujourd'hui un article très recherché comme fret de retour ; de nombreux navires sont journellement expédiés en Europe chargés uniquement de ce produit. Le *Sully* à Corinto, la *Ville-du-Temple* à Amapala, le *Tafarète* dans l'Estero-Real, étaient en voie de chargement de *Palo Mora* lors de notre passage au Centre-Amérique, et de très grands approvisionnements étaient déposés en gare d'El-Barquito.

2. Le cèdre (*Cedrela odorata*, L.) se travaille avec autant de facilité que le pin ; il est léger mais acquiert, une fois vernis, un aspect aussi beau que l'acajou même.

Chontalés ; destination, Angleterre ; les progrès de l'industrie minière sont lents mais certains.

Les divers noms des lieux que nous venons de citer nous conduisent à donner ici le tableau de la division géographique et politique du Nicaragua, trop de publications françaises assignant encore Leon comme capitale du Nicaragua.

Nicaragua. — Capitale Managua (département de Grenada).

NOMS DES DÉPARTEMENTS.	CAPITALES.	SUPERFICIE EN milles géographiques.	POPULATION absolue.	POPULATION par mille carré.	OBSERVATIONS.
Grenada . .	Grenada.	2,500	53,000	23,4	
Leon	Leon.	2,500	35,000	14	
Rivas . . .	Rivas.	1,000	20,000	20	
Chinandega	Chinandega.	1,500	19,000	12,6	
Chontalés .	Acoyapa.	3,000	24,000	8	La superficie de ces trois départements est très incertaine, leurs limites avec la partie non civilisée étant très mal établies.
Matagalpa .	Matagalpa.	2,500	28,000	11,2	
Segovia . .	Ocotal.	3,000	24,000	8	
Partie non civilisée		24,000	30,000	1,25	
Totaux		40,000	230,000	»	

(Left vertical label spanning the civilized departments: PARTE CIVILIZADA.)

D'après la constitution, chaque département est administré par un préfet nommé par le Gouverne-

ment. Les municipalités sont élues, chaque année,
par les habitants. Elle se composent de un ou deux
alcades, d'un certain nombre de regidores, d'un secrétaire, d'un syndic et d'un juge de l'agriculture.
Ces fonctions sont obligatoires et non rétribuées.

L'établissement de nouvelle création de Corinto,
compris dans le département de Chinandega, doit à
l'importance commerciale de son port de former un
district à part, sous l'autorité supérieure d'un commandant militaire auquel est adjoint un représentant
du ministre des finances (*el administrador*), indépendant en tout ce qui concerne son service. Le port de
Corinto a hérité de celui d'El-Realejo, fondé en 1534
par don Pedro de Alvarado, l'illustre compagnon
d'armes de Cortez. El-Realejo a été longtemps un
des plus riches emporiums de toute l'Amérique;
mais ce n'est plus à présent qu'un village d'un millier d'âmes, depuis que son port a lentement disparu
sous la marche envahissante des mangliers et des
palétuviers. Corinto, qui l'a remplacé, n'est lui-même
d'ailleurs, malgré son importance administrative,
qu'un village encore moins peuplé.

Les cargaisons des navires ne sont pas en effet
déposées à Corinto, où il n'y a pas même un môle de
débarquement. Elles sont expédiées vers l'intérieur
par El-Barquito, point situé à dix milles (une heure
et demie de marche pour une chaloupe à vapeur),
sur la rive gauche d'un petit cours d'eau qui débou-

che dans l'estero de Dona-Paula, dont les contours, esquissés sur la carte anglaise, donnent l'idée la plus fausse. El-Barquito n'est pour ainsi dire qu'une grande gare d'entrepôt et de transit. Le service en est très bien fait, très régulier et très sûr ; il a été organisé et est encore dirigé par M. Louis Maillet, ancien matelot de la *Reine-Blanche* en 1842, ancien maître d'équipage du *Pacifique,* navire que M. de Laurencel, un des élèves de cette frégate, avait fait construire pour accomplir autour du monde une campagne moitié scientifique. Dans la gare proprement dite s'accumulent les marchandises venues d'Europe, sacs, ballots, caisses de toutes dimensions, parmi lesquelles figurent nos produits français, tandis que le long de la rive, sur un vaste terrain ombragé çà et là de grands arbres et autour d'une immense bascule en fer, s'entassent les piles de bois de cèdre et de *Palo Mora,* principaux objets d'exportation du Nicaragua. Au Barquito, l'influence de la marée ne se fait plus sentir ; les eaux sont constamment douces et l'estero cesse d'être navigable aux lourds chalands qui emportent les chargements des bâtiments de Corinto. D'un autre côté, la route de Leon, qui continue celle de Grenada et de Managua, vient y aboutir, s'avançant ainsi vers la mer aussi loin que le lui permettent les mangliers qui bordent l'estero. C'était donc le point indiqué comme port intermédiaire entre Corinto et les villes de l'intérieur. Aujourd'hui, ce n'est encore qu'un assemblage de cases indiennes groupées autour de la maison de M. Maillet, qu'habitent les ouvriers de la gare et les soldats de la petite garnison qui les protège. Au milieu d'elles s'élève une *fonda* où les *carreteros* venus de l'intérieur fraternisent avec les *lancheros* de Corinto et où s'attablent parfois aussi les matelots européens envoyés pour faire de l'eau dans la rivière d'El-Barquito, une des meilleures aiguades du pays. Ce petit village en voie de formation ne peut que grandir. Il est probable, en effet, que c'est en ce point qu'aboutira le chemin de fer qui, par le lac de Managua, le rio Tipitapa et enfin le lac de Nicaragua, relierait directement Corinto à San-Juan-del-Norte. Ce chemin n'est qu'un projet, mais du moins est-il d'une conception modeste et ne trouverait-il pas de sérieux obstacles dans la nature des terrains qu'il aurait à traverser. Il n'en serait peut-être pas de même pour un autre projet autour duquel il s'est fait un certain bruit, celui d'une voie ferrée qui, partant de Grenada, passerait à quelques lieues au nord de Corinto et atteindrait le port de Tempisque en suivant la vallée de l'Estero-Real. Ce vaste cours d'eau, navigable jusqu'à trente milles au-dessus de son embouchure, débouche dans le golfe de Fonseca, à quelques lieues au sud du port d'Amapala, *terminus* probable du chemin de fer du Honduras. Il y aurait certes, dans la réalisation de cette idée, une économie considérable de temps et une bien plus grande sécurité pour les relations des grandes villes de Nicaragua avec celles du Honduras et du San-Salvador. Malheureusement, ces projets d'œuvres qui exigent non seulement des capitaux considérables, mais aussi l'ordre, la paix et la sécurité dans l'avenir, sont pour longtemps encore des spéculations purement chimériques quand ils s'appliquent à des pays tels que ceux dont nous avons esquissé la situation économique et l'état social.

Le Nicaragua n'a pas de dette extérieure, ou plutôt cette dette ne consiste qu'en la part qui lui fut proportionnellement affectée dans la dette fédérale contractée avant 1838 et qui s'élève en principal à 250,000 pesos ; mais, à diverses reprises, le Gouvernement a contracté à l'intérieur des emprunts volontaires ou forcés qui constituent une dette intérieure de 3,121,713 pesos. Les intérêts sont hypothéqués sur les droits de douane, pour lesquels il y a tout un système de bons *valès*, qui donnent lieu à un certain agiotage. Cette situation est évidemment prospère ; néanmoins, les ressources du pays sont telles qu'avec une bonne administration des finances, cette dette serait bien vite éteinte ; une preuve concluante en est la facilité avec laquelle le Gouvernement trouve à emprunter, même à 6 p. 100 par an, quand le taux légal de l'intérêt est à 12 p. 100. Malheureusement, tout s'enchaîne, et si pour le moment le Nicaragua paie ses révolutions et ses agita-

tions passées, il paie aussi celles que l'on redoute
dans l'avenir. De sorte que le remède sur lequel
tout le monde est d'accord, comme nous l'avons vu,
est une refonte totale de la société par une immigration sérieuse, et cette immigration n'étant possible que dans les pays qui offrent des garanties certaines aux immigrants, la question tourne dans un
cercle vicieux et la solution en semble rejetée à une
époque impossible à déterminer[1].

Quoi qu'il en soit, les impôts ordinaires et les droits
de douane sont très modérés, relativement du moins;
seulement ils varient à chaque instant et sans même
que les intéressés aient les garanties nécessaires
contre ces variations. Tel navire expédié d'Europe
dans la prévision que les marchandises dont se compose sa cargaison seront soumises au tarif existant,
se trouve, à son arrivée, en présence de tarifs complètement modifiés qu'il lui faut subir, ce qui dé-
range, on le conçoit, toute l'économie commerciale de
la campagne du navire. Il n'est pas même besoin que
le voyage soit aussi long qu'une traversée d'Europe
au Nicaragua, les tarifs changeant du jour au lende-

---

1. D'après M. Squier, l'unique espérance du Centre-Amérique « consiste
« à empêcher la diminution numérique de sa population blanche et à aug-
« menter cet élément dans sa propre population. Si elle n'y parvient pas par
« un juste stimulant à l'immigration ou un intelligent système de colonisa-
« tion, la position géographique du pays et ses richesses naturelles indiquent
« que sa fin arrivera par un de ces moyens violents qui, dans les individus
« comme dans le monde matériel, devancent si fréquemment les lentes opé-
« rations de la nature. »

main et étant obligatoires du jour où ils sont publiés officiellement.

Ce qui précède nous dispense d'entrer dans les détails des tarifs officiels tels qu'ils existaient lors de notre passage à Corinto. Ces détails importent d'autant moins qu'il est probable qu'une réforme, analogue à celle que nous avons signalée pour le San-Salvador et le Costa-Rica, va prochainement s'accomplir au Nicaragua sous l'influence du général Barrios.

Nos nationaux trouvent partout beaucoup de bienveillance dans toutes les classes de la société. Leur nombre s'élève à 40 personnes environ, toutes très honorablement connues et appréciées dans le pays. Il est certain que dans la dernière guerre de 1870, au Nicaragua comme dans toute l'Amérique centrale, la France avait pour elle la sympathie générale; j'ajouterai que dès que surgit une révolution, la maison de nos agents consulaires, celles de beaucoup de nos nationaux deviennent non seulement le refuge de familles entières et souvent de personnages politiques eux-mêmes compromis dans la lutte, mais encore le dépôt de sommes, de valeurs de la plus haute importance. La probité, la réputation de nos représentants sont les seules garanties de ces dépôts souvent effectués par des personnes complètement inconnues, non pas en mains propres, mais parfois dans un coin de leurs appartements.

III. — San-Salvador.

Au moment de notre passage dans les ports de la
Union et de la Libertad, le San-Salvador était en pleine
crise politique ; ses armées, au début victorieuses,
défaites ensuite à Auchalpa et à Passaquina ; le
territoire national envahi par les armées du Guatemala ; les autorités légales en fuite ; de nombreux
compétiteurs au pouvoir en présence ; les partis hostiles à peine contenus par l'ennemi ; telle était la
situation de ce pays dont les destinées dépendaient
des volontés seules du général Barrios, président du
Guatemala. Le traité de Chalchuapa, l'élection du
docteur Zaldivar, ancien ministre du président Due-
nas renversé lui-même par le général Gonzalès,
avaient, quand nous mouillâmes à la Libertad, ras-
suré les esprits et remis un peu d'ordre dans l'administration. Néanmoins, il est facile de comprendre
quelles perturbations de tels bouleversements apportent dans les affaires, dans la production intérieure
comme dans les relations commerciales. De plus,
ainsi que nous l'avons dit, une des clauses du traité
de Chalchuapa stipule un remaniement complet dans
les tarifs douaniers du San-Salvador ; dès lors, les
renseignements qui suivent, exacts pour le passé, ne
peuvent avoir qu'une exactitude relative au point
de vue de l'avenir si incertain de ce pays.

La Union voit chaque jour décroître son importance ; l'ouverture du port d'Amapala l'a dépouillée entièrement du commerce du Honduras ; celle du port de la Libertad lui a enlevé la majeure partie de celui de San-Salvador ; de plus, elle a beaucoup souffert des derniers événements et de la guerre dont son territoire a été surtout le théâtre. Passaquina est une localité distante à peine d'une dizaine de lieues de la Union. Aussi, lors de mon passage, la rade était déserte et le mouvement commercial complètement paralysé. Il en était de même, il est vrai, à la Libertad ; mais là, du moins, on retrouvait tous les signes d'une activité prête à renaître dès que l'ordre et la tranquillité seraient eux-mêmes rétablis.

La Libertad est une rade foraine ouverte dans toutes les directions : les lames de l'Océan, soulevées par la houle du S.-O., déferlent en longues volutes sur la plage. Aussi tout le mouvement du port est-il concentré sur un *pier* de 150 mètres de long, œuvre récente d'une compagnie. Les dépenses de cette construction remarquable se sont élevées à 108,000 pesos. Une autre compagnie s'occupe d'*embarquements* et de *déchargements*. Le mouvement maritime de la Libertad se décompose ainsi :

10 navires français jaugeant ensemble	4,500	tonneaux.
8 — anglais —	3,500	—
6 — allemands —	2,700	—
5 — américains —	2,000	—
5 — nationalités diverses, danois, etc.	1,200	—
Ce qui donne un total de	13,900	tonneaux.

Mais il faut tenir compte du passage trimensuel des bateaux à vapeur desservant les ports de la côte et qui, à chacun de leur passage, importent ou exportent 200 tonneaux de chargement en moyenne. Les produits qu'ils importent sont désignés sous le nom d'*abarotes*, marchandises générales, parmi lesquelles les farines de San-Francisco tiennent le premier rang. Les vins, les liqueurs, bières, etc., sont importés par navires à voiles, surtout sous pavillon français. Les droits étaient de 45 p. 100 *ad valorem*, dont 15 p. 100 en bons du Gouvernement à six mois de date. Les droits sur les importations se sont élevés en 1875 à 128,000 pesos ; nous n'avons pu nous procurer la valeur des exportations. Elles consistent surtout en café, indigo, riz, sucre commun (*mascabado*).

L'indigo était naguère soumis à un droit d'exportation de 3 pesos 75 par quintal, tandis que le café recevait une prime à la sortie. Mais ces mesures, sans être abrogées, étaient suspendues depuis deux ans ; du reste, la culture de l'indigo, celle de la canne à sucre, sont en pleine décroissance et c'est vers la production du tabac et du café que se tournent aujourd'hui tous les efforts des cultivateurs.

Le tabac s'exporte surtout au Costa-Rica ; certaines qualités, le *Copan* entre autres, rivalisent, assure-t-on, avec les meilleures feuilles de la *vuelta de abajo* ; on en fabrique déjà des cigares très recherchés dans toute l'Amérique centrale.

Le Gouvernement s'était réservé le monopole de la vente des eaux-de-vie (*estanque*) : aussi toutes celles de provenance étrangère étaient-elles frappées d'un droit de 100 p. 100 payable immédiatement.

San-Salvador n'a pas de dette extérieure ; avant les derniers événements, la dette intérieure ne s'élevait qu'à 2,500,000 pesos portant intérêt à 6 p. 100 l'an. Bien que, par le traité de Chalchuapa, aucune imposition ou contribution n'ait été imposée au pays vaincu, il est certain que cette dette s'accroîtra beaucoup par les conséquences de la guerre, d'autant plus qu'au San-Salvador, comme dans les républiques voisines, les importations exagérées de 1872-1873 ont produit une crise commerciale dont il est difficile de prévoir la fin.

Le nombre de nos nationaux répandus dans les différents centres de population de la contrée s'élève à 15 personnes ; toutes sont dans l'aisance et très bien considérées.

Dans ces derniers temps, sous la présidence du général Gonzalès, un recensement de la population avait été ordonné ; cette mesure, comme tant d'autres, d'une utilité incontestable, après avoir reçu un commencement d'exécution, fut ensuite complètement abandonnée. Les chiffres officiels sont donc en-

core ceux qui depuis si longtemps assignent à la
république une population de 600,000 habitants et
30,000 âmes à la capitale. Si le premier de ces chiffres serre de près la vérité, le second paraît singulièrement exagéré. C'est au reste beaucoup pour un
pays dont la superficie ne comprend guère que 9,600
milles géographiques carrés. Aussi jusqu'à cette dernière époque l'influence du San-Salvador servait de
contre-poids dans le Centre-Amérique à celle du
Guatemala, beaucoup plus peuplé sans doute, mais
dont la population est bien moins dense et se ressent
davantage des conséquences déplorables de l'ancien
système colonial espagnol lorsque Guatemala était la
capitale du Centre-Amérique[1].

Ainsi que nous l'avons vu, les ressources de San-
Salvador reposent sur les productions du sol, non
pas celles qu'il donne spontanément comme au Nicaragua, mais sur celles des grandes cultures, du café,
de la canne à sucre et du tabac. La population y est
essentielllement agricole et elle semble avoir en
grande partie les qualités d'ordre, d'économie que
développent le travail et la vie des champs. Malheureusement, ici encore comme dans toutes les républiques voisines, les voies de communication sont
dans un état déplorable qui paralyse l'activité des
habitants. Enfin, pour que la ressemblance soit com-

---

1. Santiago-de-los-Caballeros, fondé en 1524 par don Pedro de Alvarado.

plète, on y rêve aussi le chemin de fer. Tout se borne, il est vrai, à un tramway qui relie la capitale au village de Sainte-Tècle (trois lieues). En revanche, les communications télégraphiques sont plus complètes et le service en est régulier. Ces lignes relient tous les grands centres de population à San-Salvador et s'étendent même jusqu'à Guatemala; elles ont été nécessairement coupées pendant la dernière guerre, mais on s'occupait activement de les rétablir.

NOTES SUR VANCOUVER

ET

LA COLOMBIE ANGLAISE[1]

I.

Les immenses territoires désignés aujourd'hui sous
le nom de Colombie anglaise sont une des dernières
acquisitions de l'Angleterre, du moins comme colonie constituée, faisant partie de l'empire britannique.
Jusqu'à l'année 1858, les agents des deux compagnies du Nord-Ouest et de la baie d'Hudson parcou-

1. *The Dominion at the West ; a brief description of the province of British Colombia, its climate, and ressources. The government prize Essay, 1872,*
by Alexander Caulfield Anderson, Esq. J. P. Victoria, 1872. — *British Colombia ; Information for emigrants.* London, 1875. — *Annual report of the
minister of Mines, being an account of mining operations for gold, coal, and
silver in the province of British Colombia fort the years ending 31ᵉ december
1874, and 31ˢᵗ december 1875.* Victoria, 1875 and 1876. — *Geological survey
of Canada.* Alfred R. C. Selwyn, F. G. S. director. *Report of progress for
1872-1873, 1873-1874.* Montreal, 1873, 1874. — *Four years in British Colombia,* by C. R. Magnes, R. N. London, 1863.— *Le Territoire de la baie d'Hudson,* par M. Jules de Lasteyrie. (*Revue des Deux-Mondes,* oct. 1867.) — *Les
Derniers Peaux-Rouges,* par M. J. Lavollée. (*Revue des Deux-Mondes,* 1855.)
— *Les Régions septentrionales de l'or : Vancouver et la Colombie anglaise,*
par M. Alfred Jacobs. (*Revue des Deux-Mondes,* août 1861.)

raient seuls ces vastes solitudes, où, de loin en loin, ils avaient établi des postes fortifiés, haltes de leurs courses aventureuses, centres de leurs opérations de retraite, et autour desquels se groupaient quelques tribus d'Indiens à demi convertis à la religion et à la civilisation européennes. A cette époque, la découverte de riches gisements aurifères dans le bassin du Fraser, de la Colombie et de leurs affluents, poussa vers ces lointaines régions ce flot de mineurs californiens que toute nouvelle de ce genre attire vers les pays ouverts à leurs espérances et à leurs convoitises. Plus de quinze mille d'entre eux se trouvèrent en quelques jours transportés de San-Francisco à Victoria de Vancouver. Les institutions séculaires de la Compagnie de la baie d'Hudson, l'autorité de ses agents mêmes devenaient insuffisantes. Par un acte du Parlement en date du 2 août 1858, la nouvelle ou plutôt les nouvelles colonies de Vancouver et la Colombie anglaise furent constituées, l'une avec Victoria sur la grande île de Quadra et Vancouver pour capitale, l'autre avec New-Westminster pour chef-lieu des possessions anglaises sur le continent. Les intérêts des deux colonies semblaient identiques, ils l'étaient réellement et commandaient leur union. « La sagesse de « Downing « street » en décida autrement. Chacune d'elles jouit « pendant quelques années de l'honneur d'avoir un « gouverneur spécial, richement payé, et de la di-

« gnité d'établir ses propres lois, qui, il faut le dire,
« ne furent que trop souvent dirigées contre les in-
« térêts de la colonie voisine. » Le bon sens des deux
pays, malgré tous les obstacles, finit par prévaloir;
en 1866, l'union des deux colonies fut officiellement
décrétée. Cette situation nouvelle dura jusqu'au 20
juillet. C'est la date de l'acte d'incorporation de la
Colombie anglaise au *Dominion of Canada*.

Nul n'ignore ce qu'est le *Dominion* canadien.
Néanmoins, peut-être est-il utile de rappeler som-
mairement et son origine et sa constitution politique.
Depuis 20 ans, le principe qui prévaut dans la poli-
que coloniale anglaise, est que les colonies doivent
vivre en liberté et se suffire à elles-mêmes, sans être
rattachées à la mère patrie par d'autres liens que le
souvenir d'une origine commune et le respect pour
un souverain commun. Nulle part plus qu'au Canada
et dans les possessions anglaises de l'Amérique du
Nord, ces idées nouvelles ne répondaient mieux aux
aspirations et aux besoins du pays. Ces possessions
sont, avec les deux grandes provinces du Haut et du
Bas-Canada, dont la population dépasse 3 millions
d'âmes: le Nouveau-Brunswick avec 300,000 habitants; la Nouvelle-Écosse, qui en compte 350,000;
l'île du Prince-Édouard et la grande île de Terre-
Neuve avec 250,000 colons; enfin et la dernière de
toute, la Colombie anglaise à l'autre extémité du
continent. L'union de ces provinces en une fédéra-

tion politique pouvait seule assurer le développement de leurs richesses naturelles et surtout leur donner la force, la cohésion nécessaires pour échapper à l'attraction qu'exerçait sur chacune d'elles le voisinage de la grande république américaine. En 1867, l'entente était complète entre le Canada, la Nouvelle-Écosse et le Nouveau-Brunswick. Le bill soumis au Parlement britannique ne fit que confirmer l'existence du *Dominion of Canada*, dont les législatures provinviales avaient réglé les conditions. Le 20 juillet 1871, un nouvel acte lui annexait la Colombie anglaise. En 1873, l'île du Prince-Édouard suivait cet exemple et l'île de Terre-Neuve restait seule comme colonie isolée. Les institutions politiques du Dominion sont, on le conçoit, très libérales, et laissent une grande part à l'initiative, à la vie propre des provinces confédérées. Un Sénat composé de membres nommés à vie par la Couronne, une Chambre basse, dont la représentation est calculée sur la double base de l'étendue du territoire et du nombre des électeurs, un ministère responsable devant le Parlement, le gouverneur général, représentant de la reine, armé du droit de *veto*, mais à la condition d'en référer immédiatement au gouvernement impérial; enfin, chaque province, conservant son parlement particulier pour les affaires d'intérêt provincial, telle est, à grands traits, cette constitution du Dominion inspirée plutôt par les idées politiques de la Grande-

Bretagne que par celles qui prévalent dans la constitution des États-Unis, avec laquelle elle semble au premier regard avoir tant de points de ressemblance. C'est celle qui régit aujourd'hui la Colombie anglaise, représentée au Parlement fédéral par six députés et trois sénateurs.

Nous nous sommes vendus, avons-nous fait un bon marché ? C'est en ces termes que l'un des personnages les plus influents de Victoria caractérisait, devant nous, l'acte du 20 juillet 1871. Et, en effet, on peut se demander si l'avenir réalisera pour la nouvelle province du Dominion, les brillantes espérances et même les simples prévisions logiques qu'il semblait permis de tirer des termes mêmes de l'acte d'union. Ces termes paraissaient on ne peut plus favorables aux intérêts de l'ancienne Colombie anglaise.

Les trois premiers articles concernent la situation financière, qui est sauvegardée par une indemnité annuelle de 211,000 dollars, payés par le gouvernement fédéral à celui de la province. Les services généraux de l'administration provinciale : gouvernement, justice, douanes, postes et télégraphes ; protection et encouragement aux pêcheries ; provisions pour la milice, phares, bouées, équipages naufragés, quarantaine, hôpitaux maritimes, prisons ; explorations géologiques : tous sont à la charge du gouvernement de l'Union. De plus, tandis que par l'article

4, le Dominion s'engage à maintenir un service postal de steamer bimensuel entre Victoria et San-Francisco, bihebdomadaire entre Victoria et Olympia au fond du Puget-Sound, sur le territoire de Washington, les articles 11 et 12 stipulent la construction, en dix ans à courir de la signature de l'acte d'union, d'un chemin de fer qui, partant d'un des points de la côte du Pacifique, se reliera au réseau des voies ferrées du Canada ; les mêmes articles règlent les conditions économiques et financières de cette œuvre, longtemps regardée comme chimérique. Au 1ᵉʳ août 1873, les premiers travaux auraient dû être commencés ; c'est à peine s'ils le sont aujourd'hui. Ce retard peut-être obligé, en tous cas facile à comprendre, doit-il faire mettre en doute l'exécution de ce projet dans un prochain avenir ? Ce serait, à notre avis, mal connaître l'esprit de persévérance des colonistes anglais, ce serait surtout bien mal apprécier les avantages positifs, pratiques, d'une nouvelle voie de communication continentale entre les deux océans, même dans ces latitudes élevées. Un des hommes qui ont le rare mérite en ces questions de ne parler que de ce qu'ils ont vu, a essayé de les mettre en pleine lumière. Ce serait affaiblir ses arguments que de les exposer dans une simple analyse.

« Aux termes mêmes de l'acte d'admission de la Colombie anglaise dans la confédération canadienne,

dit-il, le gouvernement du Dominion se charge, entre autres choses, de construire un chemin de fer du
Canada au Pacifique, à travers le territoire de la
province, et cela dans un délai de dix ans. En juillet 1871, presque en même temps que l'annexion
était proclamée, les études de reconnaissance étaient
vigoureusement entreprises sur les deux versants
des montagnes Rocheuses. Il serait vain de vouloir
anticiper sur le résultat de ces études, mais il est
permis d'indiquer la route probable à l'Ouest du
Saskatchewan. En quittant cette rivière près du fort
Edmonton, la ligne de partage des eaux du Saskatchewan et de l'Atthabasca, ne présentant aucune
difficulté serieuse aux ingénieurs, peut conduire au
sommet des montagnes Rocheuses. Cette ligne y pé-
nétrant par la passe de Jasper's-House, longe les
les hauteurs en s'éloignant un peu de Miettes's-Ri-
ver et atteint le Fraser près de Tête jaune's Cache;
de là, par les contreforts de Cranberry-Fork, elle
rejoint la branche nord du Thomson.

« La passe par les bassins de la Miette et du Fraser est d'une pente si graduelle, elle offre si peu
d'obstacles sérieux, qu'on peut l'appeler une route
naturelle. Sa direction vers ce qui peut être regardé
comme le *terminus* probable du railway sur la côte
du Pacifique, lui donne un avantage précieux sur
toutes les autres lignes d'approche, et quoique la
profondeur de la neige à son point le plus élevé soit

beaucoup plus grande pendant l'hiver que celle que
je lui ai vu gravement assigner, elle est de beaucoup inférieure à celle de toute autre passe que je
connaisse, soit personnellement, soit par le rapport
d'autres voyageurs. De plus, par suite de certains
phénomènes que je ne me charge pas d'expliquer,
mais qui sont positifs, la neige y est plus compacte et
ne se soulève pas en tourbillons aussi facilement que
dans les autres passages; elle est par suite beaucoup plus facile à combattre. C'est là un fait essentiel; il faut, en effet, tenir compte que les temps
d'arrêt qui se produisent pendant l'hiver sur le
Union Pacific Railway sont surtout dus aux tourbillons de neige. Il est très remarquable que sur la
ligne de transit que nous indiquons, et dans la vallée de l'Atthabasca, à 30 milles au-dessus et au-
dessous de Jasper's-House, la neige ne s'accumule
jamais. Une herbe épaisse y recouvre le sol en toute
saison, et les nombreux troupeaux de chevaux que
jadis y entretenait la Compagnie de la baie d'Hudson pour les transports à travers les montagnes, vi-
vaient pendant tout l'hiver dans la plaine. Il y a
déjà bien des années, je traversais cette plaine en
venant du Saskatchewan, et je me souviens que,
quoique ce fût pendant un hiver des plus rigoureux,
la neige était entièrement disparue sur les rives im-
médiates de la rivière, à l'embouchure du Cranberry-Fork, près de Tête jaune's Cache. A une dis-

tance de 40 milles en descendant le Fraser, la glace était complètement dépouillée de neige. Un vent chaud prévalait, accompagné de temps en temps par une pluie légère. On pourrait en inférer que ce courant chaud, s'étendant à travers la passe, exerçait là son influence modificatrice, et que, se répandant ensuite à travers Jasper's-Valley, il produisait les effets que nous avons signalés. Je pourrais remarquer en passant que des effets analogues ont lieu en divers points de la Colombie anglaise; mais, ainsi que je l'ai dit, je n'ai pas la prétention d'expliquer ces phénomènes, et surtout d'en tirer les conséquences: de telles conclusions ne peuvent être formulées qu'après de longues et attentives observations, et sont au-dessus de la portée d'un simple voyageur, s'efforçant de franchir les solitudes du désert et anxieux d'arriver au port.

« Le point où le railway atteindra la côte est encore un problème à résoudre. Butte-Inlet, au Nord de Nanaimo, semble le port le plus favorable, en supposant toutefois qu'on puisse jeter un pont sur le détroit, à Johnstone's-Narrows, et continuer ainsi la ligne jusqu'à Esquimalt (le vrai port de l'île Vancouver). Autrement, un point plus au Sud, peut-être Burrard's-Inlet, sera choisi très probablement. Un ferry à vapeur prolongerait le chemin de fer jusqu'à Nanaimo et de là, par un autre tronçon, on parviendrait jusqu'à Esquimalt, le grand *terminus* qu'il est indispensable d'atteindre. Dans tous les cas, la voie ferrée, après avoir descendu la branche nord du Thompson, devra se diriger à l'Ouest et rallier le Fraser par une des dépressions qui avoisinent Bridge-Creek. C'est au reste ce que décideront les reconnaissances en voie d'exécution.

« Quoi qu'il en soit d'ailleurs, les explorations déjà faites démontrent que les difficultés qui s'opposent à l'accomplissement de cette grande œuvre nationale sont bien moindres qu'on ne s'y attendait. On peut donc espérer, grâce à l'énergique volonté d'avancer qui anime tout le monde, que dans un prochain avenir cette œuvre sera réalisée. Ses conséquences au point de vue national, et surtout l'influence qu'elle exercera sur l'avenir de cette province, peuvent être facilement imaginées. Nous hasarderons néanmoins quelques réflexions, inutiles sans doute pour quelques-uns, mais peut-être capables d'exciter l'attention du grand nombre de nos lecteurs.

« Une entreprise de cette nature ne doit pas être regardée seulement à un point de vue local et exclusif. Son succès touche pour l'avenir aux intérêts commerciaux, non seulement de l'Angleterre, mais du monde entier. C'est, je pense, dans le livre de lord Milton et du docteur Cheadle que cette route a été si bien nommée le vrai passage du Nord-Ouest, de même que le canal de Suez peut être appelé le vrai passage du Sud-Est. C'est ainsi qu'il faut la regarder [1]. Néanmoins, je me bornerai à ce qui touche les intérêts de la Grande-Bretagne. Nos actifs et entreprenants compétiteurs pour la suprématie commerciale, les États-Unis, ont déjà une ligne en pleine opération depuis trois ans, et leur succès est un encouragement pour des entreprises analogues. Déjà, en 1866, alors que ce succès comme opération financière semblait problématique, un autre chemin de fer transcontinental, le *Northern Pacific,* était en projet. Il devait aboutir dans le territoire de Washington, soit à Admiralty-Inlet, soit à Seatle-Inlet, soit à Olympia dans le Puget-Sound. Ce projet n'a pas été poursuivi avec la persévérante énergie que nos voisins mettent à leurs entreprises [2]. Enfin, le dernier venu dans l'arène apparaît : le *Canadian Pacific Railway.*

« J'extrais d'un mémoire de M. Alfred Wadding-

1. *Passage du Nord-Ouest par terre,* par lord Milton et le Dr Cheadle. Lord Milton, fils aîné de lord Fitz-William, et le Dr Cheadle renouvelèrent, en 1865, le voyage du fort Garry à Victoria, que tant de trappeurs et un artiste canadien, M. Kane, ont accompli si souvent sans toutes les surprenantes aventures que raconte leur livre. Les souffrances qu'ils ont endurées proviennent sans doute de l'absence d'un guide sûr, car ils traversèrent la passe de Jasper's-House en juillet, époque où les chemins sont entièrement ouverts aux trappeurs et aux Indiens.

2. Il a abouti à une catastrophe financière qui en a entraîné bien d'autres et occasionné une crise financière jusque-là sans exemple. « Les actions du Nord-Pacifique ont tout à coup monté à des taux inespérés. Un beau jour cela s'en est allé en fumée. Les banquiers qui étaient à la tête de cette affaire ont fait dans Wall-Street, à New-York (septembre 1863), une faillite formidable. » (Simonin, *les Grands lacs d'Amérique.*)

ton les chiffres suivants comparatifs de ces diverses routes :

De New-York à San-Francisco (chemin en opération) distance de New-York par Chicago à Omaha sur le Missouri. . . . . 1,531 milles.
De Omaha à San-Francisco . . . . 1,830 —

Total. . . . . 3,361 milles.

Northern Pacific Railway de New-York à Superior-City sur le lac Supérieur. . . . . 1,500 milles.
A Judith-Mountains. . . . . 895 ⎫
An Colombia au Roque de Walla-Walla . . . . 660 ⎬ 1,775 —
A Seattle, à Olympia . . . . 220 ⎭

Total. . . . . 3,275 milles.

Canadian Pacific Railway (en projet) de Montréal à Ottawa (*via* Ottawa Rew). . . . . 115 milles.
D'Ottawa à But-Inlet . . . . 2,885 —
De Bute-Inlet à Esquimalt 200

Total. . . . . 3,200 milles.

« En ce qui touche le commerce avec l'Orient, s'il n'est pas paradoxal d'appeler l'Orient les pays que nous abordons par l'Ouest, les considérations suivantes sont à noter : prenant Yokohama au Japon comme point de départ, la distance à Esquimalt peut être évaluée en nombre rond à environ 4,200 milles géographiques ; c'est la traversée d'un mois pour un navire à voiles. Canton est probablement 15 jours plus éloigné comme temps. Mesurées sur la carte, les distances de ces ports à San-Francisco sont, à peu de chose près, les mêmes. Mais, dans la pratique, grande est la différence. Le professeur Maury, de Washington, a écrit les lignes suivantes : « Les « *trade winds* placent si bien l'île de Vancouver sur

« le bon côté de la route de Chine et du Japon à
« San-Francisco, qu'un navire à voiles allant à ce
« dernier port fait la même route que s'il allait à
« Vancouver ; de sorte que toutes les marchandises
« de retour prendront cette voie, pour épargner deux
« ou trois semaines de navigation, en dehors des ris-
« ques et de la dépense. » D'où il est logique de conclure que le *Canadian Pacific Railway* se terminant
à Esquimalt, aura un grand avantage sur la ligne
actuelle de San-Francisco à New-York. Ce dernier
port, néanmoins presque équidistant avec Montréal,
de Londres et de Liverpool, est considérablement
plus éloigné qu'Halifax, où pendant l'hiver, quand
la navigation du Saint-Laurent est rendue impossible par les glaces, il faudrait étendre le transport des
marchandises. Cela nécessiterait un nouveau transport de 482 milles sur l'*Intercolonial Railway*, déjà
en opération. Mais dans ce cas, le point d'embarquement sur l'Atlantique serait de 500 milles plus rap-
proché de l'Angleterre que ne l'est New-York. Il
semble donc évident, si les considérations précédentes sont justes, que le chemin de fer en projet abrège
la route de Chine en Angleterre de près de 700 milles, et si les observations de Maury sont exactes, de
1,000 milles, eu égard à la route actuelle par San-
Francisco[1]. »

1. *The Dominion at the West*, par Alexandre Caulfield Anderson. J. P.

Ces considérations purement commerciales sont-elles les seules qui décideront du *Canadian Pacific Railway*? N'y a-t-il pas dans l'activité fébrile des grands États du Far-West américain un puissant stimulus pour le gouvernement du Dominion? Comme on l'a dit si souvent, la prise de possession de ces riches et vastes pays n'est-elle pas assurée à celui des deux peuples qui le premier créera les routes qui seules peuvent féconder leurs richesses naturelles, si nombreuses et si grandes à la fois? Le développement que comporte un pareil sujet nous entraînerait trop loin, pour le moment. Mais il nous semble permis d'affirmer, ne serait-ce qu'à voir l'impulsion vigoureuse donnée aux travaux par le gouvernement canadien aussi bien que par celui de Victoria, pendant notre séjour à Vancouver, que l'achèvement du nouveau chemin de fer transcontinental n'est plus qu'une affaire de temps, et d'un temps relativement très court. Le retard que subit l'exécution de l'article 11 du décret d'union ne s'explique que trop bien du reste par la nature des pays que traversera la nouvelle voie ferrée, surtout dans le territoire même de la Colombie anglaise.

II.

On sait quelles difficultés s'élevèrent entre les États-Unis de l'Amérique du Nord et de la Grande-Bretagne à propos des frontières de leurs possessions sur les rivages septentrionaux du Pacifique. La question de l'Orégon d'abord, la question du San-Juan ensuite, furent pendant longtemps des sujets de discussions passionnées entre ces deux grandes puissances ; un moment même l'occupation armée de l'île San-Juan par des troupes fédérales fut sur le point de faire éclater la guerre : il n'en fut pas ainsi heureusement. La dernière de ces questions fut soumise à l'arbitrage de S. M. l'Empereur d'Allemagne, dont la sentence, prononcée en 1872, a été respectueusement acceptée, et les deux pays finirent enfin par tomber d'accord. Les conventions arrêtées fixent ainsi qu'il suit les limites de la Colombie anglaise : le 49ᵉ parallèle nord, depuis le golfe de Géorgie jusqu'au point où il coupe la chaîne des montagnes Rocheuses, par le 116ᵉ méridien de Paris, la sépare du territoire américain de Washington. La ligne des frontières court alors sur le sommet des montagnes Rocheuses jusqu'au 62ᵉ degré de latitude nord à la hauteur du parallèle du mont Saint-Élie ; là, elle s'infléchit au Sud-Ouest et prolonge jusqu'au 55° degré environ, l'ancien territoire russe, aujourd'hui américain, d'Alaska, jusqu'au point où elle rencontre le rivage du Pacifique. Cet océan devient naturellement la frontière occidentale de la colonie, mais en y comprenant les grandes îles de la Reine-Charlotte, de Vancouver et les archipels sans nombre qui forment entre elles un dédale inextricable de détroits, de canaux, d'inlets et de sounds, encore inexplorés de nos jours.

Le climat de la région dont nous venons de donner les extrêmes limites est bien moins rude que ne pourrait le faire supposer sa position géographique; par un phénomène que nous n'avons pas à expliquer, mais dont les résultats sont positifs si on compare ce climat à celui des pays situés sur les bords de l'Atlantique, les lignes isothermiques s'inclinent de dix degrés de latitude en faveur de la Colombie anglaise. La température moyenne est de 50 degrés Fahrenheit, c'est-à-dire celle du 41° parallèle sur le rivage oriental du continent américain; en un mot, alors que le climat de Québec est *excessif*, celui du bassin inférieur de la Colombie, par la même latitude, est au contraire tempéré et rappelle celui du Midi de l'Angleterre et du Nord de la France. On conçoit du reste les extrêmes variations qu'y apportent l'altitude des montagnes et de leurs hauts plateaux, la direction des vallées, leur exposition plus ou moins favorable. Mais, comme fait général, la comparaison se soutient dans tous les districts méridionaux de Vancouver et du bassin du Fraser, centres actuels de la colonisation. Il faut ajouter que, comme salubrité, ces régions, surtout certaines vallées du Coast-Range, doivent être classées parmi les plus saines du monde entier. Des faits très nombreux que les vieux colonistes citent avec complaisance l'ont mis hors de toute discussion, et l'on peut dire avec eux que le climat de la province entière est essentiellement *an invigorating one.*

British Colombia is emphaticaly a land of lakes : La Colombie anglaise est essentiellement un pays de lacs. — C'est en effet le caractère frappant de ce vaste territoire ; mais n'est-ce pas aussi celui de toutes les régions septentrionales du continent américain ? On devine le rôle que jouent dès aujourd'hui, que sont appelées à jouer surtout dans l'avenir ces grandes et belles nappes d'eau, autour desquelles s'étendent le plus souvent des plaines couvertes d'abondants pâturages et les terres les plus fertiles. Les rivières profondes qui s'en échappent forment autant de canaux qui couvrent le pays d'un réseau de voies navigables reliant entre elles les provinces les plus reculées. Tantôt traversant un long chapelet de lacs comme le Lillicoet à travers les lacs Harrisson, Pemberton, Anderson, Seton, et suivant une ligne parallèle au cours de quelque fleuve, où la navigation est rendue trop pénible par la force du courant, et plus souvent encore par de nombreux rapides, elles le suppléent dans son rôle « de chemin qui marche »; tantôt se hâtant vers la mer, au fond d'un de ces fiords qui dentellent le rivage de leurs profondes échancrures, elles ouvrent une voie directe aux pionniers vers les montagnes de l'intérieur; tantôt enfin, convergeant vers quelque vallée centrale, elles forment par la réunion de leurs eaux, un fleuve majestueux, véritable artère politique et commerciale du pays. La carte seule peut donner une idée de leur nombre, de leur direction, de l'étendue de leurs bassins, et encore n'en peut-elle donner qu'une idée imparfaite, car la plupart d'entre elles ont à peine été reconnues. Même aujourd'hui leurs noms sont encore ceux que leur donnaient les Indiens errant sur leurs rives. Quelques-uns de ces cours d'eau cependant sont plus connus par les noms européens que leur imposèrent les premiers explorateurs du pays; parmi eux, il faut citer le Fraser, la Colombia et la rivière de la Paix, *Peace River*. Cette dernière rivière est un affluent du Mackensie, auquel elle vient se joindre à travers les montagnes Rocheuses, après avoir été grossie des eaux du Findlay, renommé par la richesse de ses sables aurifères; elle commande un des passages à travers les montagnes Rocheuses. Le Colombia, qui prend sa source plus au Sud dans la même chaîne de montagnes, entre, après avoir formé les deux grands lacs de l'Arrow, dans le territoire de Washington par le 49ᵉ degré de latitude; seul le Fraser est tout entier contenu dans le territoire de la Colombie anglaise. Il en est donc le fleuve essentiel, national, et il n'est point étonnant que son nom ait un moment désigné la colonie anglaise aux premiers jours de son existence. A tous ces titres, son cours mérite d'être étudié avec quelques détails.

Le Fraser est le *Tacout-ché-tesse* des Indiens, le fleuve des Tacully. Il fut reconnu pour la première fois dans son bassin supérieur par Sir Alexander Mackensie en 1793. En 1808, deux employés de la Compagnie du Nord-Ouest l'explorèrent jusqu'à son embouchure; c'étaient MM. John Stuart et Simon Fraser; ce dernier lui donna le nom européen sous lequel il est aujourd'hui connu. La source de la branche principale, la plus méridionale des deux, est dans les montagnes Rocheuses par 53°45' de latitude nord et environ 124°30' de longitude ouest, un peu au Sud de Jasper's-House. A quelques lieues de ce point de départ, cette branche, qui n'est qu'un ruisseau insignifiant, entre dans le lac Cow-Dumq, d'où elle s'échappe pour se réunir à une branche secondaire qui vient du Nord. Leur union forme alors un cours d'eau déjà considérable, que d'autres affluents venant du Nord grossissent encore, et qui se dirige à travers une série de lacs vers un des points les plus remarquables de cette région. Tête jaune's

Cache, « la cache de Tête-Jaune », un trappeur indien dont le nom, presque légendaire dans ce pays, atteste avec tant d'autres noms français la puissance des souvenirs qu'a laissés, parmi les peuplades indiennes, notre occupation, hélas! éphémère du Canada.

De Tête jaune's Cache jusqu'à son confluent avec la branche septentrionale, un peu au Nord du 54ᵉ parallèle, la branche méridionale du Fraser ne reçoit qu'un affluent important : c'est le Beard-River qui court du Sud au Nord après avoir traversé le lac de ce nom. Les deux *forks* réunis se dirigent un moment vers l'Ouest, puis ils s'infléchissent brusquement au Sud. Au fort Georges, établissement de la baie d'Hudson, une rivière très considérable qui coule de l'Ouest à l'Est, le Stewart-River, vient encore grossir le volume de leurs eaux et en fait ainsi un fleuve vraiment imposant. Sa direction générale jusqu'à son embouchure reste d'ailleurs constante au Sud, ou plutôt au Sud quelques degrés Est. De sa source jusqu'au fort Alexandra, le fleuve forme un immense fer à cheval dont les deux branches enserrent le district montagneux du Cariboo, où ont été découverts les riches gisements aurifères de ce nom. Quesnell, Alexandra Fort, Clinton, Lytton, où le Thompson se jette dans le Fraser-Yale, sont les principales stations dans le cours supérieur du fleuve. Enfin, si Tête jaune's Cache est la limite de la navigation en pirogues, Yale est celle de la navigation à vapeur, de même que New-Westminster, la capitale de la province continentale, est le point extrême que puissent atteindre les navires de mer proprement dits. New-Westminster n'est, du reste, qu'à quelques lieues de l'embouchure du fleuve, sur la branche principale du delta qu'il forme en se jetant dans le golfe de Géorgie, après s'être infléchi de l'Est à l'Ouest, à la hauteur du village de Hope, dont la création récente est due aux mines d'argent qui viennent d'y être reconnues.

Ce rapide tableau du cours du Fraser, ces nombreux affluents dont nous n'avons cité que les plus considérables, ces lacs où la plupart d'entre eux s'alimentent, font deviner la nature montagneuse, tourmentée du pays. Trois chaînes de montagnes, d'inégale hauteur, courent en effet presque parallèlement les unes aux autres et aux rivages de l'Océan. Elles séparent ainsi la Colombie anglaise en trois régions distinctes, et par leur végétation, et par leur climat et par leur constitution géologique encore mal étudiée. Ce sont, à l'Est, les Rocky-Montains (les montagnes Rocheuses), dont un sentier indien franchit le faîte à 4,300 pieds d'altitude au-dessus de l'Océan; le Cascade-Range au centre, dont le nom caractéristique rappelle les cascades que forment les torrents sans nombre qui s'échappent de ses flancs escarpés, et enfin le Coast-Range, à quelques lieues de l'Océan. Mais chacune de ces chaînes principales projette dans tous les sens, dans toutes les directions de nombreux contreforts, et en fait, sauf sur quelques points des rives du Fraser et des autres grandes rivières, on ne trouve aucune prairie dans le sens qui en Amérique s'attache à ce mot. Le sol même, dans les districts les plus propres au pâturage, appartient à cette sorte de terrains que les squatters appellent *ondulating country*, c'est-à-dire une série de collines ondulées se suivant l'une l'autre comme les grandes vagues de l'Océan un jour de tempête. Les caractères généraux du pays sont au reste indiqués à grands traits sur la carte qui accompagne le livre des émigrants. L'île de Vancouver, les archipels qui la relient au continent et enfin tout le versant occidental du Cascade-Range, depuis la rive droite du Fraser jusqu'au territoire d'Alaska, sont essentiellement des contrées boisées, où quelques vallées propres à la culture apparaissent comme des taches clairsemées, isolées à grande distance l'une de l'autre. La rive gauche du fleuve jusqu'à celles de la Colombia, ainsi que le pays compris entre la rive droite et les versants orientaux du Coast-Range, appartiennent au contraire au genre *ondulating country*; quant aux prairies, elles ne sont pas même indiquées. Elles existent cependant, si on en juge par la merveilleuse rapidité avec laquelle

le bétail de tout genre s'est accru dans les dernières
années, les seules pendant lesquelles des établissements agricoles sérieux aient été entrepris. A défaut
de statistique officielle, on peut accepter les chiffres
suivants comme au-dessous plutôt qu'au-dessus de la
réalité : 35,000 bœufs, 7,000 chevaux, 15,000 moutons, 10,000 porcs. Aux prix moyens de 50 dollars
par vache, 100 dollars par cheval, 7 dollars par mou-
ton et 5 dollars par porc, c'est un capital de plus de
10,000,000 de fr. N'est-ce pas un témoignage irrécusable en faveur du pays aussi bien que des colons
qui s'y sont fixés, sans doute pour toujours? Ces colons appartiennent pour la plupart à la même race
que les hardis *settlers* australiens qui, en moins d'un
demi-siècle, ont transformé un continent désert en
un des plus riches foyers de production du monde
entier; ils apportent dans la Colombie anglaise les
mêmes qualités précieuses de persévérance, d'économie, d'ordre et de travail. Dans ce pays, où ils
retrouvent du moins et le climat, et le ciel, et le sol
de leur patrie, réussiront-ils moins bien que ne l'ont
fait les émigrants australiens dans une contrée nouvelle pour eux? Nul n'en doute dans la colonie, et
pour tous ceux qui connaissent à fond les immenses
richesses de ce sol vierge encore; c'est sur leur
exploitation patiente et persévérante que reposent
leurs plus sûres espérances, je dirai plus, leur confiance inébranlable dans l'avenir de leur patrie nou-

velle. Jusqu'à ces derniers temps, il est vrai, ces richesses ont été méconnues et dédaignées; qui s'en étonnerait néanmoins et est-ce bien une raison de douter de cet avenir?

Les traits essentiels qui caractérisent les origines, les commencements de Melbourne et de San-Francisco sont ceux que l'on retrouve au point de départ de la Colombie anglaise. Sur une moins vaste échelle, les mêmes phénomènes économiques et sociaux se reproduisirent sur le Fraser et à Victoria, dès que le bruit se répandit de la découverte des nouveaux placers. Sans la fièvre de l'or, peut-être les agents, les sujets de la Compagnie de la baie d'Hudson seraient-ils seuls avec les Indiens à parcourir, comme ils le faisaient depuis deux siècles, ces vastes solitudes que déjà la civilisation européenne pénètre de toutes parts. Mais heureusement cette fièvre ne fut qu'un accès passager; si elle n'est pas entièrement disparue, on put du moins, dès les premiers jours, la modérer, la contenir dans ses écarts; l'esprit d'ordre, le respect de la loi qui à un si haut point caractérisent la pure race anglaise, prévalurent bien vite en effet sur la turbulence, l'énergie désordonnée des mineurs californiens et, dès à présent, maintenue dans les limites où toutes les passions humaines deviennent fécondes dans leurs effets, cette passion de l'or est plutôt un gage de prospérité qu'un danger pour la colonie. Les mines semblent être le ferment d'activité nécessaire à la colonie naissante, et comme le creuset où s'épurent, en y dépensant le trop-plein de leurs forces, les hommes aventureux qui partout, et surtout dans ces rudes contrées, sont les pionniers de la civilisation. 2,500 ou 3,000 mineurs exploitent les riches gisements aurifères du Cariboo, de l'Ominica, du Cassiar; mais ils ne sont désormais qu'une faible minorité dans la population européenne, et il n'est que vrai de reconnaître que les efforts principaux de cette population sont dirigés vers d'autres industries sédentaires et surtout vers les industries agricoles. C'est là certes un indice assuré de l'avenir vers lequel marche cette jeune société. Ces industries ne sont-elles pas en effet une véritable force sociale, peut-être la plus puissante de toutes? Ne sont-elles pas celles qui permettent à la famille de se constituer dans ses bases fondamentales, la propriété terrienne, tandis que famille et propriété répugnent à l'esprit des mineurs comme aux chances aléatoires de la vie et du travail des mines.

Néanmoins, avant de rechercher où en sont dans la Colombie anglaise les industries auxquelles nous assignons ce rôle essentiel dans son développement futur, il convient de résumer en quelques pages la situation réelle de l'industrie minière; il serait absurde d'en méconnaître l'importance dans le présent comme dans l'avenir.

III.

Dans son second rapport annuel, et pour l'année finissant le 31 décembre 1875, l'honorable A. C. Elliot, ministre des mines de la province, a publié une carte dont les lignes (*graduated scale*) résument les variations, depuis l'année 1858, du rendement des districts aurifères de la Colombie anglaise, et celles de la population ouvrière qui s'est livrée à leur exploitation. Un simple coup d'œil jeté sur cette carte suffit pour les suivre dans leur marche tantôt ascendante, tantôt rétrograde. Les six premiers mois de l'année 1858 ouvrent la ligne par un rendement de 520,800 dollars avec un nombre rond de 3,000 ouvriers, mais dès l'année suivante les chiffres s'élèvent respectivement à 1,615,072 dollars et à 4,000 travailleurs, dont le salaire moyen est de 403 dollars. La progression est constante jusqu'à l'année 1864 où le revenu général est de 3,735,850 dollars répartis sur 4,400 personnes. C'est là un maximum qui ne sera pas dépassé, qui même ne sera plus atteint dans la période qui nous occupe. De 1864 à 1873, en effet, la courbe indicatrice fléchit et ne donne dans la dernière année qu'un rendement de 1,305,749 dollars, résultat du travail de 2,300 mineurs. Les deux années 1874 et 1875, au contraire, indiquent un nouvel essor et semblent devoir inaugurer une période ascendante. Les chiffres qui leur correspondent sont, pour l'année 1874, 1,844,618 dollars recueillis par 2,868 mineurs dont le gain est de 643, tandis que pour 1875, où le chiffre des ouvriers tombe à 2,024, le rendement total s'élève à 2,474,904 dollars, ce qui donne une part proportionnelle de 1,222 par tête. En résumé, avec une population minière s'élevant, année moyenne, à 3,220 travailleurs, les districts aurifères de la Colombie anglaise ont, depuis leur découverte en 1858, produit une valeur de 38,166,970 dollars. Quant à leur situation actuelle, à ce point de vue, elle est ainsi résumée dans le rapport officiel dont sont extraits les chiffres qui précèdent : « On voit qu'aucune nouvelle localité aurifère n'a été découverte; les gisements qui ont été exploités étaient déjà connus, mais la prospérité de l'industrie minière se soutient dans tous les districts; elle est en progrès au Cariboo et au Cassiar. Dans cette dernière localité, les terrains d'exploitation ont été beaucoup améliorés, et de nouvelles opérations peuvent aujourd'hui être entreprises qui promettent les meilleurs résultats. »

Quelle que soit l'importance des chiffres que nous venons de donner, ils sont surtout des indices de l'avenir du pays, et c'est surtout ainsi qu'il faut les regarder. Sauf peut-être au Cariboo, les procédés

employés sont encore primitifs et n'ont rien à voir
avec les développements qu'a pris l'industrie minière
en Californie. Cela tient à des causes diverses et il
convient d'ajouter les plus essentielles. Les gisements
aurifères de l'ancienne Colombie anglaise sont répandus sur un immense territoire et aujourd'hui
presque isolés les uns des autres ; ils s'étendent, en
s'échelonnant pour ainsi dire par degrés de latitude,
depuis Rock-Creek, sous le 40ᵉ parallèle, jusqu'au
bassin de la Liard, à la hauteur du 60ᵉ degré ; c'est
une distance de plus de 700 milles. Les terrains en
exploitation se rencontrent sur les flancs d'une chaîne
de collines qui, sous le nom de Selkirk-Range, sont
limitées à l'Est par les montagnes Rocheuses et à
l'Ouest par le Cascade-Range. Leur surface est d'environ 115,000 milles carrés, et on peut dire que dès
maintenant l'or a été cherché et trouvé dans presque
tous les points de ce vaste territoire. Semilkameen,
Rock-Creek et Kootenay, entre le 49ᵉ et le 50ᵉ parallèle ; Gope, Yale, Litton, Lilloet, Bridge-River et
le Big-Bend de la Colombia, entre le 50ᵉ et le 52ᵉ
degré de latitude ; Cariboo, Quesnel, Keithley et
Harvey, quatre degrés plus au Nord ; Omineca, les
mines du Peace-River, de la Skeena et de la Naas,
entre 54 et 56 degrés de latitude nord, auxquels succèdent les riches gisements du Cassiar et de la rivière Liard, par le 60ᵉ degré, en dehors même des
limites politiques de la province, justifient les asser-

tions précédentes; mais tant qu'une population plus dense, des voies de communication plus sûres et plus rapides, n'auront pas permis la reconnaissance totale du Selkirk-Range, nul ne peut dire quel sera l'avenir du pays au point de vue de la production de l'or. Néanmoins, dût cette reconnaissance démentir les conjectures de la science théorique et de l'expérience pratique des mineurs, les districts aurifères déjà exploités, déjà même abandonnés sont loin néanmoins d'être épuisés réellement et resteront longtemps encore une source d'abondantes richesses pour la colonie.

Ainsi que nous l'avons déjà dit en effet, si l'on en excepte le Cariboo, où 5 machines à vapeur, 27 roues hydrauliques, 13 tunnels et 63 puits de mine annoncent une prise de possession déjà ancienne, partout les procédés d'exploitation sont presque primitifs : le *rocker* et le *slice-box*. L'or se trouve sur des *bars* laissés à sec par des chutes d'eau, dans le lit et sur les berges de rivières plus ou moins considérables, sur les plateaux (*benches*), au-dessus du niveau de leur cours habituel, et qu'elles ont abandonnés, dans de petits ruisseaux, *creeks and gulches*; souvent enfin à une grande profondeur au-dessous du sol, dans les lits d'anciens torrents. Ces mots *bars, benches, creeks, gulches,* font partie de la phraséologie particulière aux mineurs californiens qui les ont importés dans la province; il peut paraître facile de les traduire littéralement, mais dans la pratique, leur donner leur véritable signification, reconnaître les accidents de terrains particuliers qu'ils désignent, constitue un art difficile et, encore mieux peut-être, révèle ce don heureux par lequel s'expliquent les chances extraordinaires de certains chercheurs d'or, au coup d'œil infaillible. Est-ce du moins le seul don nécessaire? En dehors même de l'expérience qui peut seule faire reconnaître le précieux métal, sous les formes, sous les couleurs qui le dérobent au mineur inexpérimenté, combien d'autres qualités d'énergie morale ne sont-elles pas indispensables au succès! La découverte des riches placers du Cassiar peut en donner la mesure. Voici comment la raconte et en pur style officiel le commissaire des mines de ce nouveau district :

« De très bons indices faisaient croire depuis longtemps à l'existence de riches gisements aurifères sur les berges et sur les bars du Sticken River; dans ces derniers temps, plusieurs compagnies s'étaient formées pour les reconnaître et les exploiter, mais sans aucun résultat sérieux; leur découverte était réservée à un explorateur venu de l'intérieur à travers les passes des montagnes Rocheuses, elle devait être la récompense de l'intrépidité et de la persévérance de M. Thibert, sur lequel j'appelle votre attention.

« Quittant le Minnesota en juin 1869, avec un

compagnon et un faible approvisionnement des choses les plus nécessaires à la vie, consistant surtout
en munitions de chasse, M. Thibert partait pour une
longue et périlleuse campagne dans l'intention de
passer deux ou trois hivers, comme trappeur, dans le
territoire du Nord-Ouest, et ensuite de gagner le
Pacifique par la Colombie anglaise, en franchissant
les montagnes Rocheuses. Son compagnon et lui passèrent leur premier hiver sur les bords du grand lac
de l'Esclave. En 1870, ils reprirent le cours de leurs
chasses et de leur reconnaissance (*prospecting*) comme
mineurs, et passèrent leur second hiver sur les bords
du Mackensie, 75 milles plus au Nord.

« En 1871, ils franchirent les montagnes Rocheuses et hivernèrent dans un vieux fort de la Compagnie d'Hudson, sur la rivière Ure ou Deloire. Leurs
provisions commençaient à s'épuiser; il ne leur restait qu'un peu de tabac et quelques munitions. Dans
cette région déserte et inhospitalière ils eurent de
terribles privations à supporter; leurs fusils étaient
leur seule ressource pour vivre. Dans le cours de cette
année, ils rencontrèrent un autre intrépide voyageur,
bien connu dans ces pays, M. Cullough, qui hiverna
avec eux. Jusqu'à ce jour, ils n'avaient pas même
entendu parler de la Dease-River. En suivant le
cours de la Deloire dans l'année 1872, ils atteigni-
rent Dease-Lake, où ils se séparèrent de M. Cullough. Leur première rencontre de l'or fut à un

endroit nommé *Devil's portage* (le portage du diable), où la rivière traverse les montagnes Rocheuses. Le 14 février 1873, ils partirent pour Dease-Lake, scrutant les creeks qui s'y jettent, et bientôt ils tombèrent sur de riches prospects, où, comme à Thibert's-Creek, ils recueillirent deux onces d'or par jour à une profondeur de un à trois pieds, travaillant avec un rocker. L'or était trouvé sur un fond de cette roche particulière que, dans leur langue, les mineurs appellent Roche-Noire.

« Dans les années 1874 et 1875, un millier de mineurs a visité ces creeks et, quoique la saison de travail soit très courte, la quantité d'or qu'ils ont recueillie s'élève à 2,000,000 environ[1]. »

Si cette lettre donne la mesure de ce que les pionniers de l'or apportent d'énergique persévérance dans leurs recherches, elle fait comprendre aussi ce que nous disions naguère de l'état réel des gisements aurifères qu'ils ont exploités et abandonnés ensuite. Sur les bars près des confluents des rivières et des creeks, l'or se trouve en poussière impalpable, *the flour gold* (la farine d'or); à mesure que l'on remonte le courant, les pépites deviennent plus lourdes, moins usées par les eaux, jusqu'à ce que les veines de quartz, d'où l'on peut supposer que le précieux métal a été désagrégé, soient enfin reconnues sur les

---

1. *Rapport annuel du Ministre des mines de la province de Colombie*, année 1875.

flancs escarpés des montagnes où les creeks prennent leur source, le plus souvent au milieu de précipices inaccessibles et infranchissables. Ainsi se justifie l'opinion générale parmi les mineurs que, dans toute la Colombie, on n'a jusqu'à ce jour exploité que les mines les moins riches. Nous avons dit déjà à quelles conditions cette exploitation à fond sera possible dans l'avenir.

En attendant, les villages des mineurs dans la province ne ressemblent en rien à ce qu'étaient autrefois les campements analogues des chercheurs d'or américains. Sous la direction d'un commissaire pour les mines désigné par l'autorité supérieure, les mineurs s'y font remarquer par leur esprit d'ordre et leur respect de la loi, ces fortes et viriles qualités qu'on dirait innées dans la race anglaise. La loi d'ailleurs y est essentiellement libérale; elle garantit à chacun le respect de ses droits sans entraver en rien l'exercice de sa liberté. Les *gold-claims* peuvent être pris *partout* au prix de 5 dollars par an, et une licence de 25 dollars, une fois payée, assure à chaque ouvrier, quelle que soit sa nationalité, fût-il Indien ou Chinois, la propriété exclusive de son travail. L'étendue de chaque *gold-claim* est réglée ainsi qu'il suit, d'après la nature du terrain : *bar-diggings*, une bande de terre de 100 pieds de large à partir du niveau le plus élevé du terrain jusqu'à celui des eaux les plus basses; *dry-diggings*, 100 pieds carrés; pour les *creeks-claims*, 100 pieds de long dans la direction du cours d'eau, et s'étendant en largeur, de base en base des collines sur chaque rive; pour les *bench-claims*, comme pour les *dry-diggings*, et enfin pour les *quartzclaims*, 150 pieds en longueur, mesurés le long de la veine, avec le pouvoir de la suivre, elle, ses crochets, ses éperons, ses angles, partout où elle s'étend, au-dessus comme au-dessous de la surface du *claim*, dans cette étendue de 150 pieds.

Quand un creek a été jugé favorablement, qu'il est bon pour de l'or, *well for gold*, les mineurs s'associent presque toujours entre eux, et si les premiers succès confirment leurs prévisions, ils engagent alors des ouvriers étrangers, afin de réaliser la plus grande somme de travail dans le moindre temps possible. En pareil cas, l'ouvrage se poursuit pendant 24 heures sans interruption. Le salaire de ces ouvriers pour une journée de 12 heures est en moyenne de 5 à 7 dollars, mais il monte parfois jusqu'à 12 et 15 dollars. C'est ce qui eut lieu l'année dernière au Cassiar.

Ces charges légales, ces salaires élevés, la cherté des denrées de première nécessité dans ces âpres régions, dans ces districts perdus au milieu du désert, expliquent comment les bénéfices les plus clairs de si rudes labeurs ne sont pas le plus souvent assurés aux mineurs proprement dits. Qu'importe après tout, la colonie en profite toujours, et ses revenus dans les mains d'une administration éclairée, dévouée aux intérêts du pays, sont affectés aux travaux d'utilité publique et surtout au plus grand de ses besoins : les chemins de grande communication. Mais nous aurons à revenir sur cet important sujet.

Les taxes totales sur les mines et les mineurs, comprises sous les trois chapitres : *Free miners certificates* (recettes des mines-licences), ont donné, dans les trois années 1870, 1871 et 1872, les recettes suivantes : 64,000, 71,000 et 66,000 dollars. Dans l'état actuel des choses, il est évident que beaucoup de mineurs, surtout parmi les Indiens, échappent à l'impôt. Ces recettes ne peuvent donc que grandir avec le temps.

Sans anticiper sur l'avenir, quelque fondés que soient les colonistes dans leurs espérances, quelle que puisse être aussi l'influence que les mines d'or actuelles, celles qu'on découvrira plus tard exerceront sur cet avenir, il est pour la colonie une autre source naturelle de richesses dont on peut dès aujourd'hui affirmer l'importance supérieure. Nous ne voulons pas parler des mines d'argent, de cuivre, de fer, dont l'heure tardera longtemps encore à sonner, bien que leur valeur soit déjà officiellement constatée, mais des mines de houille en pleine exploitation à Nanaimo sur Vancouver, et de celles qui ont été signalées sur tout le littoral de cette grande île et des archipels voisins.

IV.

La question du *Canadian Pacific Railway* et des autres chemins de fer du Dominion est appelée à un si grand rôle dans l'avenir; cette question est elle-même si intimement liée à celle des bassins houillers de ces immenses territoires, que dès la première année de l'annexion de la Colombie anglaise, le gouvernement fédéral voulut se rendre un compte exact des richesses houillères de sa nouvelle province. Les *Reports of progress* du *Geological survey of Canada* contiennent, pour les années 1872-1873, 1873-1874, une longue série de rapports de M. James Richardson sur les bassins houillers de l'île Vancouver et les mines d'anthracite de l'archipel de la Reine-Charlotte. Ce sont les premiers résultats de la mission confiée à cet habile ingénieur par le directeur du *Geological survey*, M. Édouard Selwyn. Ces rapports embrassent tous les points de la question, scientifiques et pratiques, et jettent un nouveau jour sur la constitution géognostique de ces lointaines régions jusqu'alors si peu connues, reproduits presque *in extenso* par le ministre des mines de la Colombie dans ses comptes rendus pour les années 1874 et 1875; ils ont un double caractère officiel. Les infor-

mations et les chiffres que nous en extrayons en reçoivent eux-mêmes une double sanction qui les rend
irrécusables.

La côte tout entière de Vancouver, à partir de la
baie de Chamaïnus à l'Est, et en contournant l'île
par le Nord jusqu'au Sud du Quatsino et du Kos-
keemo-Sound, est bordée dans toute son étendue,
sauf en un seul point près de Comox-Harbour, où les
roches cristallisées affleurent le sol, par une large
ceinture de dépôts carbonifères stratifiés, composés
de grès, de sable et de conglomérats divers, entre-
mêlés de larges couches de houille. A en juger par
les fossiles qu'ils contiennent, ces dépôts appartiennent aux terrains crétacés.

Trois grands bassins houillers ont été spécialement explorés dans cette longue étendue de côtes.
Ce sont d'abord ceux de Nanaïmo proprement dits,
dont l'exploitation, entreprise autrefois par la Compagnie de la baie d'Hudson, remonte à l'année 1861;
ceux du Comox, à quelques lieues plus au Nord,
mais qui font néanmoins partie du Nanaïmo district,
dont les limites administratives, le Beaufort-Range
et le golfe de Géorgie, ne sont pas celles des dépôts
carbonifères qui en dépendent réellement, puisque
ceux-ci se prolongent sans interruption sous la mer
jusqu'aux îles voisines de Horn-By et de Denam.
Enfin et à l'extrémité opposée sur les côtes nord-
ouest de la grande île, les vastes bassins du Quat-

sino et du Koskeemo. Les sounds qui portent ces deux noms s'enfoncent dans l'intérieur des terres en se ramifiant en deux branches qui courent Nord et Sud. Leurs eaux, toujours calmes, s'épandent en ports et en baies profondes jusqu'au fort Rupert sur la côte nord-est, qu'ils mettent ainsi en communication directe avec le Pacifique. Les études paléontologiques sur les fossiles des dépôts carbonifères de tous ces bassins, les analyses chimiques et minéralogiques des charbons et des roches cristallisées qui les supportent, forment aux rapports de M. Richardson de nombreux appendices, qui certes pourront être consultés avec beaucoup de fruit par les véritables savants, mais qui ne peuvent trouver place dans cette étude. Nous nous bornerons à en constater les résultats pratiques.

Ces résultats peuvent se résumer ainsi. En premier lieu, les limites extrêmes des bassins houillers n'ayant pu être déterminées, leur contenance et la durée de leur exploitation future semblent indéfinies; en second lieu, la plus grande partie des charbons qu'ils contiennent sont de qualité supérieure et rappellent les meilleurs charbons d'Angleterre. Deux compagnies principales les exploitent seules aujourd'hui : la *Vancouver-Coal Company* à Nanaimo, et la *Wellington Colliery*, ou plutôt la *Dunmair Diegg Company*, autour du Departure-Bay, dans le même district. Quelques chiffres feront juger de l'importance de leurs opérations; ces chiffres se rapportent à l'année finissant le 31 décembre 1875.

Les mines de la *Vancouver-Coal Company* ont donné une production totale de 59,603 tonnes, dont 22,376 ont été consommées dans la colonie, et 27,045 livrées à l'exportation. Ces mines sont au nombre de cinq; deux d'entre elles seulement étaient en opérations pendant l'année : ce sont la *Douglas-Mine*, à un demi-mille du port de Nanaïmo, qui peut fournir 200 tonnes par jour d'un charbon regardé comme de première qualité pour la production du gaz d'éclairage; la *New Douglas Mine*, à une distance de un mille de la précédente, et où la couche exploitée, d'une épaisseur de 7 pieds environ, donne un excellent charbon pour les machines à vapeur. Quant aux autres, ce sont la *Fritzwilliam* et la *Newcastle-Mine*, sur l'île de ce nom. Pendant presque toute l'année, l'exploitation a été interrompue dans la première par une faille (*rock faust*) qu'on a heureusement dépassée aujourd'hui; dans la seconde elle était à peine commencée. Il en était ainsi du reste à Chase-River dont les produits, identiques à ceux des autres mines, rappellent également les charbons de Newcastle par leurs qualités supérieures.

La valeur totale des machines, railways et enfin du fonds de roulement (*rolling stock*) est estimée à 102,398 dollars. La plupart de ces machines sont à vapeur, et leur force varie de 10 à 90 chevaux, mais il est officiellement annoncé que, dans le cours de l'année prochaine, la *Vancouver-Coal Company* doit augmenter de 50 p. 100 la force de sa machinerie et par suite la production totale de ses mines. En attendant, un *Diamond Drill* expédié d'Angleterre fonctionne sous la direction de l'ingénieur particulier qui l'a monté. En moins de trois mois, ce puissant engin a percé les dures roches qui servent d'assises aux couches de houille en exploitation, jusqu'à une profondeur de plus de cinq cents pieds. Il ne semble pas douteux que de nouvelles couches plus riches et plus abondantes ne soient bientôt atteintes.

Le nombre des ouvriers employés par la Compagnie était de 272 blancs et de 109 Indiens et Chinois. Les gages des premiers varient de 2 à 5 dollars, ceux des autres de 1,30 dollar à 1,50.

Les mines de la *Wellington Colliery* et de Departure-Bay sont moins importantes pour le moment, mais elles sont aussi en progrès. Elles ont donné une production totale de 50,542 tonnes, dont 8,876 ont été consommées dans la colonie, et 39,347 exportées, presque entièrement à San-Francisco. Le nombre des ouvriers était de 124 blancs, 110 Chinois et 8 Indiens, avec des gages un peu différents de ceux que nous avons déjà fait connaître. Les machines sont aussi plus faibles et leur force varie de 6 à 16 chevaux. Le point d'embarquement est à Departure-Bay, dont le puits d'extraction n'est distant que

de 1,400 yards et où deux wharfs d'une longueur de
500 pieds facilitent singulièrement le chargement
des navires.

En résumé, le nombre d'ouvriers employés en
1875 dans les mines de Nanaimo et des environs a
été de 396 blancs, 176 Chinois et 51 Indiens, formant un total de 623, chiffre supérieur de 200 environ à celui des ouvriers employés pendant l'année
1874; comme on devait s'y attendre, ce progrès si
remarquable annonce une plus grande production
dans toutes les mines; cet excès se chiffre par 28,597
tonnes, dont 6,230 doivent être attribuées à la consommation locale et 10,354 à l'exportation. Ce double mouvement en avant d'une année à l'autre de
l'industrie minière, de l'emploi des machines à vapeur qui ont absorbé 6,230 tonnes pour leurs effets
utiles, ne sont que les indices des progrès plus rapides qu'il est facile de prévoir dans l'avenir. De nouvelles compagnies se sont formées pour l'exploitation
des riches bassins de Bayne-Sound, de Demnan-
Island et enfin de Quatsino-Sound et du Koskeemo.
Qui s'étonnerait de cette confiance en songeant aux
développements que prend chaque jour la navigation
à vapeur sur les côtes du Pacifique et surtout de
l'impulsion que va donner à tous les genres d'industrie la construction du *Pacific Canadian Railway*.
Enfin une dernière considération, à notre avis concluante, légitime cette confiance : la valeur de la

tonne de charbon de Vancouver, sur les lieux de production, n'est guère aujourd'hui que de 5 dollars; à San-Francisco les prix des charbons australiens, qui sont de si mauvaise qualité que leur consommation a été pour nous d'un tiers en plus comparée à celle des charbons chiliens de Lota, ne tombent pas au-dessous de 9 dollars. Or, veut-on savoir la différence dans le rendement des charbons de Vancouver et des charbons non pas d'Australie, mais de provenance américaine? Voici les termes de comparaison que, en homme pratique parlant à des hommes pratiques, en donne l'agent général de l'émigration en Colombie, M. Gilbert Malcolm Sproat : « Par un ordre récent du département de la guerre à Washington (États-Unis), il a été décrété qu'une corde (8 pieds sur 4 de large et 4 de hauteur) de bois de chêne à brûler doit être considérée comme équivalente à 1,800 lbs de charbon de Nanaïmo (Vancouver), à 2,200 de Bellingham-Bay, à 2,400 de Seattle-Bay, 2,500 des Rocky-Mountains, 2,600 de Coos et de Mount-Diablo; tous charbons provenant des États-Unis. » L'économie vaut la peine qu'on y réfléchisse, et si l'ordonnance du département de la guerre est fondée, la supériorité du charbon de Vancouver n'est-elle pas mise hors de doute?

Au prix de 5 dollars la tonne qui, nous l'avons vu, est celui du charbon sur les lieux d'exploitation, les 110,000 tonnes, rendement général des mines pour l'année 1875, constituent un revenu de 550,000 dollars. Mais nous avons dit quel rapide essor prend l'industrie houillère et ce revenu grandira rapidement. En est-il ainsi des autres industries dont le but est également l'exploitation des richesses naturelles du pays?

Tout le monde a entendu parler de ces admirables bois de mâture et de construction de l'Orégon et de la Colombie anglaise qui, soit dans les premières expositions universelles, soit même dans les chantiers de nos ports de guerre, frappèrent si vivement l'attention du public, ou tout au moins du public marin. Des contrats ont existé, je ne sais s'ils existent encore, entre les gouvernements anglais et français d'une part, et de l'autre les directeurs de la grande scierie mécanique de l'Alberni, au fond du Barclay-Sound. Ils stipulaient la livraison annuelle par la Compagnie d'un certain nombre de ces magnifiques espars, d'un diamètre variant entre 22 et 24 pouces et dont quelques-uns ont pu fournir des bas-mâts à nos grandes frégates cuirassées. Le travail a été interrompu à l'Alberni-Sound; l'industrie des scieries, des *saw-mills* et des *loggins*, s'est déplacée vers les bords du Fraser. Mais tout le versant occidental du Coast-Range est encore couvert de ces forêts impénétrables, où croissent ces géants du règne végétal : le Douglas-pine, le Weymouth, le Calsampine, le Reed-Cedar, qui mérite si bien son nom de

Thuya gigantea, le cyprès ou cèdre jaune, et tant d'autres essences qui toutes ont leur emploi dans l'infinie variété des besoins de l'industrie moderne. Un moment ralentie, leur exploitation est aujourd'hui confinée, comme nous le disions tout à l'heure, aux bassins du Fraser et de ses affluents. En dehors des *saw mills* que chaque compagnie minière entretient pour les besoins propres de ses mines, dix grandes scieries, la plupart mues par la vapeur, fournissent aux besoins généraux du pays et à l'exportation, la quantité déjà énorme de 244,500 pieds de planches par jour. Les prix de ces planches prises aux *saw-mills* varient, suivant les qualités des bois, de 20 dollars les mille pieds, qui est un minimum se rapportant au *dressed flooring,* à 50 dollars pour le *dressed mapple* qui est le prix le plus élevé. Enfin l'exportation générale, exportation dirigée vers les ports du Pacifique, de la Chine, et plus récemment de la Nouvelle-Hollande, a employé 40 navires et a atteint, en 1871, à la somme de 182,490 dollars et, en 1872, à 260,000 dollars. Ce n'est là, malgré ces chiffres satisfaisants qui constatent un avancement rapide dans l'exportation, qu'un simple début. Quand les tarifs différentiels qui frappent les importations aux États-Unis seront abolis, et cela dépend beaucoup du parti qui triomphera aux prochaines élections présidentielles, l'industrie des *saw-mills* prendra de gigantesques développements. Dans le chiffre

que nous venons de citer, l'importation aux États-Unis
ne figure que pour 528 dollars; pourtant San-Francisco, la cité-reine, la capitale de la *golden province*,
où l'on ne pénètre que par la porte d'or (*the golden
gate*), est fatalement condamnée à n'être qu'une cité
de bois, et chaque jour voit croître le prix des précieux matériaux dont elle fait une si grande consommation. Enfin quels besoins nouveaux ne va pas
créer la construction déjà commencée du *Pacific
Canadian Railway*, soit directement pour l'œuvre
elle-même, soit indirectement, en mettant en communication les régions boisées de la Colombie, sur le
versant occidental du Coast-Range, avec les plaines
de l'immense territoire qui du lac Supérieur s'étend
aux Rocky-Mountains, et surtout de la vallée du
Saskatchewan. Les relations des voyageurs qui les
ont parcourues s'accordent toutes à les dépeindre
comme complètement déboisées; c'est aussi le caractère que leur assigne le chef du *Geological surwey*
dans le compte rendu de la dernière exploration qu'il
en a faite en 1873[1].

Après les mines d'or et de charbon, après l'exploitation des forêts, il ne nous reste plus, pour épuiser
la liste des principales richesses naturelles du pays,
que les pêcheries, les fourrures et la laine que com-

---

1. *Observations in the North-West territory on a journey across the plains
from fort Garry to Rocky-Mountains House*, etc., etc., by Alfred Selwyn,
F. R. S. F. G. S., 1873.

mencent à fournir les nombreux troupeaux de moutons dont l'élevage a été commencé dans les *ondulating country*. Les pêcheries de la Colombie anglaise rivalisent avec celles des parages les plus renommés; depuis la baleine et les gigantesques lions marins jusqu'aux plus humbles familles des sardines et des anchois, la série est complète : l'esturgeon et le saumon en tête, la morue, le halibut, le hareng, que sais-je encore, sans compter les huîtres et une incroyable variété de coquillages dont les bancs obstruent les embouchures des nombreux cours d'eau qui au fond des fiords se précipitent à la mer. Pourtant le revenu annuel de toutes ces pêcheries, j'entends leur exportation, car les Indiens vivent presque exclusivement de poisson, ne dépasse pas la somme insignifiante de 114,116 dollars. Ces chiffres se relèvent un peu avec les produits des fourrures et de la laine (330,625 dollars), mais ils retombent aussi bas que possible avec les produits de l'industrie agricole (5,296 dollars). En somme, l'ensemble des exportations dépasse à peine 2 millions de dollars. Après quinze ans d'existence, il semble que ce soit là un témoignage peu flatteur de la vitalité de la colonie; une colonie anglaise, ne l'oublions pas, voisine des riches territoires américains de l'Orégon et de Washington et se posant comme leur rivale, est-ce vraiment une preuve concluante? Si ces chiffres sont bien l'expression réelle du présent, sont-ils réel-

lement d'aussi sûrs indices de l'avenir? Tout est-il
chimérique dans les espérances dont nous parlions
naguère, qui reposent sur le développement agricole du pays? La confiance des colonistes anglais
ne serait-elle qu'une pure illusion de leur patriotisme?

V.

On a dit que toutes les sciences sont *une*, voulant
sans doute par là établir la solidarité qui en relie
les progrès particuliers, et montrer que la connaissance humaine est la synthèse générale de toutes les
connaissances isolées. De même il semble que les
éléments de la civilisation, les causes diverses de ses
progrès sont *un*, tant ils réagissent les uns sur les
autres, tant leur solidarité est évidente. Dans les
dernières pages de son œuvre interrompue par la
mort, Frédéric Bastiat se croyait sûr d'avoir décou-
vert ce principe, cette cause unique et il en formu-
lait ainsi l'expression supérieure : « Toutes choses
égales d'ailleurs, la densité croissante de la population équivaut à une facilité croissante dans la production[1]. » Peut-être paradoxale ou même discutable
pour nos sociétés européennes, cette formule nous

---

[1] *Harmonies économiques*, p. 158. Édition de 1851.

semble d'une vérité incontestable dans les pays comme la Colombie anglaise, où tout est à créer; j'entends par là, où l'homme entreprend, pour la première fois, la mise en valeur par son travail des richesses naturelles que la main de Dieu y a cachées. N'est-il pas vrai que, dans de tels pays, les progrès seront en raison directe de la densité de la population, c'est-à-dire de la somme de travail possible, et si cette population y est disproportionnée, soit à l'étendue du domaine qu'elle s'est approprié, soit au nombre des éléments de richesse qu'elle a entrepris d'utiliser, ne comprend-on pas qu'elle ne triomphera que peu à peu des obstacles que la nature des choses lui oppose, et que, dans les premières années surtout, ses progrès seront si lents, quoique réels, qu'ils paraîtront nuls à une observation superficielle? Il en a été, il en est encore ainsi, dans la Colombie anglaise. L'infériorité très grande de sa population explique, avant tout, la lenteur des progrès accomplis jusqu'à ce jour. Certes, d'autres causes secondaires ont concouru à cette situation, mais peut-être, suivant les idées de Frédéric Bastiat, n'étaient-elles que de simples effets de la loi supérieure qu'il a formulée, et qui trouvait là une de ses plus claires applications.

Les données officielles exactes manquent sur le nombre des habitants de la Colombie anglaise. En acceptant celles qui ont cours à Victoria, la population européenne, mélange des nationalités les plus diverses, mais où dominent les Anglais, les Canadiens, les Américains, les Français et les Allemands, serait de 20,000 personnes, chiffre auquel on pourrait ajouter un millier de demi-sang provenant du croisement des Européens avec les Indiens, 1,500 Chinois et à peu près 30,000 Indiens, élèveraient le chiffre de la population totale à environ 50,000 à 52,000 âmes. C'est bien peu, surtout quand on réfléchit que les 5,360 habitants de Victoria et les Européens répandus dans les districts voisins de Cowicham, de Nanaimo et du Comox, composent plus du tiers de la population blanche. Un seul regard jeté sur la carte, où aux points extrêmes se retrouvent les districts miniers du Cassiar, et ceux des rives de la Colombia, fait comprendre la disproportion écrasante entre le domaine à mettre en valeur, et les ouvriers d'une telle entreprise. Dès lors on conçoit et les succès individuels isolés, qui entretiennent, qui justifient les espérances et la confiance des colons, et la lenteur des progrès généraux, qui semblent justifier l'opinion générale et superficielle que la Colombie anglaise est une colonie en décroissance. A la clarté de la loi formulée par Bastiat, la question véritable se pose dès lors dans les termes suivants : Le manque de population étant la cause déterminante de la production insignifiante actuelle du pays, eu égard à ses richesses naturelles, cette cause peut-elle disparaître, c'est-à-dire l'immigration est-elle possible, et si elle est possible, quelles sont les causes qui l'ont empêchée jusqu'à ce jour ?

Que l'immigration européenne soit possible, tout ce que nous venons d'exposer le met hors de doute : salubrité exceptionnelle de toutes les régions du pays ouvert à la colonisation ; un climat essentiellement européen, un sol partout fertile et, en certains points privilégiés, d'une richesse incomparable ; des rades ouvertes aux navires du plus fort tonnage, succédant sur les rivages du Pacifique à une longue étendue de côtes dont l'approche est pleine de périls et qui ne compte pas un seul port digne de ce nom ; parmi ces rades, Esquîmalt-Harbour, devenu le seul arsenal maritime dans l'Océan Pacifique de la plus grande puissance navale du monde. Dans l'intérieur du continent, des lacs aux eaux profondes, véritables bassins que l'industrie agricole saura un jour, sait déjà utiliser, des rivières sans nombre animant les vallées de leurs cours sinueux, reliant les villes futures dont les noms sont dès à présent inscrits sur la carte, mais qui ne sont encore que d'humbles villages ; pour l'alimentation de leurs habitants, d'inépuisables ressources dans les pêcheries, comme dans ces troupes innombrables d'oiseaux voyageurs qui, chaque printemps, s'abattent en bandes pressées sur tous les lacs, sur tous les étangs, sur tous les cours d'eau, alternant ainsi avec les compagnies sédentaires des

grouses, des faisans, des perdrix, gibier des parcs
seigneuriaux de la vieille Angleterre, ou encore
avec les troupeaux de cerfs, de daims, de chevreuils
et les ours et les puma, chasse royale, aujourd'hui
presque perdue en Europe; enfin d'immenses forêts
aux arbres gigantesques, des bassins houillers dont
les richesses souterraines n'ont pu être évaluées;
des carrières de grès et de granit, des mines de fer,
de cuivre et d'argent, des placers dont la découverte
fortuite réalise, du jour au lendemain, les rêves fabuleux des pays d'Orient; tant d'autres éléments
d'activité, de confort, de luxe, n'est-ce pas là un ensemble de dons merveilleux réunis par les soins
mystérieux de la Providence et qui, nous ne dirons
pas, mettent hors de doute la possibilité de l'immigration européenne, mais l'appellent et la sollicitent par
les promesses les plus positives, comme par les mirages les plus séduisants ? S'il en est ainsi, la question que nous nous sommes posée se simplifie encore,
elle se réduit à son dernier terme : Quelles sont les
causes qui jusqu'à ce jour ont détourné le flot de l'é-
migration européenne de la Colombie anglaise ? Ces
causes, quelles qu'elles soient, remontent nécessairement à une époque antérieure. Il faut les chercher
au moins dans les idées qui prévalaient au moment
où, pour la première fois, ces régions lointaines du
continent américain excitèrent sinon l'intérêt des
vieilles nations européennes, du moins la curiosité

des rares esprits dont on peut dire qu'ils y dirigent l'opinion publique, et malheureusement aussi qu'ils tranchent trop souvent du fond de leurs cabinets des questions qui, pour être bien comprises, doivent être étudiées sur les lieux mêmes. Or, une étude des plus intéressantes, publiée dans la *Revue des Deux-Mondes* en 1867 par M. Jules de Lasteyrie, résume avec une vive clarté et une grande précision, les idées qu'on se faisait alors de la situation et de l'avenir de la Colombie anglaise. Cette étude jette un jour singulier sur la question que nous cherchons à résoudre ; par suite, les extraits suivants que nous lui empruntons trouvent ici leur place naturelle[1] :

« Les sources de l'or, si l'on peut parler ainsi, n'ont pas encore été trouvées. Les dépôts de sables aurifères d'une richesse considérable sont rares et occupent une petite étendue : *on n'évalue pas à une superficie de plus de deux hectares la partie vraiment riche du Cariboo.* Il semble que tôt ou tard, toutes les colonies aurifères devront arriver, quant à la richesse métallique, à une situation à peu près semblable. Ce sera donc en définitive le haut prix ou le bas prix de la main-d'œuvre qui décidera de la prospérité de ces colonies. *Or, le Cariboo est le lieu du monde où la main d'œuvre est le plus chère, parce qu'il*

---

1. *Le Territoire de la Compagnie de la baie d'Hudson,* par M. Jules de Lasteyrie, octobre 1867. (*Revue des Deux-Mondes.*)

est celui où le prix des subsistances est le plus élevé. Jusqu'à présent, toutes les tentatives de colonisation agricole ont échoué dans la Colombie anglaise. La population n'est composée que de mineurs et de marchands; il faut cinq mois pour y parvenir en doublant le cap Horn, il faut dépenser 2,500 fr. par tête si l'on prend la voie de Panama. *Une si longue traversée, une dépense si considérable éloignent le colon agricole. Si on ne lui ouvre point un chemin,* si la Colombie anglaise continue à tirer ses vivres de l'Orégon et de la Californie, si le prix des subsistances reste le même au Cariboo, tandis que la valeur des sables aurifères ira en diminuant, on verra une colonie pleine d'avenir s'affaisser tout à coup comme elle s'est élevée. » Que ce tableau, malgré son évidente exagération, fût vrai dans son ensemble en 1867, nous n'y contredirons point; mais quels changements se sont accomplis depuis lors! En ce qui touche les besoins matériels on peut en juger par les faits suivants: A Victoria et dans toutes les autres villes du littoral, une journée d'hôtel de premier ordre, comme on dit en style d'annonce et de quatrième page de journal, varie, logement, nourriture et service compris, de 1,50 à 2 dollars par jour; pour les hôtels d'ordre inférieur, ces prix descendent jusqu'à moins d'un dollar. Depuis dix ans environ, la colonie a dépensé plus de 2 millions de dollars pour la construction de routes, moins encore sur l'île de

Vancouver, où presque toutes les communications se font par mer, que sur le continent, où le Fraser est la seule voie navigable. Dans l'année 1874, le Parlement a voté une somme de 322,695 dollars pour l'entretien et la réparation de ces routes, le long desquelles de *nombreuses fermes, en plein rapport aujourd'hui, ont été établies.* Dans les districts miniers, même les plus éloignés, comme ceux du Cassiar par 60° de latitude nord, qui n'ont été reconnus qu'en 1872, et où la main-d'œuvre d'un ouvrier était payée jusqu'à 16 dollars par les possesseurs de claims, les denrées de première nécessité étaient-elles encore *d'un prix plus élevé que partout ailleurs?* Je prends le rapport officiel du commissaire des mines pour le district de Laketon (Cassiar), et j'y trouve les prix suivants: farine (la livre anglaise), 25 cents; haricots, 25 cents; lard salé, 50 cents; bœuf, 30 et 35 cents; sucre, 45 cents; thé, 1 doll. 25 c.; fruits secs, 50 cents. Quand le salaire d'un ouvrier est de 80 fr., y a-t-il réellement porportion entre ces salaires si élevés et les prix officiels que nous venons d'établir? Remarquez que, pour maintenir les véritables termes de comparaison, nous n'avons pas voulu citer les prix dans les districts de Cariboo, où la population tend de plus à devenir sédentaire; à Barker-Ville, par exemple, les prix courants sont ceux des ports du Fraser accessibles à la navigation, augmentés seulement de 3 cents par livre, prix du transport par terre depuis Yale, et il en est ainsi dans toutes les stations de ce district. Mais l'homme ne vit pas que de pain, dit l'Évangile, et la population de Victoria, celle des autres villes plus ou moins peuplées de la Colombie, ne sont-elles réellement composées que de *marchands* et de *mineurs* ? Même en 1867, cette assertion, si nettement formulée, a dû faire sourire plus d'un des gentlemen qui reçoivent et lisent la *Revue des Deux-Mondes,* dans les *library-rooms* de ces charmants cottages, de ces gracieuses villas qui étalent leurs parcs ombreux sur les pentes pittoresques de Beacon-Hill. L'arbre se juge à ses fruits, dit encore le livre sacré : jugeons ainsi cette société et citons tout d'abord, car il est certaines choses qui ne se démontrent pas, que des esprits d'élite comme sir James D***, sir Mathew B***, tous deux *knigths* (compagnons) du très honorable ordre du Bain, et tant d'autres personnes *du même monde,* lui impriment un cachet de distinction qui n'a rien à voir avec les allures des marchands et des mineurs. Qu'il nous soit permis d'ajouter que le conseil n'a pas été perdu qui recommande la Colombie anglaise comme le lieu de résidence le plus agréable pour les familles qui ont un revenu fixe : *famelies with fixed income ;* et que plusieurs d'entre elles sont établies aujourd'hui dans la Colombie ; enfin plus d'un artiste a été séduit par les beautés pittoresques d'une nature souvent sublime, toujours étonnante dans ses aspects ; plus d'un savant a été charmé par

les découvertes que lui promettent la flore nouvelle, la
faune nouvelle, la constitution géologique et miné-
ralogique d'une contrée inconnue ; plus d'un sports-
man venu pour une saison de chasse remet d'année
en année son retour en Europe, et tous, en attendant,
font partie de la société, de la population de Victoria, de New-Westminster et des autres villes de la
Colombie anglaise. Peut-être ont-ils quelques-unes
des qualités qui distinguent les mineurs et les trappeurs avec lesquels ils sont si souvent en contact,
je veux dire l'énergie, la persévérance, le courage,
l'audace et la longue *endurance,* si ce mot est français : sûrement ils n'en ont pas les défauts ou plutôt
les manières et les tendances d'esprit. Mais ce sont
là des appréciations personnelles, des impressions de
voyageurs ; à ces titres, elles sont contestables : eh
bien, les chiffres ont un rare mérite en ces questions,
on ne les discute pas, on les commente : cette société de marchands et de mineurs vote chaque année dans le budget provincial 12,000 dollars aux
établissements de charité, 1,000 dollars aux établissements littéraires, scientifiques, et enfin 40,000 dollars aux écoles publiques. Est-ce peu pour 20,000
personnes ? Peut-être, mais qui ne sait qu'en de telles œuvres et en pays anglais, la part laissée à l'É-
tat n'est jamais qu'un minimum et que tout se fait
par l'initiative particulière : « *Help yourself* », c'est
la devise essentiellement anglaise. Pour ne parler,

par exemple, que de l'instruction publique, l'essor qu'elle a pris à Victoria, à New-Westminster, justifie ce joyeux cri d'alarme d'un député du New-Brunswick : « Prenons garde de ne pas nous laisser devancer par notre jeune sœur du Pacifique, dans l'éducation de nos jeunes garçons, de nos jeunes filles ! » et en fait, écoles provinciales, écoles municipales, écoles privées, se fondent chaque jour dans la nouvelle province du Dominion, « sont à la disposition du peuple » (*in the hands of the people*). Toutes inspirées d'ailleurs du souffle le plus libéral, « dans lesquelles tous les enfants sont reçus strictement, sans distinction de race ou de confession religieuse, où la plus haute moralité est inculquée aux élèves en dehors de tout dogme, et où pour tous les livres d'enseignement (*the text-books*) sont uniformes ». La surveillance et la direction en sont confiées à des *trustees* nommés à l'élection. L'État, c'est-à-dire le Parlement, n'a qu'un droit de contrôle. Il approuve ou il rejette les règlements des *trustees*, mais ces règlements peuvent avoir force de loi et aller jusqu'à rendre l'instruction obligatoire. Deux écoles privées, *the collégiale School* et le couvent de Sainte-Anne, représentent surtout l'instruction supérieure. L'une est une imitation des *grammar schools* d'Angleterre, l'autre est l'œuvre d'une congrégation catholique dont la maison mère est, je crois, à Québec : rapprochement significatif qui montre l'esprit de tolérance dont tout le monde est animé dans la colonie ; esprit de tolérance, mais non d'indifférence. Ces enfants, qui ne trouvent dans tous ces établissements que l'instruction, ne recevraient-ils pas d'autre viatique, d'autres armes pour le *combat de la vie* que les idées vagues d'une morale abstraite ? Leur éducation religieuse serait-elle par hasard oubliée ou dédaignée ? Certes, non. C'est au contraire la grande affaire, mais c'est celle du foyer, de la famille, du *home*. L'Angleterre est sans contredit aujourd'hui la nation religieuse par excellence ; elle est encore plus la nation par excellence de la liberté véritable. Aussi, depuis le catholique romain jusqu'au juif, tous les colons ont-ils leurs églises, leurs temples particuliers, leurs synagogues où ils prient Dieu dans toute la liberté, dans toute la dignité de la conscience humaine.

Si les faits que nous venons d'exposer ont infirmé quelques-unes des précédentes assertions de M. de Lasteyrie, ils prouvent du moins que les craintes qu'il exprimait en 1867 sur l'avenir du Canada et de la Colombie anglaise étaient justes, puisque les mesures qui, d'après lui, pouvaient seules conjurer les dangers dont cet avenir était menacé, sont celles-là mêmes que, de sa propre initiative, a prises l'administration coloniale et que conformément à ses prévisions, bien loin de *s'affaisser tout à coup comme elle s'est élevée*, la Colombie a plus de vitalité que jamais.

Poursuivant son examen comparatif, M. de Lasteyrie fait ressortir tout ce que le gouvernement des États-Unis fait ou plutôt faisait alors pour relier les territoires du Pacifique aux États-Unis de l'Est. En ce qui touche les États du Nord, il établit ainsi leur situation : « Ce n'est pas tout ; un chemin de fer subventionné par le Congrès dans les mêmes conditions que celui de Californie, unit ou unira bientôt la vallée du Mississipi à celle de la Rivière-Rouge dans le Minnesota. Un bâtiment américain parcourt maintenant la Rivière-Rouge jusqu'au Garry ; grâce à une communication non interrompue par bateaux à vapeur et par chemins de fer, le fort Garry et tous les établissements anglais de la Rivière-Rouge sont reliés aux États-Unis et séparés du Canada . . . . . . , et il est certain qu'une route de la Colombie anglaise au fort Garry, où viennent aboutir les lignes américaines de paquebots et de chemins de fer, aurait pour premier résultat de transporter à New-York une partie du commerce de Victoria, mais on ne peut nier que l'*Angleterre ne fait pas pour ses colonies ce que font les États-Unis pour leur territoire.* » L'auteur en donne les preuves et les raisons. Les preuves sont : les établissements de tous genres, écoles, bibliothèques, hospices, etc., que l'administration américaine multiplie partout. Les raisons qui arrêtaient l'Angleterre sont celles qui ont décidé la constitution du Dominion. . . . Enfin, citant les paroles du duc de Newcastle à la Chambre des lords, à propos du territoire de la baie d'Hudson, il s'y associe et répète avec lui : « Une colonie doit payer ses dettes, et si le temps des monopoles est passé, tout homme de cœur doit hésiter à porter la main sur une compagnie dont la chute sera le signal du massacre des indigènes », crainte bien faite pour arrêter les hommes d'État qui la partageaient, mais heureusement mal fondée. Le Dominion a hérité de la Compagnie de la baie d'Hudson, et pas une goutte de sang indien n'a été et ne sera versée. Enfin, comme conclusion de cette première partie, conclusion précieuse et qu'il faut retenir, M. de Lasteyrie pose en fait : *que le jour où l'Angleterre perdra ses possessions d'Amérique, ce sera pour n'avoir pas su faire de routes.*

Étudiant ensuite la situation du Canada lui-même, il arrive à ces considérations que le temps a sanctionnées en partie : « Pendant que les esprits s'échauffent à la pensée de s'enlever réciproquement le transit d'un Océan à l'autre, le commerce du Canada avec les États-Unis s'accroît chaque jour, le voisinage, le développement de la population des deux côtés des lacs, le besoin naturel d'échange entre *les pays de bois et les pays de prairies,* vont bientôt le rendre égal ou supérieur au commerce de l'ancienne colonie avec l'ancienne métropole. Jusqu'ici l'opposition des intérêts n'a pas moins que l'antagonisme moral fait obstacle aux pensées d'union. En qualité de pays agricole et de pays forestier, le Canada est pour le libre échange. S'il a élevé ses tarifs de douane, c'est qu'il veut des travaux publics et qu'il n'admet pas la pensée d'un impôt foncier, etc., etc. . . . . Pour affermir la fidélité du Canada, l'Angleterre ferait mieux *de subventionner plus de chemins de fer et d'envoyer moins de soldats.* » L'Angleterre a fait mieux encore, elle a laissé se constituer le Dominion et a abandonné à ces populations énergiques et intelligentes la libre direction de leurs affaires. « Mais l'étendue cultivable au Canada n'est peut-être pas aussi considérable qu'on le croit généralement. Si du côté du Sud la frontière américaine serre de près la vallée du Saint-Laurent, au Nord s'élève la frontière de glace du Labrador. Que *l'émigration se maintienne, il se déclarera bientôt un mouvement semblable à celui qui, aux États-Unis, a porté les populations à se précipiter plus loin vers l'Ouest. L'Ouest du Haut-Canada, c'est le territoire de la Compagnie de la baie d'Hudson, et déjà un cri colonial s'élève contre le régime anticolonial de cette compagnie.* De ce côté, ce sont des plaines uniformes et dépourvues d'habitants. La frontière est une frontière mathématique, un degré de latitude. C'est à la fois le point où le conflit avec les États-Unis pourrait avoir lieu, et où les chances de succès seraient les plus faibles pour l'Angleterre. Toutefois le parti semble pris de ne rien

faire comme de laisser tout faire. La route américaine est achevée ; la route anglaise n'est pas même
à l'état de projet. Que les événements s'accomplis-
sent ! »

Les événements se sont accomplis, mais bien loin
de justifier les prévisions alors si sensées de M. de
Lasteyrie, ils les ont toutes infirmées. Si son étude
résume en effet en traits précis les conditions où se
trouvaient le Canada et les États-Unis en 1868, par
le seul fait de la constitution du Dominion tout est
changé, tout a pris aujourd'hui une direction nouvelle. Ce qui faisait la force des États-Unis, c'était
l'hésitation, le désistement de parti pris de l'Angleterre dans toutes ces questions d'intérêt purement
canadien et qui pouvaient l'entraîner à braver le
danger qu'elle redoute le plus : une guerre avec les
États-Unis. C'était aussi l'ardeur que mettait la
grande république à relier les territoires du Pacifique
aux États de l'Est. Par une heureuse chance pour
les anciennes colonies anglaises, tandis qu'elles con-
centraient leurs forces, qu'elles se constituaient en un
tout homogène sous la direction d'un gouvernement
intelligent, patriotique, jaloux de l'autonomie récente
du pays et prêt à tous les sacrifices pour la maintenir, pour en assurer le développement, les États-
Unis semblaient au contraire s'effacer volontairement
et se retirer de la lutte ; tout au moins laissaient-ils
briser dans leurs mains l'instrument le plus précieux

du succès. Le *Northern Pacific Railway* s'effondrait
en 1873 dans une catastrophe financière dont nous
avons dit l'éclat; on en comprend maintenant la gravité au point de vue de la colonisation, ou mieux, de
la domination des pays de l'extrême Ouest que bai-
gne le Pacifique.

Aujourd'hui il est certain que l'émigration dans
les territoires jadis dépendants de la Compagnie de
la baie d'Hudson, et dans les vallées de Saskatchewan, se fera, non pas du sud au nord par les Américains du Minnesota et du haut Mississipi, mais de
l'est à l'ouest et en partant des points extrêmes du
Haut-Canada. Le grand véhicule de cette émigration
ce sera le *Pacific Canadian Railway,* héritier du *Northern Railway* américain et qui, selon les termes de
l'acte d'union de la Colombie anglaise, sera achevé,
on peut l'affirmer aussi, dans une dizaine d'années.
Cette émigration ne s'arrêtera certainement pas à l'est
des montagnes Rocheuses. Elle franchira avec le chemin de fer les hauts plateaux de Jasper's-House et
de Tête jaune's Cache. Elle prendra possession des
bassins du Fraser et de ses affluents sans nombre,
c'est-à-dire de cette immense *ondulating country,*
qu'ils fécondent et dont tant d'essais particuliers,
mais déjà couronnés de succès, ont démontré la fertilité exceptionnelle. Le problème de l'immigration
dans la Colombie anglaise et par suite de la mise en
valeur de ses richesses de toutes sortes est dès au-

jourd'hui virtuellement résolu. La solution c'est l'annexion du Dominion, c'est la construction du *Canadian Railway*. Les faits ont répondu à Sir Mathew Begbie, le *chief-justice* de Victoria, quand il nous disait : « Nous nous sommes vendus, avons-nous fait un bon marché ? » Oui, le marché aura été excellent ; excellent non seulement pour la Colombie, pour le Dominion lui-même, mais encore pour le monde entier, pour notre vieille Europe où tant d'esprits d'élite, tant de natures énergiques trouvent si difficilement leur place ; qui sait ? peut-être aussi pour la France. Dieu seul peut dire ce que nous garde l'avenir, et dans ces pays ouverts enfin à la civilisation moderne, nos émigrants, nos exilés volontaires, se trouveraient presque au milieu de compatriotes ; j'entends par là ces populations canadiennes, ces hardis trappeurs de la baie d'Hudson qui parlent encore le plus pur langage de leurs aïeux, et qui, dans les solitudes du Farwest, font parfois retentir les échos des vieux noëls de l'ancienne France, qu'ils n'ont jamais oubliée, qu'ils aiment d'autant plus que ses malheurs la leur font aujourd'hui plus auguste et plus sacrée.

UN NOUVEAU

DROIT MARITIME INTERNATIONAL

Die Freiheit des Meeres.... La Liberté des mers, projets de réforme du traité sur le droit maritime en temps de guerre, conclu à Paris le 16 avril 1856, par H. Tecklenborg[1]. — *La Marine marchande de l'Allemagne ; des droits et des devoirs des neutres dans la dernière guerre,* par le même. Brême, C. Schünemann, 1871[2]. — *Rapports des délégués du Congrès international maritime de Naples,* 1871[3]. — *Histoire du droit maritime international,* par L. B. Hautefeuille. Paris, 1858.

Le gouvernement de Saint-Pétersbourg, prenant une initiative généreuse, convoquait naguère à Bruxelles les représentants de toutes les nations civilisées, pour y discuter et y fixer le code international des droits de la guerre. Le programme des questions qui devaient être soumises au congrès

1. *Revue maritime et coloniale* de novembre 1872. Traduction de M. Chastenet, capitaine de vaisseau.

2. *Revue maritime et coloniale* de mars 1873. Traduction de M. Nusbaum, sous-lieutenant d'infanterie de marine, avec une introduction, par M. Th. Ortolan, capitaine de vaisseau.

3. *Revue maritime et coloniale* d'octobre 1873. Traduction de M. Delacroix, enseigne de vaisseau.

semblait répondre aux vœux, aux aspirations de notre époque. Mais pouvait-on espérer que les problèmes qu'il soulevait une fois encore, et qui, depuis tant de siècles, attendent une solution, seraient enfin résolus; et si ce résultat difficile était atteint, si des lois claires, positives, peuvent être édictées, les négociateurs de Bruxelles parviendraient-ils également à constituer le pouvoir qui les sanctionnera? La convention de Genève pour les secours aux blessés posait, il y a quelques années à peine, des lois qu'adoptaient immédiatement tous les peuples européens, et que semblait sanctionner un sentiment universel. Que de fois pourtant ces lois n'ont-elles pas été violées! Dès 1692, Puffendorf écrivait, à propos des règles internationales sur le commerce des neutres, « que chacun l'autorise et le défend, selon qu'il lui importe d'entretenir amitié avec ces peuples, ou qu'il se sent de force pour obtenir d'eux ce qu'il souhaite. » Peut-être est-il permis de dire, en s'appuyant sur des faits accomplis depuis lors, que les lois du droit international n'ont été jusqu'à ce jour obligatoires que pour ceux qui ne se sentaient pas de force à les violer. Serait-ce, néanmoins, une raison suffisante pour accuser d'avance de stérilité d'aussi généreuses tentatives? Non, certes, plus que jamais il faut croire quand même sinon au triomphe définitif de la justice, du moins à ses développements progressifs dans l'avenir. Condorcet écrivait son livre : *Du Progrès de l'esprit humain*, proscrit, errant, sans asile et de la main qui portait le poison, son seul refuge contre l'échafaud. Cette foi virile peut ne plus être de notre époque. Est-ce l'heure pour nous de la répudier ? Mais la foi n'empêche pas la raison, elle l'appelle au contraire pour en modérer, en contrôler les entraînements. Ce contrôle est d'autant plus nécessaire en France que notre pays est toujours, quoi qu'en disent ses détracteurs, la terre des élans généreux et irréfléchis, des dévouements spontanés, celle où, par une sorte de folie héroïque, les intérêts nationaux s'effacent devant ceux de l'humanité, celle, en un mot, où la revendication du droit se fit, non pas, comme en Angleterre, au nom seul de la nation, mais en faveur de tous les hommes et de tous les peuples.

D'un autre côté, pour que cette influence tutélaire de la raison soit décisive, il faut que ceux qui l'invoquent soient libres de toute passion, de tout intérêt particulier, qu'on ne puisse même les en soupçonner. En était-il ainsi au congrès de Bruxelles, où chaque question soulevait les ardents souvenirs d'un passé récent ? Ne peut-on pas attribuer à l'influence de ces souvenirs la réserve, sans nul doute, d'ailleurs, conforme aux instructions qu'ils avaient reçues, de la plupart de ses membres ? Et si certains côtés essentiels du droit international ont été

systématiquement écartés d'avance, n'est-ce pas en
grande partie à la même cause qu'il faut l'attribuer?
Quoi qu'il en soit, la crainte que nous venons d'exprimer est si naturelle, si légitime, que nous ne
nous croyons autorisés à aborder ici ces délicats
problèmes qu'en nous plaçant sur un terrain où ces
souvenirs ne peuvent avoir pour nous la même
amertume : celui du droit international maritime,
dont les principes sont aujourd'hui ceux que la
France a depuis un siècle cherché à faire prévaloir.
D'autres raisons nous dicteraient sans doute cette
réserve, mais celle-là suffit à la justifier. Il n'est pas
douteux, d'ailleurs, que les questions qui se rattachent à cette branche importante du droit international n'aient dû, tout d'abord, être introduites au
congrès. Les restrictions de l'Angleterre les ont fait
écarter; mais elles seront tôt ou tard reprises.
N'est-ce pas, en effet, un des objets essentiels que,
dès 1871, les publicistes d'outre-Rhin signalaient
à l'attention du nouveau gouvernement impérial ?
« Il ne restait guère d'espoir, écrivait à cette époque M. Tecklenborg, de voir triompher la bonne
cause, tant que l'Allemagne ne tenait pas en main
assez de pouvoir pour imprimer à ces exigences
bien fondées une impulsion efficace, *mais aujour-*
d'hui on peut affirmer que l'homme d'État qui est à la
tête des affaires ne perdra pas de temps pour qu'une
révision du traité de Paris du 16 avril 1856 ait lieu

à *Berlin*, et, si ce travail doit avoir pour les intérêts communs de l'Allemagne, je dirai du monde entier, un résultat réellement sérieux, il devient indispensable d'expliquer au public certaines notions, dans le but surtout de déraciner des préjugés invétérés[1]. » Dès lors, et puisque ces questions n'ont pas été discutées à Bruxelles, n'est-ce pas pour nous une raison impérieuse de rechercher quelles sont ces notions que « le sentiment allemand de la justice et du droit » veut substituer aux notions erronées du vulgaire des peuples européens, et quels sont ces préjugés invétérés qu'elles doivent déraciner.

I

Les mots de *droits*, *devoirs*, *lois*, se présenteront fréquemment au cours de cette étude. Ces mots sont souvent employés, tantôt avec un sens général, absolu, tantôt limité, restreint, et par suite avec des acceptions variables. Il convient de préciser ceux qu'on leur donnera et d'établir les principes sur lesquels en reposent les définitions.

Dans la plénitude de la conscience qu'il a de sa liberté, l'homme, cette cause libre, comme l'appelle

---

1. *Die Freiheit des Meeres*..., p. 13 de la traduction française de la *Revue maritime*.

Jouffroy, se pose tout d'abord en absolu devant tout ce qui lui est extérieur. Cet absolu n'est limité, ne peut l'être que par un absolu de même ordre, de même qualité, de même puissance : l'homme lui-même ; d'où la justice qui est le pacte que l'homme fait avec l'homme, de la liberté avec elle-même ; d'où le droit qui est l'expression de ce pacte, dont la formule intégrale, supérieure, est donnée par la conscience universelle dans ces deux lois auxquelles le consentement unanime de tous les peuples a reconnu de tout temps le caractère obligatoire ; l'une positive : Fais aux autres ce que tu voudrais que l'on te fît ; l'autre négative : Ne fais pas aux autres ce que tu ne voudrais pas qu'il te fût fait. Le droit reconnu, quelle en est la sanction ? La loi positive ; loi d'une justice relative, incomplète, imparfaite, mais toujours obligatoire parce qu'elle est implicitement consentie par tous ceux qui vivent, qui veulent vivre dans la communauté, dans la société que régit cette loi. Le devoir est corrélatif au droit ; il en découle : si mon droit doit être respecté, mon devoir est de respecter le droit des autres. La loi fixe le devoir, et elle le fixe avec une précision d'autant plus grande qu'elle est elle-même une détermination plus exacte, plus approchée du droit absolu. Comme les hommes, les nations, les peuples, les États souverains se posent, en théorie du moins, les uns à l'égard des autres, en absolus de même

ordre, de même qualité, de même puissance ; les
principes de justice abstraite qui devraient régir
leurs rapports sont donc faciles à déduire. Mais
quelle sera la sanction des lois qui les exprime-
ront? Jusqu'à ce jour, elles n'en ont eu qu'une
seule : la guerre. « Les peuples, dit M. Hautefeuille,
ne se laissent pas toujours guider par les principes
de la sagesse éternelle. Il n'arrive que trop souvent
que les uns cherchent à opprimer les autres, à
s'emparer de ce qui appartient à leurs voisins.
*Aucun pouvoir n'existe pour arrêter ou réprimer ces
coupables entreprises ; la seule ressource pour celui
qui est victime de l'injustice, c'est de repousser la
force par la force : c'est la guerre.* Considérée sous
ce point de vue, la guerre, je ne crains pas de le
dire, est conforme à la loi primitive. Toute guerre
juste est non seulement un acte permis, mais encore
l'accomplissement d'un devoir, parce que, comme
les simples citoyens, les nations ont reçu de Dieu
l'instinct, le besoin de la conservation. » La guerre
peut donc être définie : L'appel d'un peuple à la
force pour le maintien du droit. C'est la négation
pure du droit, et par suite il n'est que trop vrai de
dire que, jusqu'à ce jour, la sanction a manqué aux
lois qui règlent les rapports des peuples entre eux.
C'est le résultat que l'histoire met en pleine lumière ; les traités, lois écrites des nations, n'ont été
valables, n'ont duré qu'autant qu'après les avoir

imposés, la force en maintenait le respect. C'était, il y a deux siècles, l'opinion de Puffendorf, dans ses lettres privées ; c'est encore aujourd'hui celle de tous ceux que leurs études, les devoirs de leur profession, les exigences de la vie, ont mis en face de ces redoutables problèmes, et qui ont le courage de la vérité. « Les relations internationales, écrivait en 1862 M. Casimir Périer, échappent toujours aux prescriptions positives de lois générales et reconnues comme obligatoires. Ces relations sont régies par un droit secondaire ou droit conventionnel. Ce droit, dérivé du droit des gens dont il doit toujours tendre à se rapprocher, se modifie avec le temps par les usages et par les traités. Les mêmes nations n'ont pas toujours adopté les mêmes principes et suivi les mêmes règles. La justice a souvent été étouffée par la loi du plus fort. Le fait a dominé le droit. Des précédents historiques peuvent donc être invoqués à l'appui de toutes les prétentions, de toutes les agressions, de toutes les violences ; les forts ont presque toujours pris leurs passions et leurs intérêts du moment pour règle unique de leurs relations avec les faibles. Le droit conventionnel, assis sur la tradition, sur des traités variables, soumis à des interprétations diverses, n'est, à vrai dire, que la jurisprudence des nations. Des traités inégalement conclus et plutôt imposés que consentis, des violences exercées et subies ne sauraient avoir plus d'autorité dans cette jurisprudence que n'en ont, dans la justice civile, les arrêts de juges prévaricateurs ou les décisions arbitraires de pouvoirs despotiques[1]. » Il serait difficile de mieux préciser l'incertitude, le manque de sanction des lois qui président aux rapports des peuples entre eux, de mieux faire ressortir que ces lois prétendues n'ont pas ce caractère que Jouffroy déclarait le signe éminent, l'essence de la loi : celui d'obliger, et qu'elles ne sont, en vérité, qu'une jurisprudence de simples règles, variables et transitoires comme les caprices de la force, les égarements de la passion, qui seuls les ont fait établir.

L'histoire de cette jurisprudence, qui est celle de ses variations, a été l'objet de patientes études, de longues et consciencieuses recherches. Le lecteur la trouvera dans des traités spéciaux, qu'à notre époque troublée chacun consultera avec grand profit. Il suffira d'en esquisser, dans ce travail, les principales transformations jusqu'à ce jour.

A l'origine de toute société, le sentiment de la justice, qui se montre à peine dans les rapports de personne à personne, semble complètement inconnu dans les relations internationales. L'étranger est l'ennemi. La guerre contre lui est l'état normal ; tout homme capable de combattre est guerrier.

---

1. *Du Droit maritime international. Revue des Deux-Mondes*, 15 janvier 1862.

L'armée est la nation en armes tout entière, et
après la victoire, le vaincu, sa famille, ses biens,
deviennent la chose du vainqueur; s'il n'est pas mis
à mort immédiatement, la vie qui lui est laissée
appartient toujours à son maître. Il est serf; il est
esclave : *servus*, *servatus*. La logique s'impose à
l'esprit humain. La force étant le principe unique
et fondamental des sociétés primitives, c'étaient là
les conséquences nécessaires de ce principe; et
s'il était permis de supposer que la conscience
ait jamais pu être complètement oblitérée dans
l'homme, que ce sentiment de solidarité universelle
qui, l'élevant au-dessus de tous les autres êtres,
lui assigne sa véritable place dans la création, ne
soit pas inhérent à sa nature, qui nierait que cette
application à outrance des conséquences logiques de
la guerre ne fût parfaitement légitime? Heureusement l'histoire, les observations de tous les voyageurs sur les peuplades les plus sauvages, dé-
mentent une telle hypothèse. Quelque faible,
quelque obscure que puisse en être l'intervention,
la justice apparaît toujours, protestant contre ces
cruautés que sanctionnent les droits de la force.
Peu à peu, cette intervention se manifeste plus
puissante et plus active, avec les progrès de la civilisation, et quand la propriété privée est fondée,
quand l'armée commence à se différencier de la
nation, quand l'action collective de l'État se substi-

tue à l'individualisme primitif, on voit, grâce à cette influence de plus en plus féconde de la justice, des idées plus humaines prévaloir dans les rapports des peuples entre eux, et adoucir même les lois de la guerre. Autres, dès lors, sont en effet les règles appliquées à l'ennemi désarmé ou aux combattants; autres celles qui décident des biens de la communauté, de l'État, et de ceux des simples particuliers. Le sac des villes, l'incendie, le pillage, ne sont plus que des moyens de terreur. Enfin, par un dernier progrès, la propriété territoriale privée est regardée comme inviolable, « à moins d'un besoin absolu pour assurer le succès de la guerre ».

Sur mer, la marche de l'humanité est encore plus lente que sur terre. Les difficultés y sont, en effet, plus grandes de concilier les aspirations de la justice avec les nécessités de la guerre, de la limiter, de la circonscrire, pour ainsi parler, aux seuls peuples engagés dans la lutte. La mer est un terrain commun ouvert à l'activité humaine; tous les peuples y ont le même droit. Tous s'y trouvent mêlés et confondus. Quand la guerre éclate, comment les nations qui n'y ont aucun intérêt, qui veulent y rester étrangères, pourront-elles maintenir leur neutralité? Quels sont les devoirs et les sacrifices que cette neutralité leur impose? Comment, enfin, préserveront-elles leurs droits de toute atteinte? Le *Consulat de la mer* est le premier des codes internationaux, où quelques-uns des problèmes que ces questions soulèvent reçurent une solution. Les règles, les coutumes qu'il consacre, et que l'on retrouve reproduites dans des articles spéciaux de plusieurs traités du XIVe siècle, peuvent se résumer ainsi : Les biens ennemis à bord des bâtiments neutres sont de bonne prise, les biens neutres à bord des bâtiments ennemis ne sont pas saisissables. L'application de ces règles, où du moins le respect de la propriété des neutres était établi en principe, rencontrait dans la pratique d'innombrables difficultés. Elle était pour leurs marchands, dont elle retardait les opérations par les droits de visite et de recherche, une cause toujours active de pertes, souvent très considérables. De plus, comme c'était presque toujours les mêmes puissances qui se combattaient sur l'Océan dont elles se disputaient la souveraineté, ces pertes retombaient presque toujours aussi sur les mêmes peuples, ceux qui ne demandaient à la navigation que les avantages et les profits d'entreprises commerciales essentiellement pacifiques. Ces derniers cherchèrent donc de bonne heure à faire prévaloir des principes plus justes : le sort de la cargaison dépend de la nationalité du navire ; le pavillon couvre la marchandise. Ces principes, pour lesquels la France, et plus tard les États-Unis d'Amérique devaient soutenir des luttes acharnées et sanglantes, ne furent pourtant adoptés chez nous qu'en 1778, et par les États-Unis qu'aux premières années de ce siècle. L'Angleterre maintenait, au contraire, les principes opposés. Elle les regardait comme indispensables à sa suprématie maritime, et les appliquait dans leurs conséquences oppressives, droit de visite, droit de recherche, avec une rigueur qui allait jusqu'au mépris de la souveraineté des neutres. Le pavillon de guerre lui-même de ces États ne garantissait pas leurs convois de l'exercice de ces droits prétendus ; si bien, comme l'écrivait en 1800 l'illustre comte de Bernstorff, que, grâce à la doctrine anglaise, « toutes les flottes du Danemark commandées par ses amiraux n'auraient pu dispenser un convoi de la visite d'un simple corsaire anglais. » Personne n'ignore comment, par l'incendie de la flotte danoise, par le bombardement de Copenhague, l'Angleterre donna à sa doctrine la seule sanction qu'elle pût avoir ; comment, plus tard, elle répondit aux violences du décret de Berlin et du blocus continental, que ses prétentions tyranniques avaient provoquées sinon légitimées, par des violences plus grandes encore. On sait aussi quelles furent les causes qui, par la coalition de l'Europe contre nous, changèrent en alliées de l'Angleterre les mêmes puissances qui avaient signé les traités de neutralité armée de 1800 et de 1807. La France abattue en 1815, un long silence se fit, pendant les années de paix qui suivirent nos premiers désastres, sur ces questions pour lesquelles l'Europe s'était si justement et si longtemps passionnée. Un moment le droit de visite, consenti d'un commun accord entre la France et l'Angleterre pour l'abolition de la traite des noirs, réveilla des deux côtés du détroit les passions assoupies. Ce ne fut heureusement qu'un éclair. La sagesse de deux gouvernements libéraux, animés d'un égal respect pour la justice, inspirés d'un même amour de la paix, conjura l'orage. La révolution de 1848, l'agitation qui, à cette époque, se communiqua de proche en proche à toutes les nations européennes, détournèrent de nouveau de ces questions générales l'opinion publique, préoccupée de tout autres intérêts. D'ailleurs, le développement chaque jour plus grand de l'industrie et du commerce, la solidarité que leurs progrès incessants créaient entre tous les peuples, l'adoucissement, apparent du moins, des passions nationales à mesure que ceux-ci, apprenant à se connaître, répudiaient des préjugés séculaires, tout semblait promettre à ces problèmes, aux difficultés qu'ils avaient toujours soulevées, des solutions nouvelles plus conformes aux idées d'humanité, dont ces progrès semblaient les gages certains. Aussi, aux premiers bruits de la guerre de Crimée, inaugurant l'ère de paix promise par le second Empire, ces solutions s'imposèrent aux deux nations qui, tout en s'unissant pour une guerre nouvelle, ne prétendaient pas moins rester les représentants les plus autorisés de la civilisation moderne. Les gouvernements de France et d'Angleterre faisaient suivre, en effet, l'ouverture des hostilités par la déclaration que tous deux renonçaient à l'emploi des lettres de marque. En même temps, par le décret du 29 mars 1854 : *les vaisseaux de Sa Majesté ne saisiront pas la propriété ennemie chargée sur un bâtiment neutre*, la France affirmait, une fois encore, les principes qu'elle avait toujours soutenus depuis un siècle. Ces changements furent, après la guerre, consacrés par un traité qui restera comme une date importante dans l'histoire du droit international maritime. La déclaration du 16 avril 1856, signée des plénipotentiaires de la France, de la Grande-Bretagne, de l'Autriche, de la Russie, de la Sardaigne, de la Turquie et de la Prusse, et qui fut soumise à l'adhésion des autres puissances civilisées, est ainsi conçue :

1° La course est et demeure abolie ;

2° Le pavillon neutre couvre la marchandise ennemie, à l'exception de la contrebande de guerre ;

3° La marchandise neutre, à l'exception de la contrebande de guerre, n'est pas saisissable sous pavillon ennemi ;

4° Les blocus pour être obligatoires doivent être effectifs, c'est-à-dire maintenus *par une force suffisante pour interdire réellement l'accès du territoire de l'ennemi.*

Cette déclaration était un exposé de principes, le programme d'un futur congrès qui, dans la pensée de ses signataires, en développerait les conséquences, et fonderait ainsi le droit maritime international sur des bases nouvelles, en harmonie avec les besoins nouveaux des sociétés modernes. Elle était surtout l'expression des tendances du Gouvernement et de l'opinion de la France.

Ces tendances étaient certainement inspirées par un généreux sentiment d'humanité, mais si elles s'étaient réalisées, elles nous eussent peut-être conduits bien loin dans une voie fatale aux intérêts réels, je ne dirai plus de notre grandeur, mais de notre sécurité nationale. N'avaient-elles pas, en effet, pour dernière expression, d'abord, l'inviolabilité de la propriété privée sur mer, même celle des belligérants, puis la définition du blocus d'un port comme n'étant effectif, obligatoire, *n'interdisant réellement l'accès du territoire de l'ennemi,* que lorsque ce port, bloqué par mer, serait investi par terre? Deux conséquences extrêmes si l'on veut, mais logiquement rigoureuses des principes exposés par la déclaration du 16 avril, et qui n'iraient rien moins qu'à aggraver encore contre nous les résultats consacrés par le premier article de cette déclaration.

En renonçant à des droits, à des prétentions peut-être injustes, mais qu'elle avait de tout temps

énergiquement soutenus, en acceptant les principes
dont nous avions été les défenseurs contre elle,
l'Angleterre semblait, sans doute, renier son passé,
sacrifier son amour-propre national. La France pouvait donc croire avoir remporté une de ces victoires
pacifiques dont l'éclat efface cette gloire des champs
de bataille, qui, alors, semblait notre apanage héréditaire. En fait, par cela même que, pour obtenir
cette victoire, cette adhésion à ses propres idées,
elle renonçait à la course, le moyen le plus assuré
qu'elle eût de combattre l'Angleterre, la France
abandonnait un avantage positif, tandis que sa rivale renonçait simplement à des prétentions désormais chimériques, impossibles à maintenir. C'est ce
que lord Clarendon n'hésitait pas à proclamer à la
tribune, malgré le retentissement qu'allaient avoir
ses paroles, non pas dans notre pays, où, sauf quelques esprits clairvoyants, elles passèrent inaperçues,
mais aux États Unis, en Allemagne, dans le monde
entier. « Nous avons obtenu de la France, disait-il
en effet, à la Chambre des Lords, en matière de
lettres de marque, la consécration d'un principe
qui sera très avantageux pour une nation commer-
çante comme l'Angleterre. L'abolition des lettres de
marque est *plus que l'équivalent de l'abandon d'un
droit que je sais qu'il est impossible de soutenir.* »
Appréciant ensuite avec une admirable sûreté de
coup d'œil, les changements déjà accomplis, ceux

plus grands encore que devait réaliser un prochain
avenir, il ajoutait : « Cette abolition est bien plus
importante aujourd'hui qu'elle ne l'a été à aucune
autre époque. Lorsque le bâtiment marchand et le
corsaire attendaient tous deux du vent leur puissance motrice, ils étaient, comparativement, sur le
pied d'égalité, et c'était le plus fin voilier qui prenait l'avance ; mais la majeure partie de notre commerce, se faisant encore sur des bâtiments à voile,
serait absolument à la merci d'un corsaire, quelque
petit qu'il fût, faisant la course à la vapeur. En
conséquence, je regarde l'abolition des lettres de
marque comme étant le plus grand avantage pour un
peuple aussi commerçant que le peuple anglais[1]. »
Déjà, du reste, dans la séance des Communes du
6 mai 1856, lord Palmerston avait dit : « *C'est nous
qui avons le plus gagné à ce changement* par suite
duquel, pendant toute cette dernière guerre, nos
relations commerciales n'ont pas souffert. »

Si la France et, avec elle, toutes les autres nations européennes, sauf l'Espagne, qui maintint son
droit absolu de défense, semblèrent ne pas se rendre
compte de la portée des concessions qu'elles faisaient à l'Angleterre, il n'en fut pas heureusement
ainsi aux États-Unis d'Amérique. Avec une prévision de l'avenir, un sentiment pratique de la situa-

---

1. *Times* du 25 mai. Séance des Lords du 22 mai 1856.

tion respective des différentes marines du monde
civilisé, qui ne le cédaient en rien à l'habileté des
hommes d'État anglais, le Cabinet de Washington
répondit à la communication du congrès de Paris par
une contre-proposition qui était purement et simplement une fin de non-recevoir. Il se déclarait prêt à
adhérer à la première proposition de la déclaration
du 16 avril si on consentait à y ajouter la disposition suivante : et que la propriété particulière et
privée des sujets ou citoyens d'une puissance belli-
gérante, sur les mers, ne puisse être saisie par les
vaisseaux armés des autres puissances belligérantes,
si ce n'est quand il y a contrebande [1].

En introduisant la logique dans le débat, en posant comme règle, comme loi, les conséquences extrêmes, mais rigoureusement exactes, des principes
invoqués pour justifier l'abolition de la course proprement dite, les États-Unis ramenaient la discussion à la réalité pratique et, par cela même, faisaient
ressortir l'impuissance de tout traité à donner des
bases fixes, durables, positives, aux lois du prétendu
droit international.

Quel est, en effet, le but de ces traités, de ces conventions, dont l'ensemble constitue cette jurisprudence vainement décorée du nom de droit ? N'est-ce
pas de concilier deux termes, deux absolus qui se

---

1. Dépêche du 28 juillet 1856, de M. de Marcy, ministre des États-Unis.

nient, qui s'annulent mutuellement : le droit pur, négation de la force ; la guerre, appel suprême à la force, de la raison humaine impuissante à *dire* le droit ; il faut choisir entre eux, ou reconnaître qu'il y a un droit contre le droit, la guerre, ou décréter l'abolition de la guerre, *ce que proposaient implicitement les États-Unis* ; mais si d'avance vos décrets sont impuissants, parce que la seule sanction que vous puissiez donner à ces décrets qui abolissent la guerre, est, ne peut être que la guerre elle-même ; si, par suite, vous reconnaissiez avec l'opinion universelle qu'il y a là une fatalité inéluctable, un mal inhérent à la nature de l'homme, aux sociétés qu'il fonde, renoncez à établir *par la justice seule* ces prétendues lois que rien ne sanctionne, et qui ne sont qu'un monument de plus élevé à l'impuissance de la raison humaine en face de l'absolu, une preuve, la plus convaincante de toutes peut-être, de la vanité de nos conceptions idéales, de l'inanité de nos aspirations à les réaliser ici-bas.

Ainsi dégagée des nuages qui semblent toujours l'avoir obscurcie, n'ayant plus pour objet la recherche de lois absolues, la science du droit international peut et doit être étudiée, comme toutes les autres branches de la connaissance humaine, par l'expérience, c'est-à-dire l'observation des faits, et la logique. Dans ces conditions, toutes deux doivent conduire aux mêmes conclusions.

La guerre étant une nécessité qui s'impose à l'homme, sa définition étant celle que nous avons donnée : l'appel à la force pour le maintien du droit, le but de la guerre est d'affaiblir par tous les moyens possibles l'ennemi. Le choix entre eux n'est jamais une question de justice et d'humanité ; il dépend des considérations de tout autre ordre, de convenances dont ceux qui sont chargés du succès de la guerre, qui en sont responsables, jugent seuls et en dernier ressort. Au lieu de contredire à ces conclusions de la logique, l'expérience, même celle de notre époque, si justement fière de ses progrès, les confirme au contraire. Les enseignements de ces dernières années ne sont-ils pas que les lois réputées les plus saintes, les droits en apparence les plus imprescriptibles ont toujours été violés dès que leur respect entravait, arrêtait même un seul instant le succès de la guerre ?

Laquelle des lois internationales, des conventions conclues, acceptées pendant la paix, est sortie intacte, inviolée des sanglantes épreuves de la guerre ? Hélas ! rien n'est changé : devant l'énigme qui, depuis tant de siècles, se pose en face d'elles, la justice éperdue ne peut que balbutier des lois qu'aucun pouvoir ne sanctionne ; l'humanité, de vaines protestations, dont la force se joue, tandis que la raison est contrainte d'avouer l'impuissance de cette civilisation dont elle est si fière, et dont les progrès se brisent contre ce suprême obstacle, comme l'Océan s'arrête sur les rivages que Dieu lui a fixés, en lui disant : Tu n'iras pas plus loin !

Souvent, aux mois les plus féconds de l'année, dans un de ces jours où tout est calme, repos, lumière, harmonie, de lourds nuages envahissent rapidement le ciel ; bientôt l'orage éclate et, en quelques heures, les campagnes, naguère si pleines de promesses, n'offrent plus que l'image de la ruine et du deuil. En face de ses espérances évanouies, le paysan suppute ses désastres et, accusant la Providence, il maudit les lois aveugles de cette nature marâtre dont rien ne peut conjurer les inflexibles rigueurs. Il ne sait pas que ces tempêtes sont fécondes, qu'elles sont nécessaires, qu'elles renouvellent les forces créatrices de la terre épuisée, et que c'est par ce désordre momentané que se maintient l'ordre universel. Ainsi peut-être de la guerre. Pour vivre, pour être digne de vivre, il faut savoir mourir. La vie réelle, la vie féconde, la vie supérieure, est celle qu'enfante la pensée de cet avenir dont la mort nous ouvre les lointaines et religieuses perspectives. Quand les peuples, écartant la pensée de cet avenir, s'endorment dans le sommeil énervant des jouissances matérielles, la guerre, avec l'image de la mort qu'elle suspend sur toutes les têtes, est peut-être le remède sauveur qui seul peut les rappeler à leur destinée supérieure. A ce titre, comme à tous ceux que nous avons établis déjà, la guerre est nécessaire, elle vivra autant que l'humanité, elle s'impose à elle avec ses terribles exigences, dont la plus dure n'est pas le sacrifice de la vie, mais cette immolation aux devoirs du soldat, de tout ce qui est le meilleur de l'homme : son cœur, son âme et jusqu'à sa conscience elle-même. Mais devant une réalité inexorable, à quoi peuvent servir les plaintes et les accusations ? Comme toutes ces fatalités auxquelles nous soumet, dans notre court passage ici-bas, la loi mystérieuse de notre destinée, il faut subir, il faut accepter la guerre avec ses rigueurs implacables, mais il faut l'accepter virilement, c'est-à-dire réagir de toutes nos forces contre ses cruelles exigences, et surtout rendre de plus en plus rares les causes qui la font naître et qui, dans l'impuissance de la raison, de la justice humaine, justifient, en la rendant nécessaire, son intervention dans les affaires de ce monde.

II.

On le voit, à quelque point de vue qu'on l'envisage, la guerre est une nécessité, et ses *droits* priment les droits de la justice. Les traités, les conventions internationales, ne sont donc et ne peuvent être que des compromis entre ces exigences supérieures et le sentiment de la justice, de l'humanité, éternellement vivant au cœur de l'homme. Ces compromis ne peuvent fonder que des règles, des lois, une jurisprudence variable, changeante et, par cela même perfectible. La déclaration d'avril 1856 est aujourd'hui le résumé de cette jurisprudence pour toutes les nations modernes, sauf l'Espagne et les États-Unis, qui n'ont pas accepté l'article de cette déclaration abolissant la course. Mais ce refus n'est qu'une application plus complète et plus large d'un principe admis par l'acte diplomatique de 1856, celui qui nie l'inviolabilité de la propriété privée sur mer. On peut donc se demander si cette déclaration est le dernier mot du droit international maritime, c'est-à-dire si elle y fait à la justice toute la part qu'il est possible de lui donner. Rien n'est plus légitime que d'espérer qu'il n'en est point ainsi.

En 1871, malgré les incertitudes de la situation générale, un congrès maritime international réunissait à Naples plus de deux cents délégués. Cent soixante d'entre eux prirent une part active aux travaux de l'assemblée. Au premier rang des questions importantes qui furent l'objet des délibérations générales, nous trouvons la question suivante que traita un jurisconsulte éminent, M. Guerrieri-Gonzaga : *Les navires marchands des nations belligérantes doivent-ils être respectés et à l'abri de tout dommage, comme ceux des États neutres ?* Les conclusions de M. Guerrieri, approuvées d'abord par la commission, furent ensuite adoptées par le vote général de l'assemblée. Elle sont ainsi formulées : « Le congrès émet le vœu que les bâtiments de commerce des belligérants et leurs cargaisons soient exempts de capture et de confiscations comme le sont ceux des États neutres, à l'exception de la contrebande de guerre, et pourvu que cette exemption ne s'étende pas aux navires et aux cargaisons qui chercheraient à pénétrer dans un port bloqué par les forces navales d'une des nations belligérantes. » En soumettant cette formule aux délibérations du congrès, la commission crut devoir appeler l'attention des divers gouvernements sur deux obligations nouvelles : « En premier lieu, celle de déterminer, au moyen de conventions nationales, les matières qui constituent la contrebande de guerre, ensuite celle de mieux définir le blocus légal. » En dehors de toute autre considération, ces deux réserves, jugées avec sagesse nécessaires à l'application du principe que M. Guerrieri veut faire prévaloir, permettent de mettre en doute qu'il soit prochainement adopté. Chaque jour voit grandir les difficultés des deux définitions qu'elles réclament. En tout état de choses, la formule du congrès ne supprime ni le droit de visite, ni même, en certains cas, le droit de recherche pour constater si le navire marchand n'emporte pas de contrebande de guerre ; aussi, bien qu'elle soit un pas en avant vers l'inviolabilité sur mer de la propriété privée, elle ne satisferait pas les prétentions radicales, absolues à cet égard, de la nouvelle école allemande. D'après cette école, dont la brochure de M. Tecklenbord peut être regardée comme le manifeste, « les principes du droit maritime, fixés par le traité de Paris, ne répondent plus aux notions actuelles du juste et de l'injuste, pas plus qu'aux vrais intérêts des nations ; ils doivent être rejetés et remplacés par cette règle unique : *Les bâtiments marchands ne peuvent être arrêtés par les navires de guerre d'aucun autre État* ; et qui est la seule solution donnée, par des principes de justice et de philosophie, à une question qu'on n'a jusqu'à ce jour traitée que légèrement et comme une simple question d'équité et d'humanité[1]. »

Nous allons essayer d'exposer les preuves dont M. Tecklenborg appuie cette thèse, bien que nous ne nous dissimulions pas que ce soit là une tâche très difficile. Le sentiment allemand de la justice peut, en effet, être supérieur à celui des autres peuples, le génie philosophique allemand est aussi, nous voulons bien le croire, plus profond que celui des autres races, mais peut-être est-il permis de dire que, jusqu'à ce jour, les écrivains allemands ne brillent point par les dons de clarté, d'ordre et de méthode, utiles pourtant au progrès et à la diffusion de la vérité.

____

1. *Liberté des mers*, p. 13 et 25 de la traduction française.

Il est douteux que l'on puisse mettre au rang de preuves philosophiques les décisions — que l'auteur rappelle avec tant de soin et dont l'exposé tient une si large place dans la première partie de son travail — des chambres de commerce des principales villes du monde. L'opinion, en ces matières, de marchands, d'industriels, d'armateurs, seuls ou même réunis en congrès, comme celui du Caire en 1869, peut être à bon droit suspecté de partialité. Nul n'est juge dans sa propre cause, et d'ailleurs des faits bien connus ne permettent que trop facilement d'établir que bien des fois l'esprit de mercantilisme, l'espoir de gains considérables dans un commerce interlope, ont fait taire en eux et la voix de l'humanité et celle du patriotisme. Quoi qu'il en soit, du reste, le débat, au point de vue philosophique, celui où se place si fièrement l'auteur de la *Liberté des mers,* porte sur un seul point : la vérité des principes de la déclaration du 16 avril 1856. De tous les écrivains qui la défendent, un jurisconsulte français, M. Hautefeuille, est celui qui a le plus énergiquement affirmé, non seulement ces principes, mais encore la légitimité de la course ; c'est donc dans la réfutation de l'auteur de l'*Histoire du droit international maritime* et de tant d'autres ouvrages si justement estimés, que nous trouverons les preuves philosophiques qui nous sont promises. C'est, au reste, ce que déclare M. Tecklenborg lorsqu'il écrit : « En réfutant cet auteur, nous sommes dispensés de chercher d'autres adversaires, car il expose tous les cas contre l'inviolabilité de la propriété privée sur mer. »

Après avoir posé le principe fondamental de sa théorie, l'écrivain allemand va au-devant des objections qu'il prévoit : « Une pareille hérésie fera, dit-il, jeter les hauts cris à la plupart des lecteurs, qui la regarderont comme insoutenable, attendu qu'on approvisionnerait les belligérants de tout ce dont ils auraient besoin, et qu'en outre les espions iraient librement d'un pays ennemi à l'autre. Que sera-ce donc quand nous démontrerons plus bas que la contrebande de guerre a fait son temps et qu'en la jetant, le plus tôt possible, par-dessus le bord avec tout ce qui s'y rattache, ce sera le meilleur, ce qui pourtant n'empêchera pas la surveillance des côtes. » Voilà deux assertions nettes et précises, puis une promesse de démonstration; malheureusement, l'auteur ne tient pas sa promesse, et si les assertions demeurent, la démonstration promise ne se trouve nulle part. Tel est le procédé général de l'auteur. La méthode qui lui est propre consiste en négations tranchantes, en affirmations plus tranchantes encore; ses preuves sont de deux ordres : tantôt des objurgations à la justice, à l'humanité, à la charité même : « Haïrons-nous toujours!... ne pardonnerons-nous jamais!.. » objurgations parfaitement à leur place dans un traité de morale, mais fort mal venues dans une étude philosophique de jurisprudence; tantôt de longues citations d'écrivains anciens, dont l'opinion, plus ou moins favorable, ne fait pas avancer la question d'un seul pas. Après avoir comparé l'auteur de l'*Histoire du droit international maritime* « à un charlatan qui n'a qu'un seul spécifique, lequel, selon lui, possède à la fois une vertu astringente et laxative », M. Tecklenborg déclare que, pour sa part, il préfère s'adresser aux jurisconsultes, véritables médecins des nations. Cela nous semble naturel. « Qu'il aime mieux se fier à Mably et à Galiani et qu'il les croie quand ils lui conseillent de s'abstenir du pillage de la propriété sur mer, par respect pour les droits de l'humanité, et cela d'autant plus volontiers que ce conseil s'accorde avec le sens commun », nous n'y voyons aucun inconvénient, et nous aimons trop la liberté pour ne pas lui laisser celle de ses préférences; mais qu'il y ait là un ensemble de preuves philosophiques qui vaille la peine de modifier nos opinions, c'est ce qu'il nous est impossible d'admettre, quoique du reste nous partagions ses sentiments d'humanité et n'ayons pas plus de goût que lui pour le vol, pour le pillage, même sur l'Océan. Notre conviction est que la course n'a rien de commun avec le vol, avec le pillage; que la guerre la légitime et la sanctionne, parce qu'elle est un des moyens les plus assurés d'affaiblir son ennemi; et que, enfin, il est parfaitement illogique de prétendre démontrer qu'une des conséquences de la guerre est illégitime, que ses applications doivent être condamnées au nom seul des droits de l'humanité, de la justice, dont la guerre est la négation la plus évidente.

D'ailleurs, ces théories, qu'on veut nous donner comme nouvelles, se sont produites il y a longtemps déjà. Le sentiment allemand de la justice et du droit qui en poursuit à cette heure la réalisation, ne fait que reprendre une vieille utopie de nos assemblées françaises aux premières années d'enthousiasme humanitaire de la Révolution de 89. La formule même qu'il proclame comme celle de la justice est, à peu de choses près, celle qui servit aux États-Unis de contre-proposition pour repousser l'article 1er de la déclaration du 16 avril, et dont le résultat pratique fut de maintenir la course dans le droit maritime de la république américaine. Enfin, c'est la thèse que tout un groupe de jurisconsultes italiens, entre autres M. Ercole Vidari, l'auteur *Del rispetto della proprietà privata dei popoli belligeranti*, soutenaient dans leurs savants ouvrages, en 1865. Comment tant et de si longs efforts n'ont-ils pas abouti, s'ils étaient au service de la vérité? Ne serait-ce pas que, comme la nouvelle école allemande, ils partent de l'idée absolue de justice, sans tenir compte des nécessités de la guerre qui priment les droits de la justice, et que toute argumentation semblable, péchant par la base, tombe d'elle-même ?

Mais c'est également au nom des vrais intérêts des nations que M. Tecklenborg affirme le principe fondamental de sa théorie, et bien qu'ici son argumentation soit encore plus obscure, il faut essayer de le suivre dans ses nombreuses digressions, ne serait-ce que pour échapper à des reproches, à des accusations même, trop faciles à prévoir. L'ignorance française, le chauvinisme français, la légèreté et l'immoralité françaises, ce sont là des arguments que l'auteur de la *Liberté des mers* aime encore plus que « la vanité présomptueuse des journalistes du *Times* » et les aménités à l'adresse de l'Angleterre, aménités où le nom de Benjamin Franklin permet de rappeler « que tous ceux qui connaissent l'Europe prétendent que le plus grand nombre de voleurs se trouve en Angleterre ». Essayons donc encore d'apprécier une de ces assertions de détail, où la pensée de l'écrivain allemand se montre le moins obscure. A ses yeux, la course peut être un moyen de ruiner le commerce d'un pays ennemi, mais en tout cas, la menace de cette ruine certaine comme imminente ne change rien aux résolutions du gouvernement de ce pays et ne l'empêche pas de déclarer la guerre. « L'excuse du vol apportée plus haut, ajoute-t-il après une longue digression, tombe d'elle-même » (le vol, ici, c'est la course). « En effet, les chances de capture de la propriété privée sur mer étaient les mêmes pour les Français et pour nous, et cependant cela ne les a pas empêchés de nous déclarer la guerre [1]. »

Il y a deux assertions, toutes deux fausses, dans cette phrase si courte : la proposition générale, l'exemple particulier qui la prouve. Est-il vrai qu'en 1870 les chances de capture étaient les mêmes pour la France et pour l'Allemagne, signataires toutes deux de la déclaration de 1856 ? En premier lieu, la marine de guerre allemande était-elle capable de disputer la souveraineté de la mer à la marine française ? Quand on voit l'une renonçant, dès le premier jour, à soutenir la lutte, chercher un abri, dans ses ports de refuge, s'y renfermer pour toute la durée de la guerre, après avoir pris toutes les mesures de défense qui pouvaient la protéger contre une attaque des escadres françaises, qui, elles, tenaient la mer, on se demande ce qui a pu inspirer à un écrivain dont on ne peut mettre en doute le patriotisme, une assertion aussi peu flatteuse pour la marine de son pays. L'opinion, en Europe, dans le monde entier, était faite, je ne dirai pas sur la valeur, mais sur la puissance effective des deux flottes de combat. La prudente retraite de

---

1. Page 31 de la traduction française : la *Liberté des mers*.

l'une apparut à tous aussi sage, aussi habile que semblait naturelle la confiante ardeur de la seconde. En fait, pendant toute la guerre et bien que notre marine, personnel et matériel, eût été, en grande partie, détournée de sa destination réelle pour prendre sur terre une large part à la défense du pays, non seulement les côtes allemandes restèrent bloquées aussi strictement que le comporte l'état actuel des choses de la mer, mais sur toutes les routes de l'Océan, dans les stations les plus lointaines, nos croiseurs menaçaient partout le commerce ennemi. Sans nul doute, les coups qui le frappèrent ne furent pas tels qu'ils auraient pu être, mais cela tient à une cause particulière qui fait du moins honneur à notre générosité. Les instructions données aux premiers de nos croiseurs lancés dans la Manche leur prescrivaient de remplir leur mission avec courtoisie, de même que nos escadres avaient l'ordre de ménager les villes ouvertes et sans défense du littoral.

Si la supériorité évidente, incontestée du moins, de notre marine militaire rendait plus nombreuses nos chances de capture, la situation respective des deux marines marchandes les augmentait encore. Pour un tonnage peu différent, l'Allemagne comptait 5,122 navires, la France 15,778. Ces chiffres montrent que le mouvement au long cours, celui qui éloigne surtout les navires marchands et les expose le plus aux dangers de la guerre, joue en Allemagne un rôle bien plus important, et que par suite les chances de capture, la valeur des prises, étaient toutes en notre faveur. L'exemple particulier dont le publiciste d'outre-Rhin appuie son assertion est donc bien mal choisi. Voyons maintenant quelle est la justesse de cette assertion en elle-même.

Les États-Unis d'Amérique n'ont pas de marine de guerre à la hauteur des intérêts qu'elle a à défendre ; ont-ils jamais hésité néanmoins à poursuivre le maintien de leurs droits dans tous leurs différends avec l'Angleterre, et récemment encore dans la question, un moment si grosse de menaces de l'*Alabama* ? Les conséquences d'une rupture étaient à ce moment faciles à prévoir: si les États-Unis n'ont pas de flotte cuirassée capable de lutter contre celle de leur puissante rivale, ils ont gardé le droit d'armer leurs intrépides corsaires. Leur commerce eût été détruit, mais leur commerce n'est qu'une faible partie de la richesse nationale ; sa ruine n'entraînait pas celle du pays ; bien différente est la situation de l'Angleterre. Malgré sa *marine de guerre sans rivale, les corsaires américains eussent sûrement détruit son commerce maritime*, et la ruine du commerce anglais, c'est celle de la nation. Aussi, bien que nous soyons convaincu que le sentiment de justice eût suffi pour incliner les représentants de l'Angleterre vers une solution pacifique, il nous sera permis d'affirmer que la prévision des périls suprêmes auxquels une telle guerre exposait leur patrie, a pesé d'un grand poids dans leur décision. Une expérience récente leur montrait, du reste, la gravité de ces périls, c'était celle que venaient de faire les États fédéraux dans la guerre de la Sécession.

« Les croisières des corsaires confédérés n'avaient pas eu seulement un résultat matériel, la prise et la destruction d'un grand nombre de navires américains — jusqu'au mois de mai 1864, 230 navires jaugeant ensemble 104,000 tonneaux, d'une valeur de plus de 15,000,000 de dollars, avaient été détruits, — l'effet moral avait été plus considérable encore. La plupart des navires de commerce fédéraux étaient transférés à des propriétaires anglais. Dans la seule année de 1863, on enregistra le transfert de 348 navires jaugeant ensemble 252,000 tonneaux ; les taux des assurances s'élevaient à des chiffres ruineux pour le commerce du Nord. La guerre se prolongeait enfin, non seulement par les ressources que procuraient les coureurs de blocus, mais encore par la confiance que rendaient aux défenseurs du droit des États les exploits sans cesse renouvelés des Semmes, des Waddel et de leurs émules[1]. »

Il est temps de conclure et de résumer cette discussion étrange, non parce qu'elle porte sur des prin-

---

1. *Les Croiseurs. — La Guerre de course*, par M. F. Dislère, ingénieur de la marine. (*Revue maritime et coloniale*, 1874.)

cipes acceptés de tous les peuples aujourd'hui comme les bases équitables du droit international, mais par le moment et le pays où elle s'est de nouveau produite. On a dit que « c'est parce que l'Allemagne veut mettre sa marine marchande à l'abri de toute atteinte, qu'elle est résolue à provoquer la révision de la déclaration du 16 avril 1856[1]. » Nous aimons mieux croire que, seul, un sentiment de justice inspire cette agitation révisionniste ; nous serions les premiers à y applaudir, si les notions allemandes du droit se montraient à nous plus vraies, plus complètes que celle de notre propre pays, de notre propre race. Il n'en est pas ainsi ; les considérations où nous sommes entré en ont fait la preuve. Tant que la guerre sera possible et à moins de modifications profondes que rien ne peut faire prévoir dans l'état social et politique des différents peuples européens, les principes de la déclaration de Paris restent bien les bases du droit international maritime. Sans doute, il faudrait compléter cette déclaration, comme le congrès de Naples en exprimait le vœu, par des définitions plus exactes de la contrebande de guerre, des blocus effectifs. Mais, en dehors même des difficultés faciles à comprendre pour arriver à une entente commune, il faut ne pas s'exagérer l'importance de pareils changements. La méthode vraiment scienti-

---

1. Ortolan : Introduction à la traduction française de la *Marine marchande de l'Allemagne*, etc. (*Revue maritime et coloniale* de mars 1873.)

fique, vraiment philosophique avec laquelle la guerre
de 1870 a été conduite par les généraux allemands
portera ses fruits. Ses leçons ne seront pas perdues,
et dans toute guerre nouvelle, les droits de la force,
modérés sinon contenus par les liens fragiles de
l'humanité, de la générosité par les règles du droit
international, si l'on veut, s'appliqueront désormais
dans toutes leurs rigueurs logiques. Si la guerre était
une guerre maritime entre deux grandes puissances
navales, ce n'est pas nous qui sommes les premiers à
le dire : « Tout pacte nouveau serait déchiré, et on
en reviendrait à la coutume internationale d'aujour-
d'hui[1]. » Ce qu'il faut donc chercher, ce n'est pas
telle ou telle modification dans ces lois internationales, un progrès théorique pour ainsi dire, que rien
ne protège contre les cruels entraînements, les inexo-
rables exigences de la guerre ; c'est les moyens d'empêcher, ou plutôt, hélas ! de retarder le plus longtemps possible le retour de la guerre. Or, dans l'état
actuel des choses de la mer, avec les marines militaires telles que les ont faites les changements prodigieux accomplis dans ces vingt dernières années, il
est deux principes que l'on peut regarder comme
hors de toute discussion : le premier, que dans un
engagement général de deux flottes cuirassées, composées d'éléments de même valeur, la victoire est as-

---

1. Ortolan, *loco citato*. (*Revue maritime.*)

surée à la plus nombreuse de ces flottes ; le second,
qu'un navire à grande vitesse peut toujours franchir
une ligne de blocus, et, en mer libre, défier toute
poursuite. De ces deux principes il est logique de
conclure que, dans toute guerre maritime, la marine
cuirassée inférieure en nombre sera réduite à la défensive ; que son rôle se bornera à concourir à la protection du littoral, avec les torpilles de tout genre,
les garde-côtes, les batteries flottantes, les batteries
de terre ; et, en second lieu, que pour cette marine
l'offensive n'est possible que par des croiseurs à
grande vitesse courant sus au commerce ennemi.

La course, reléguée au second plan dans les guerres et les marines d'autrefois, prend aujourd'hui une
importance supérieure. — L'abolir serait donc, de
la part des nations autres que l'Angleterre, l'abandon
de leur droit le plus légitime et le plus précieux :
celui de la défense nationale ; de la part de leur
gouvernement, l'oubli le plus coupable de leur premier devoir : celui d'assurer cette défense ; — c'est,
en résumé, le langage patriotique de M. de Marcy
refusant, au nom des État-Unis, d'adhérer au premier article de la déclaration de 1856. Mais il y a
plus, la richesse est plus que jamais un des plus essentiels éléments de la puissance des nations, c'est
le premier de leur puissance maritime. La création
d'une marine cuirassée n'est en effet qu'une question
d'argent. La course, au contraire, sans imposer des

sacrifices matériels que le patriotisme des peuples les plus faibles ne puisse accepter, exige, ce qui ne s'improvise pas, les qualités les plus rares de l'homme de mer: la science, l'expérience, l'audace et le calme, la persévérance et la rapidité des conceptions; mais quelques corsaires, commandés par des Semmes, des Waddel, des Surcouff, des Bouvet, des Jean Bart, suffisent pour frapper au cœur le commerce des plus riches et des plus puissantes nations. S'il en est ainsi, qui ne voit que la course, instrument le plus assuré sur mer de la défense nationale, reste aujourd'hui pour les nations maritimes la garantie la plus réelle de la faiblesse contre la force qui la dédaigne, de la justice contre la force qui la nie? N'est-ce pas, au nom du droit et de la philosophie, la condamnation de cette nouvelle école allemande, dont il était de notre devoir, du moins nous l'avons cru, d'exposer les prétentions et la doctrine?

TABLE